"十四五"时期国家重点出版物出版专项规划项目

城市公共卫生安全风险防控丛书

编委会主任：王德学　总主编：钟志华　孙　阳　执行总主编：孙建平　邬惊雷

城市突发公共卫生事件下交通管理

TRAFFIC MANAGEMENT UNDER
URBAN PUBLIC HEALTH EMERGENCIES

李　健　著

·上海·

图书在版编目(CIP)数据

城市突发公共卫生事件下交通管理/李健著.
上海:同济大学出版社,2025.3. --(城市公共卫生安全风险防控丛书/钟志华,孙阳总主编). -- ISBN 978-7-5765-1069-0

Ⅰ.U491.2

中国国家版本馆 CIP 数据核字第 2024PN4045 号

国家出版基金项目
"十四五"时期国家重点出版物出版专项规划项目
上海市促进文化创意产业发展财政扶持资金资助项目

城市公共卫生安全风险防控丛书

城市突发公共卫生事件下交通管理
Traffic Management under Urban Public Health Emergencies

李 健 著

丛书策划	高晓辉
责任编辑	陆克丽霞
责任校对	徐春莲
装帧设计	唐思雯

出版发行	同济大学出版社　www.tongjipress.com.cn
	(地址:上海市四平路1239号　邮编:200092　电话:021-65985622)
排版制作	南京文脉图文设计制作有限公司
印　　刷	上海安枫印务有限公司
开　　本	787mm×1092mm　1/16
印　　张	11.5
字　　数	218 000
版　　次	2025年3月第1版
印　　次	2025年3月第1次印刷
书　　号	ISBN 978-7-5765-1069-0
定　　价	88.00元

版权所有　侵权必究　印装问题　负责调换

内容简介

本书以重大突发传染病为例，针对突发公共卫生事件期间人员流动复杂多变、疫情传播风险难以精准预测、管控措施无法事前评估等防控工作中存在的突出问题，基于社会技术视角，综合运用数据挖掘、行为分析、决策支持等技术，提出面向重大突发传染病疫情防控的交通管理方法。方法遵循"交通态势分析—行为机理解析—管控政策优化"的思路：基于交通大数据实现人员流动与交通运行特征及态势的动态研判，并对疫情传播风险进行评估；建立考虑疫情风险感知的出行行为模型，用于解析出行群体行为变化机理；结合现有交通模型对疫情态势进行研判，提出应对重大突发传染病的交通管控政策快速评估方法，为公共政策决策提供量化评估工具。

本书可用作交通运输工程、城市交通、公共管理等专业的教学及科研参考书目，也可为相关的政府管理人员和技术人员提供参考。

作者简介

李健,同济大学交通学院副教授,中国城市规划学会城市交通规划专业委员会副秘书长,《城市交通》编委、《中国安全科学学报》青年编委。曾任香港理工大学土木及环境工程学系研究员(Research Associate)。主要研究方向:综合交通系统韧性与应急管理,决策理论与方法,数据挖掘与人工智能。主持国家重点研发计划课题、国家自然科学基金、上海市浦江人才计划等科研课题,研究成果获中国城市规划学会科技进步一等奖等奖项。

"城市公共卫生安全风险防控丛书"
编委会

学 术 顾 问　高　福　中国科学院院士

编委会主任　　王德学

总　主　编　　钟志华　孙　阳

编委会副主任　陈啸宏　徐祖远　周延礼　李逸平　方守恩
　　　　　　　沈　骏　李东序　陈兰华　吴慧娟　王晋中

执行总主编　　孙建平　邬惊雷

编委会成员（按姓氏音序排序）

蔡　军（上海市精神卫生中心）

蔡　军　陈秀平　盖博华　高　欣　顾春源
顾振华　胡伟国　蒋　勤　李　健　李永奎
凌建明　刘　坚　刘　军　刘中民　罗　蒙
马万经　彭少杰　沈　洁　施　骞　石　红
谭维勇　涂辉招　王跃全　魏建军　吴国柱
吴立明　武景林　项晓刚　谢　斌　谢　青
徐文停　余小萍　苑　辉　张建忠　张　林
张世翔　张兴根　张永怡　赵海磊　朱　圆

总序
PREFACE

在城市日益快速发展的背景下，我们深刻认识到，公共卫生安全风险防控已经成为现代城市安全体系中不可或缺的重要组成部分。面对突发公共卫生事件的广泛性、突发性、关联性和深远性，我们意识到，这些事件不仅危及市民的生命安全，还会对城市运行造成系统性影响，并可能在社会治理、经济发展和人民生活等各个方面引发长期风险。城市高质量发展迫切需要针对这一领域的研究和实践提出系统化、专业化、全面化的成果总结，并进行宣传推介，以满足广大人民群众和城市管理者的需求。基于这一认识，自2020年起，我们开始策划并推进"城市公共卫生安全风险防控丛书"（以下简称"丛书"）的编撰与出版工作。

立足于现实，确保城市公共卫生这一复杂系统能够有效应对各类风险，特别是具有应对城市层面系统风险的能力，是这套丛书试图回答的核心议题。丛书的初衷在于填补城市视角下公共卫生安全风险防控领域系统出版物的空白，也是希望在"十三五"国家重点图书出版物出版专项规划项目、荣获第八届中华优秀出版物奖图书奖的"城市安全风险管理丛书"的基础上，进一步拓展和深化针对城市风险治理的研究。

"城市公共卫生安全风险防控丛书"的创新之处在于其视角的拓展。我们不仅关注突发公共卫生事件的风险防控，还从更广阔的视角审视可能影响城市公共卫生体系稳定运行的风险因素。例如，丛书探讨了极端天气灾害、基础设施老化、城市运行堵点等问题如何与公共卫生安全相互交织、相互影响，这也是本套丛书的一大亮点。通过跨学科的知识融合，丛书试图打造城市层面公共卫生风险防控的知识图谱，将城市安全风险治理的理念与公共卫生安全的具体实践紧密结合，力图在理论和实践之间架起一座桥梁。

这套丛书在内容上深化了对传统公共卫生突发事件防控的理解，汇总了最新的实践经验，并关注城市化进程中涌现的新问题。它涵盖了从传染病、食品安全、灾难医学，到心理韧性、老年护理、中医药等多个领域的风险防控。丛书不仅继承了传统公共卫生危机应对的理论与实践，还创新性地融合了现代城市管理、社区治理、健康传播等新兴领域，为城市应对复杂多变的公共卫生风险提供了更为系统和全面的策略与解决方案。丛书探索了新理念、新技术和新方法的应用，全面拓展了公共卫生管理的视野，力求为城市管理者、公共卫生专家以及相关决策者提供切实可行的参考和指引，力争为未来的城市公共卫生风险治理提供理论支撑和操作框架。

丛书的编撰出版不仅仅是学术成果的汇聚，更是一个为了共同目标，多方协作、共同努力、面向未来的耕耘与探索之旅。从丛书的策划，到构建起包含13个分册的完整体系，每个编写团队的精心打磨，直至出版团队的协同审校，丛书出版的每一个环节都凝聚了许许多多人的辛勤努力和智慧。丛书的编委会成员来自城市运行管理、应急管理和公共卫生管理领域，他们共同决定了丛书的定位与核心理念。各分册的编撰团队有来自公共卫生管理、城市管理等政府部门的专家，也有来自同济大学、上海交通大学、复旦大学、上海中医药大学、华东师范大学以及全国乃至海外多所高校和研究机构的研究人员，还有上海的瑞金医院、上海市东方医院、上海市精神卫生中心等多家医疗机构的一线工作人员，这些多元化背景的团队成员使丛书的内容更加丰富。出版团队则由同济大学出版社的专业编辑组成。可以说，整个团队不仅为科研与实践经验的转化奠定了坚实的基础，也为丛书成为高质量学术出版物提供了有力保障，对丛书的顺利完成起到了重要的支撑作用。

自丛书策划以来，编委会及专家团队便积极贡献智慧、充分交流，提出了许多宝贵的意见和建议，确保了丛书的编写工作更加周密、系统、完善与全面。在此，我要特别感谢所有参与的专家、学者，感谢你们的辛勤付出和对这套丛书所做的贡献。

随着本丛书的逐步完成，我们相信，它不仅仅是对现有公共卫生风险防控理论的补充，更是推动城市公共卫生安全体系建设的重要理论工具。我们期望通过丛书的出版、发行与传播，为城市在公共卫生风险治理方面提供可借鉴的经验、科学的方法和有益的思路，为推动"健康中国"的建设，保障广大人民群众的生命安全与健康，以及城市的高质量发展起到积极作用。

在此，我谨向所有参与本丛书的编委、专家以及工作人员表示衷心的感谢！正是你们的不懈努力和执着追求，使得这一意义深远的出版项目得以顺利推进。我坚信，在大家的共同努力下，这套丛书必将成为推动城市公共卫生安全风险防控理论研究和实践应用的最新重要成果。

中国职业安全健康协会党委书记、理事长

2025年2月

前言 FOREWORD

近年来，全球新发传染病不断出现，已成为人类必须要面对的严峻现实。继SARS冠状病毒、甲型H1N1流感病毒、埃博拉病毒、寨卡病毒之后，新型冠状病毒感染疫情在全球肆虐，传染病给人类带来的巨大灾难重新回到公众视野。

随着全球化和城市化进程的不断加速，人口高度集聚，重大突发传染病的传播速度因此加快，对经济社会的影响急剧增大，防控形势十分严峻。因此，如何最大限度减轻重大突发传染病疫情的影响并减少损失，已成为国际社会极为关切的重大问题。

在全球化和城市化背景下，通达便捷的交通网络导致人员流动频繁，这是传染病疫情快速扩散的重要原因。制定有针对性的交通应急管控措施是阻断病毒传播的一项重要手段。现有的针对重大突发事件的交通管理措施，大多侧重于自然灾害期间的应急疏散交通保障，而较少考虑疫情期间人员流动管控这一场景。人员流动管控是传染病疫情防控中的一种非常规措施，目前尚不清楚它在疫情防控中的作用机理和决策模式，比如人员流动与疫情传播的互馈机理、疫情传播风险的预测与推演，还有交通管控措施的定量评估和优化等。因此，亟待建立针对人员流动所产生的疫情扩散风险的科学评估方法，以及对不同管控政策进行态势推演和定量计算，以此为相关公共政策决策提供支持。

本书以重大突发传染病为例，针对突发公共卫生事件期间人员流动复杂多变、疫情传播风险难以精准预测、管控措施无法事前评估等防控工作中存在的突出问题，基于社会技术视角，综合运用数据挖掘、行为分析、决策支持等技术，提出面向重大突发传染病疫情防控的交通管理方法。方法遵循"交通态势分析—行为机理解析—管控政策优化"的思路：基于交通大数据实现人员流动与交通运行特征及态势的动态研判，并对疫情传播风险进行评估；建立考虑疫情风险感知的出行行为模型，用于解析出行群体行为变化机理；结合现有交通模型对疫情态势进行研判，提出应对重大突发传染病的交通管控政策快速评估方法，为公共政策决策提供量化评估工具。

重大突发事件下的应急交通管理是一个极具挑战性的研究领域。在这一领域中，出行者的行为决策受到风险感知的影响且处于动态演化状态，基础设施会因突发事件或管控措施而出现服务能力降级的情况。同时，由于先验知识的匮乏，交通管理无法进行事前评估。以上这些都成为研究和写作过程中的难点。近年来，自然灾害、事故灾难等的影响日渐加剧，在此情形下，如何提升城市交通系统应对重大突发事件的能力，已成为各级政府部门的当务之急。相较于自然灾害和事故灾难，重大突发公共卫生事件发生的概率虽小，但其持续时间长、影响范围广。本书的成果是新型冠状病毒感染疫情防控期间研究团队一系列工作的总结，希望此书能用作交通运输工程、城市交通、公共管理等专业的教学与科研参考书目，同时也能为相关的政府管理人员和技术人员提供一些有价值的借鉴。

在新型冠状病毒感染疫情期间，研究团队持续开展了大量研究工作，这些研究成果为本书的写作奠定了坚实基础。研究团队中的何凌晖、甘田、陈冉冉、陈田、王歆远、向涛、张懿木、许鹏飞等同学，为本书的研究工作做出了直接贡献。

在此，感谢同济大学城市风险管理研究院孙建平院长以及各位领导和同事的关心与支持，同时也感谢同济大学出版社陆克丽霞编辑细致入微的编审工作。衷心感谢大家对我们工作给与的支持和帮助！

本书研究工作得到国家重点研发计划课题"城市交通'状态迁移'与'态势演化'的敏捷预测与可靠推演"（课题编号：2018YFB1601103）的资助，在此表示感谢。

李健
2024 年 11 月

目录

总序

前言

001	**第1章 城市突发公共卫生事件下交通管理面临的问题与挑战**	
001	1.1 引言	
001	1.2 问题与挑战	
001		1.2.1 城市人员流动与交通运行特征监测
002		1.2.2 交通出行行为与疫情风险评估
004		1.2.3 交通管控政策评估与优化
004	1.3 本章小结	
005	**第2章 城市突发公共卫生事件下交通管理研究综述**	
005	2.1 引言	
005	2.2 数据驱动的城市传染病传播特征分析和风险评估	
005		2.2.1 基于调查统计数据的流行病学轨迹分析
006		2.2.2 基于大样本数据的传染病时空传播特征
007		2.2.3 数据驱动的传染病传播风险评估预测
007	2.3 模型驱动的交通出行行为与传染病疫情风险评估	
007		2.3.1 经典流行病学模型和复杂网络流行病学模型
008		2.3.2 元胞自动机模型和智能体仿真模型
010		2.3.3 融入传染病疫情风险感知的出行行为模型
011	2.4 应对重大突发传染病冲击的交通管控政策评估与优化	
011		2.4.1 基于社交媒体数据的应急管理政策评估
013		2.4.2 传染病疫情影响下的城市客运交通管控与保障
015		2.4.3 传染病疫情影响下的城市货运交通管控与保障

| 016 | | 2.5 | 研究发展态势 |
| 016 | | 2.6 | 本章小结 |

第 3 章　城市突发公共卫生事件下交通管理关键科学问题与方法

023

023		3.1	引言
023		3.2	关键科学问题
023		3.2.1	重大突发传染病疫情下城市交通出行行为特征及运行态势的主动识别
024		3.2.2	传染病疫情风险感知对城市居民出行行为响应的影响机理
024		3.2.3	城市交通管理政策快速评估与优化
025		3.3	研究方法
025		3.3.1	数据驱动的城市交通出行行为与运行状态监测
025		3.3.2	融合大数据与小样本调查数据的出行行为机理解析
026		3.3.3	数据和模型融合驱动的城市交通管控政策评估优化
027		3.4	本章小结

第 4 章　面向城市突发公共卫生事件的交通管理决策需求分析

028

028		4.1	引言
029		4.2	突发公共卫生事件下城市交通应急管理决策需求
030		4.3	突发公共卫生事件下城市交通应急管理决策机制
032		4.4	本章小结

第 5 章　城市突发公共卫生事件下人员流动演变特征

033

| 033 | | 5.1 | 引言 |
| 034 | | 5.2 | 数据资源与基本特征参数 |

目录 CONTENTS

034		5.2.1 "百度迁徙" LBS 数据
035		5.2.2 移动通信数据
036	5.3	突发公共卫生事件下城际出行演变特征
036		5.3.1 城际出行时空特征
040		5.3.2 城际出行需求结构
045	5.4	突发公共卫生事件下城市出行演变特征
045		5.4.1 城市出行时空特征
047		5.4.2 城市出行需求结构
049		5.4.3 城市出行网络结构
051	5.5	本章小结

053	**第 6 章**	**城市突发公共卫生事件下传染病疫情传播风险评估**
053	6.1	引言
054	6.2	基于移动通信数据的传染病疫情传播风险评估方法框架
054		6.2.1 传染病疫情传播风险评估总体技术框架
055		6.2.2 高风险群体识别
055		6.2.3 群体移动网络构建
056		6.2.4 传染风险量化估计
058	6.3	传染病疫情风险计算
058		6.3.1 暴露风险计算
059		6.3.2 传播风险计算
060	6.4	本章小结

062	**第 7 章**	**城市突发公共卫生事件下交通出行行为特征分析**
062	7.1	引言
063	7.2	居民通勤出行行为变化

063	7.2.1	通勤出行行为度量设计
063	7.2.2	出行方式变化
065	7.2.3	出行频率变化
066	7.2.4	风险感知变化
067	7.2.5	出行行为的影响因素
070	**7.3**	**居民通勤出行风险感知与出行行为的关系**
070	7.3.1	风险感知和出行行为关系的度量设计
072	7.3.2	风险感知指标的验证性因子分析
072	7.3.3	基于风险感知的人群划分
073	7.3.4	风险感知和出行行为关系
079	**7.4**	**本章小结**

081　第 8 章　城市突发公共卫生事件下小汽车运行管理

081	**8.1**	**引言**
082	**8.2**	**突发公共卫生事件下城市小汽车运行特征的时空变化模式**
082	8.2.1	数据资源与基本特征参数
083	8.2.2	小汽车运行交通状态整体变化
084	8.2.3	小汽车运行交通状态时空模式
086	**8.3**	**突发公共卫生事件下城市小汽车运行特征解析**
086	8.3.1	小汽车运行交通状态空间集聚
088	8.3.2	小汽车运行交通状态同质性成分
089	8.3.3	小汽车运行交通状态异质性识别和波动特征
092	**8.4**	**突发公共卫生事件下城市小汽车运行管理策略建议**
092	**8.5**	**本章小结**

目录 CONTENTS

094	第 9 章	城市突发公共卫生事件下公共交通运行管理
094	9.1	引言
095	9.2	面向突发公共卫生事件的公共交通决策支持原型系统
095		9.2.1 公共交通运行管理决策支持系统框架
097		9.2.2 公共交通多源数据融合库
098		9.2.3 面向疫情防控的公交数据分析技术库
100		9.2.4 基于公共交通的防疫策略
102	9.3	公共交通应对传染病疫情的策略应用
102		9.3.1 研究区域
102		9.3.2 潜伏初期的关联客流分析与预警疏散
103		9.3.3 快速传播期的感染者追溯与出行保障
106		9.3.4 持续防控期的复工复产出行保障
107	9.4	基于知识图谱的公共交通传染病接触者追溯
107		9.4.1 接触子图谱提取
108		9.4.2 接触者追溯算法
111		9.4.3 场景设计和感染数据模拟
113		9.4.4 公共交通传染病接触者追溯结果
120	9.5	本章小结
122	第 10 章	城市突发公共卫生事件下定制公交运营优化
122	10.1	引言
122	10.2	城市客运交通保障与定制公交通勤
124	10.3	定制公交通勤意愿影响因素
124		10.3.1 度量设计和实施
125		10.3.2 通勤出行属性变量
127		10.3.3 定制公交通勤意愿影响因素

130		10.3.4　群体通勤出行偏好异质性
132	**10.4**	**定制公交通勤意愿影响路径**
132		10.4.1　模型假设和变量设计
135		10.4.2　度量设计和实施
136		10.4.3　通勤意愿属性变量
138		10.4.4　探索性因子分析和验证性因子分析
142		10.4.5　定制公交通勤意愿影响路径结果
143		10.4.6　定制公交通勤意愿影响路径多组分析
147	**10.5**	**城市客运交通运行的策略优化建议**
152	**10.6**	**本章小结**

第 11 章　城市突发公共卫生事件下货运交通保障

155	**11.1**	**引言**
155	**11.2**	**城市货运交通运行保障**
155		11.2.1　生活物资货运运行保障
157		11.2.2　生产物资货运运行保障
158		11.2.3　医疗物资货运运行保障
158	**11.3**	**城市货运交通运行的思考分析**
158		11.3.1　生活物资货运运行思考
160		11.3.2　生产物资货运运行思考
160		11.3.3　医疗物资货运运行思考
161	**11.4**	**城市货运交通运行的策略优化建议**
162	**11.5**	**本章小结**

第 12 章　总结与展望

164	**12.1**	**总结**
167	**12.2**	**展望**

第 1 章
城市突发公共卫生事件下
交通管理面临的问题与挑战

1.1 引言

重大突发传染病为代表的突发公共卫生事件下城市交通管理是针对疫情具有"人传人"的特点,以期通过交通管理措施来调控人员流动和聚集,其主要目标是在阻断病毒传播的同时,保障社会经济的有序恢复。与应对自然灾害、事故灾难等这类强调应急疏散的交通管理不同,城市突发公共卫生事件下交通管理更关注人员管控政策,因此精细化的政策制定、政策评估和及时优化是其中的关键。

由于突发公共卫生事件与自然灾害、事故灾难等情形下的交通管理需求和数据模型方法存在显著差异,因此有必要针对突发公共卫生事件下城市交通系统存在的突出问题进行梳理,同时,思考如何将现有应急管理理论方法和新技术与疫情防控决策需求相结合,以构建应对突发公共卫生事件的新型城市交通管理方法。

1.2 问题与挑战

1.2.1 城市人员流动与交通运行特征监测

在全球化和城市化背景下,通达便捷的交通网络使得人员流动更加频繁,而这也成为重大突发传染病疫情快速扩散的一个重要原因。制定有针对性的交通管控措施是阻断病毒传播的一项重要手段,这是在新冠疫情防控中获得的重要经验。然而,交通管理作为重大突发传染病防控的非常规措施，缺少先验经验，在突发公共卫生事件暴发期存在阻断有力但保障不足的情况，如中转滞留旅客出行、医护人员通勤出行、封闭社区居民就医出行等[1]。上述情况的出现，实质上是在针对偶发大规模传染病疫情的人员流动管控方面，以及决策支持方法与技术层面，缺少对于人员流动性带来的疫情传播态势的预判，以及相应的交通管控政策的及时调整与优化。

近年来，随着通信技术的快速发展，大数据为连续监测城市居民的活动出行提供了新的技术手段。依托移动通信数据、公交 IC 卡数据、车辆 GPS 数据等多种数据资源，可以建立面向行为主体时空活动追踪分析的城市交通活动观测体系[2]，用于对重大突发传染病疫情下非常态交通出行需求特征的精准识别、监测和轨迹追溯。在移动通信数据、社交媒体数据等大数据环境下，可以识别城市及城市群中不同居住区位和类别情况下居民的空间活动链、热点访问地区、空间活动范围和强度等，并对各种活动需求和不同类型人口的交通出行需求进行研判，以明确各类交通出行需求的优先次序。

此外，在重大突发传染病疫情防控期间，需要对管控政策及居民因风险感知导致的出行行为的影响进行持续分析，以及对疫情期间交通运行状态进行跟踪评估，以确保重大突发传染病不同阶段人员流动管控政策评估的及时、有效。在这种情况下，通过大数据有助于建立动态的、可适应的人员流动管控政策评估方法，从而在疫情防控的同时，合理有序地保障各类型人员的交通出行需求。

1.2.2 交通出行行为与疫情风险评估

突发事件下交通出行行为与日常出行行为有着显著差别，现有研究多针对自然灾害（如台风、地震等）和事故灾难（如危险货物运输事故等），主要体现在灾前针对可能受灾人员的应急疏散和灾后恢复阶段的交通保障。突发事件期间交通保障的难点在于出行行为的有限理性，而出行行为主要受制于不同行为主体对灾害风险感知水平的差异性，以及信息发布的及时、有效性。例如，在对台风受灾人员进行应急疏散的过程中，部分人员可能出于侥幸心理而拒绝疏散；信息发布受制于发布途径或自身形式，导致未能及时有效地传递给目标群体。

突发公共卫生事件下交通出行行为主要受人员流动管控政策以及出行主体自身风险感知水平的影响，在重大突发传染病疫情的不同阶段，不同群体之间存在行为差异。首先，在不同阶段，人们对传染病疫情的风险感知水平是动态变化的，例如在重大突发传染病疫情暴发期，人们的风险感知水平普遍较高；随着对病毒及防护措施的不断了解，在持续防控期，人们的风险感知水平较低；但在零星散发疫情期间，人们的风险感知水平可能发生脉冲式增加。其次，不同群体（如青少年群体、老年群体等）在重大突发传染病疫情的不同阶段其风险感知水平也存在群体差异。上述群体风险感知水平的动态变化，直接导致人们在选择交通出行防护策略上的差异性，例如，从公交出行转为小汽车出行或共享单车出行、选择在线办公等。这些出行行为在重大突发传染病疫情不同阶段的动态变化会直接影响城市交通运行特征，因此针对重大突发传染病疫情期间出行行为的及时研判，对于交通管理而言至关重要。

此外，在突发事件影响下城市交通系统建模方面，自然灾害、事故灾难等场景大多考虑交通基础设施降级导致服务能力下降。然而，重大突发传染病疫情期间交通基础设施并没有降级，其服务能力下降主要受交通管控政策的影响。重大突发传染病疫情下交通管控政策的制定是基于对传染病传播态势的研判，因此就需要研究人员在原有的城市交通系统建模中考虑传染病传播扩散的影响，包括交通工具、交通场所的传染病传播风险，以及交通流动性带来的疫情在城市层面的传播。此外，还需要在传染病传播风险评估的基础上，对可能的干预措施（交通管理方案）进行评估和优化。为此，需在现有的交通模型基础上，研究城市交通出行时空特征与传染病传播扩散的互馈机理，包括交通工具和场所内部的传染病传播特征，以及重大突发传染病对居民出行行为的影响机制，并结合传染病学相关模型，建立基于社会接触关联的传染病扩散风险模型。

经典流行病学模型主要依据已有经验，事先把握研究对象存在的某种稳定的规律，推算基本感染数等指标，用以确定未来的感染状态，但缺乏对复杂系统演化过程中非线性特征的说明，从而造成演变过程分析能力的缺失。然而，在突发公共卫生事件发展过程中，不仅其本身呈现复杂的变化特性，而且在模型推演过程中所面临的外部干扰因素更为复杂，因此，分析过程演变成一个不断调整完善认识、追踪研究对象演变的知识提炼及认识提升过程。同时，传统模型分析需要较为完备的样本数据基础，且模型的分析能力受限于基础数据的采集能力。在流行病学调查中，主要采用人工方式对感染者、密切接触者、疑似感染者的性别、年龄、家庭、活动点进行调查。流行病学调查的主要目的是研究疾病、健康和卫生事件的分布及其影响因素，在研究过程中主要采用描述性分析。虽然，在重大突发传染病疫情发展过程中，通过与交通运输部门、公安部门的协作对调查方式进行了完善，但是模型分析方式仍过于耗时耗力。因此，相比于保证特征的精确性，更需要快速获得分析对象的大致轮廓和演变脉络，把握演变过程中的"模糊征兆"，以便于对重大突发传染病疫情时空扩散风险进行实时评估和态势推演，对交通组织方案进行评估与优化，以及建立一体化的应急出行服务平台。同时，这对于突发公共卫生事件期间保障必要的出行需求、提升资源利用效率也是至关重要的。

1.2.3　交通管控政策评估与优化

重大突发传染病疫情的极端偶发性导致先验经验不足,故在疫情暴发期便需要对交通管控政策的实施效果进行动态评估,以便及时对政策进行优化。传统的政策评估方法多采用问卷调查和访谈形式,侧重系统性和完整性,但时效性较差,难以适应重大突发传染病疫情下交通管控政策评估的实时性要求。近年来,逐渐兴起的社交媒体评论数据,可以充分发挥其实时性强、数据量大、观点和情感表达直接等优势,给人员流动管控政策的快速评估和优化提供数据支持。

重大突发传染病疫情对交通行业管理提出了挑战。例如,重大突发传染病疫情对城市公共交通影响最大,但同时城市公共交通也是交通出行服务保障关注的重点[2]。一方面,常规公交和地铁由于客流量大,需要对车辆满载率进行管控以降低传染风险;另一方面,部分搭乘公交出行的群体转移至小汽车出行。因此,突发公共卫生事件下基于出行服务平台对于公共交通系统客流特征的监测至关重要,一方面通过合理调整线路、车站和发车频率,以减少人流集聚导致的传染风险;另一方面提供更加多样化的出行服务,例如定制公交等,以减少小汽车出行需求,促进可持续的城市交通出行方式,这也是维持和培育公交用户市场的一个重要手段。此外,重大突发传染病疫情发生后,公交客运量断崖式下降且恢复乏力,以及网约车、快递外卖从业人员增加和电动自行车保有量增加带来的交通和社会问题,同样值得持续关注。

1.3　本章小结

自然灾害和事故灾难情况下,交通管理主要关注基础设施受损下的人员疏散,而在重大突发传染病疫情情况下,交通管理则侧重于人员流动管控政策,以及政策影响下的行为响应。在重大突发传染病疫情防控过程中,交通管理的主要问题是:①如何构建重大突发传染病疫情不同阶段的城市人员流动和交通运行特征监测体系;②如何利用大数据实现重大突发传染病疫情期间出行行为改变的快速解析;③如何将传染病疫情传播风险评估嵌入现有交通出行模型;④如何对重大突发传染病疫情期间交通管控政策进行快速评估。

参考文献
[1] 李健.非常态交通管控与韧性交通系统构建[J].城市交通,2020,18(3):9-10.
[2] 杨东援.城市空间活动系统分析与空间流动管控决策支持[EB/OL].(2020-05-10)[2024-05-28].https://mp.weixin.qq.com/s/ZsUy16jw-rN22DMmg8NaSA.

第 2 章
城市突发公共卫生事件下交通管理研究综述

2.1 引言

重大突发传染病疫情冲击下的城市交通管理政策对阻断病毒传播和维护社会经济有序发展至关重要。由于重大突发传染病疫情持续时间长,因而在不同阶段需要及时制定有针对性的交通管理政策,特别是在疫情暴发期。突发公共卫生事件下城市交通管理政策的制定,需要通过现有数据和手段及时有效地监测人员流动及其带来的病毒传播风险,建立考虑风险感知的出行行为模型,用以解析疫情影响下的出行群体行为变化机理,依托现有城市交通模型对风险传播态势进行研判,结合数据监测对交通管控政策进行评估并提出优化建议。

本章主要包括三个内容:①数据驱动的城市传染病传播特征分析和风险评估;②模型驱动的交通出行行为与传染病疫情风险评估;③应对重大突发传染病疫情冲击的交通管控政策评估与优化。

2.2 数据驱动的城市传染病传播特征分析和风险评估

2.2.1 基于调查统计数据的流行病学轨迹分析

突发公共卫生事件下传染病的传播主要是由不同个体的社会活动(如共居、工作、移动等)相互作用引起的。传染病在空间层面的传播很大程度取决于人类的活动能力。人类在出行移动过程中，个体暴露于传染源中，同时传染介质会随着个体一起移动。交通出行模式的变化造成了传染病传播过程中不可忽视的差异。与此同时，想要获取详细且实时的数据是十分困难的。在早期的研究中，出行数据和出行信息主要来自直接观察、人口普查或者调查数据[1, 2]。例如，Lynch 等[3]以乌干达西南部的卡巴莱区（Kabale）和鲁昆吉里区（Rukungiri）以及卢旺达的毗邻地区出现的恶性疟原虫疟疾为例，根据人口普查得到的出生地数据估计常住居民数量，并以此为基础研究居民交通出行的类型及其对疾病预防和治疗的意义。

调查统计数据大多被用于流行病学调查，以对感染人群的年龄、性别、临床症状、潜伏期时长、时空出行轨迹等进行分析和研究[4, 5]。然而，流行病学调查更多的是应用于对个体病例调查，较少涉及居民活动空间等相关方面的研究。同时，调查统计数据由于其滞后性、更新不及时等问题，不适用于大尺度空间范围下的研究，并且流行病学所涉及的问题过于具体，调查统计方法无法被广泛应用[6]。

2.2.2 基于大样本数据的传染病时空传播特征

突发公共卫生事件下传染病疫情传播与人口空间流动有着密切联系[7, 8]，并且人口空间流动在传染病疫情的传播过程中起核心作用[9]。随着手机信令等大数据的出现，针对城市间[10]和城市内部[11]传染病疫情传播的研究逐渐成为热点。

传染病时空分布特征相关研究主要分析传染病传播与人口空间流动的时空特征关系，研究主要聚焦感染人口空间流动特征推测分析[8]、传染病传播与时空特征相关性分析[9, 12]，确定是否存在风险具有显著差异的区域[13]，确定疾病行为可能的周期性模式[14]。其他研究例如 Wesolowski 等[8]分析了肯尼亚的一家移动运营商在一年内收集的移动通信数据，分析得出人类移动模式是如何导致传染病传播的；Frias-Martinez 等[15]利用 2009 年 4 月和 5 月的移动通信数据研究了墨西哥甲型 H1N1 流感暴发期间政府警报对个人移动的影响；Brdar 等[9]将移动通信数据与公共调查得到的艾滋病毒空间感染率相结合，提取了 224 个特征并建立回归模型进行预测，研究结果表明，不同夜间连接度和活动、用户覆盖的空间区域和总体人口迁移与艾滋病毒有着密切联系。

这些与传染病时空传播特征相关的研究均较好地考虑了空间异质性和随机性，为提出重大突发传染病疫情的有效应对措施提供了参考，但大部分研究仍停留在特征分析层面，并且较少考虑大样本数据存在的偏差和波动性。因此，如何将大数据纳入传染病疫情防控的政府分析技术框架，以便更好地支撑交通应急管理决策制定，是一个重要且紧迫的问题。

2.2.3 数据驱动的传染病传播风险评估预测

风险辨识和预警是在对人口空间流动影响下的传染病传播进行回顾性研究的基础上形成的预测性研究，其目的是通过分析过去的人口流动和传染病传播特征来预测一定时间范围内传染病传播的可能性以及发生传染病后的影响程度。

国内外对于传染病传播风险评估及预测的研究主要采用主观评分法和统计分析法。国内主要采用定性与定量分析相结合的方法进行风险评估和预测，具体包括风险分析矩阵法[16]、头脑风暴法[17]、专家会商法[18]和多种方法相结合[19]。这些方法在缺少客观数据支撑的情况下能够有效评估传染病的传播风险，但难以考虑传染病疫情的复杂性，且对未来传染病疫情预测缺乏普适性，同时风险评估结果容易受到个体因素的影响，造成结果偏差。国外主要基于时空特征分析结果来定量分析区域或城市空间的风险水平，例如 Abeku 等[20]根据埃塞俄比亚疟疾流行风险的时空变化特征，建立了早期预警模型并解释相关影响因素，这些研究从时空相关性角度对传染病风险进行评估，为定量预测提供依据。虽然，基于客观数据的分析结果较少受到主观因素的影响，结果偏差较小，但需注意传染病传播风险存在时空非均匀性特点，因此在评估预测传染病疫情风险时需要同时考虑时间和空间两个维度。

2.3 模型驱动的交通出行行为与传染病疫情风险评估

2.3.1 经典流行病学模型和复杂网络流行病学模型

经典流行病学模型使用基于人群分类的方法表示传染病的传播路径，但模型并未考虑空间层面的影响。经典流行病学模型的一个主要假设是：人口可以被划分为不同的类别。这些分类模型根据疾病表征阶段的不同将人口划分为不同群体。其中，最普遍的方法是 SIR 模型，Kermack 和 McKendrick[21]在 1927 年提出了基于易感人群（Susceptible）、感染人群（Infective）和移除人群（Removed）的 SIR 模型。易感人群是指未得病者，但其免疫力低下，与感染者接触后容易被感染。感染人群是指染上传染病的人。移除人群是指因病愈（具有免疫力）或死亡而不再参与感染和被感染过的人。SIR 模型通过建立微分方程，用感染者平均每天接触到的人数与传染概率的乘积、感染人群恢复或死亡的平均速率和感染人群的死亡率三个参数进行估计，以预测未来病毒传播的人群范围和数量。基于这一通用模型，之后演变出多种不同的疾病传播模型，包括 SI 模型[22]、SIRS 模型[23]和 SEIR 模型[24]等。

经典流行病学模型的优点是只需要少量的参数便可进行数值求解[25, 26]，缺点是仅考虑聚集人群，且假设人群在一定时空范围内保持稳定不变，而忽略了人群的移动需求和个体行为，但这些因素在传染病病毒传播的情况下对实际状态存在较大影响[27]。

复杂网络流行病学模型主要源于20世纪60年代Levins[28]提出的复合种群（metapopulation）概念。这类模型扩展了经典流行病学模型中的人群分类方式，同时依赖于以下基本假设：系统具有高度碎片化的环境特征，复合种群局限于相对孤立的局部种群（local populations）或亚种群（subpopulations），他们在空间上相互隔离，但又通过某种程度的迁移产生相互联系。因此，与经典流行病学模型不同，复杂网络流行病学模型在一定程度上考虑了人群的异质性[29]。

复杂网络流行病学模型在应用复合种群理论时，主要通过空间结构区分种群，例如城市位置和区域等。每个亚种群内的个体再被细分为不同的群体，以便描述其感染、接触的可能性。亚种群之间的相互作用体现为个体从一个亚种群移动到另一个亚种群[30]。图2-1显示了一个具有三种不同规模的集合种群模型。但是，这种模型不能完全考虑人类行为的复杂性，特别是在移动模式方面，尽管相较于经典流行病学模型，克服了一定程度的同质性，但是在亚种群内部的群体仍然被认为具有相同的行为[31]。

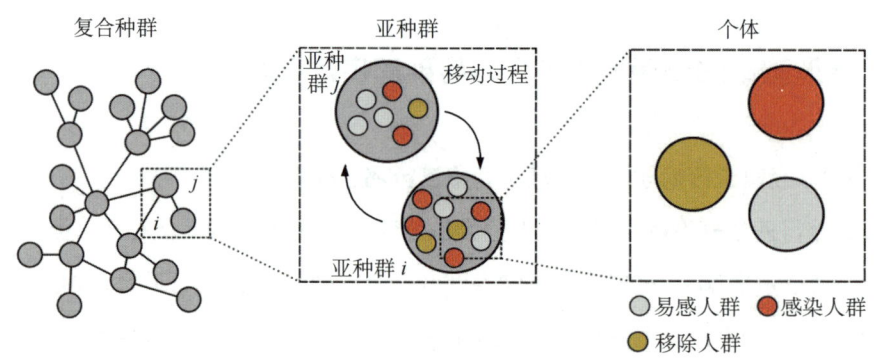

图2-1 复合种群理论示意

2.3.2 元胞自动机模型和智能体仿真模型

经典流行病学模型和复杂网络流行病学模型从整体或在较大程度上假定人群均匀分布，模型中的微分方程对初始条件较为敏感，无法处理复杂的边界条件和初始化条件[32, 33]。相比之下，元胞自动机模型只需确定相对简单的局部演化规则，通过多步迭代和并行演化后即可获得模拟结果，同时可对复杂的时空演化过程进行演示。

谭欣欣等[34]基于元胞自动机原理，采用感染概率来体现个体的异质性，限制种群移动的范围,通过添加种群移动比例实现种群的移动性,也扩展了随机行走元胞自动机,并且通过研究甲型 H1N1 流感的传播特征和过程,发现与种群移动最大距离相比,种群移动比例对传染病传播的影响更为显著。 陈长坤等[35]基于元胞自动机方法,将区域划分为静态和动态区域,同时考虑了区域内传染病传播和区域间人口迁移过程,建立了具有移动性和人口迁移功能的传染病跨区域传播模型,分析了动态区域位置与面积对传染病跨区域传播的影响规律。 研究结果表明,动态区域偏离中心的程度是影响传染病蔓延的关键因素,当其减小时,传染病蔓延速度增加,可在更短的时间内达到感染峰值,且存在临界值使传染病危害最小。 动态区域面积的增加使得区域内易形成多个传播中心,从而大大加快传染病的感染进程。

元胞自动机模型适用于在具备较强政策干预,导致传染病传播只能在染病者周边发展情况下的流行病研究,但也存在局限性。 元胞自动机模型要求每个状态的变化必须是邻近的,不允许非邻近行为[36]。 同时,由于流行病的空间传播通常经由不规则的空间载体,因而采用规则网格模拟本质上不规则的空间载体并不完全合适[37]。 由此,研究者将元胞自动机模型、经典流行病学模型和地理信息系统联合应用以提高模型的精度。 例如,当两元胞并非邻近元胞且考虑存在传播通道时,扩展距离定义并计算空间相关性的权重[37]。

智能体仿真模型主要基于智能体,且允许个体(智能体)之间相互作用,克服了经典模型等存在的局限性,主要探究个体(智能体)疾病的发展过程,以及追踪个体(智能体)在社交网络和地理区域中与他人的关系[38]。 智能体仿真模型可以考虑智能体行为变化的规则,即异质性和随机变化的影响[39]。

Eubank 等[40, 41]在 TRANSIMS 交通模拟系统的基础上,基于人口普查和土地利用数据,估计人类移动性,设计仿真流行病进展的参数化模型,并开发了一种名为 EpiSims 的智能体仿真工具。 该模型以社会交通网络模型为基础,对群体中每个个体之间的互动进行建模,而不再局限于对可能被感染的人数的估计,经由仿真找出传染病在人群中的传播路径,由此研判相应的传染病阻断措施。 Smieszek 等[42]基于智能体模型在瑞士重建了 2003/2004 H3N2 流感病毒的空间传播,该模型利用了由开源仿真软件 MATSim 生成的非集计瑞士人类出行数据。 Luo 等[43]建立了一个由 1 500 个智能体组成的人造城镇,以研究 H1N1 流感病毒的传播规则和控制措施。 除了对因传染病导致的行为变化建模外,还有一个重要的考虑因素是人口密度大造成高感染率的公共交通。

智能体仿真模型在考虑人类移动和传染病传播时具备经典流行病学模型等不具备的优势,即较易考虑空间异质性和随机性,但是,仿真过程涉及参数过多,可能造成维度灾难,且数值计算结果及其中存在的误差并不能完全被解释。

2.3.3 融入传染病疫情风险感知的出行行为模型

风险已成为社会中必然存在的一部分[44],并在许多健康行为理论中占据核心地位[45]。近几十年来,风险感知研究一直主要使用心理测量范式[46,47]。心理测量范式的特点在于通过心理测量方法来研究风险因素与风险感知之间的关系[48],将不同的风险情境映射到由风险感知分析产生的图表上。心理测量研究主要关注两个方面:人们如何感知风险和人们如何应对风险[49]。

越来越多的研究者开始研究风险感知的影响,尤其是传染病疫情风险感知的影响,以便为决策和政策制定提供证据[50]。其中,关于传染病疫情风险感知对出行行为影响的研究引起了广泛关注。研究者们在不同的研究方法中提出了不同的理论假设,例如,骆晨等[51]从主观和客观风险角度构建了风险感知。在技术方法上,离散选择模型和结构方程模型[52]是常用的技术工具。近几年,研究者们提出了一个三方模型,将风险感知分为行为、情感和体验三个方面[53]。其中,行为风险感知代表了个体对风险事件发生可能性的感知。情感和体验方面则构成了风险感知的感觉部分。这些因素被认为对解释和预测健康领域的保护行为非常有用[53,54]。对传染病疫情风险感知的评估包括对行为所带来的风险程度的估计(感知可能性)、对感染传染病概率的估计(感知易感性)和对传染病严重程度的估计(感知严重性)[45]。

了解城市居民在重大突发传染病疫情影响下的行为变化是制定防控策略的基础。已有研究表明,居民的出行方式选择行为受到出行成本、出行时间、出行安全和出行便利等因素的影响[55-57]。同时,传染病疫情风险感知对保护行为的影响机理也受到广泛关注。常规公交被认为是重大突发传染病疫情期间感染风险最高的交通方式[58,59],公共交通也是重大突发传染病疫情中受影响较大的行业之一[60]。在传染病疫情风险的影响下,通勤者的出行方式往往会从公共交通转向小汽车、步行或自行车[61,62]。风险感知被认为是影响出行方式选择决策的重要因素[59,63,64]。在重大突发传染病疫情期间,居民的公共交通出行行为主要受风险感知和政策的影响[65]。然而,风险感知和政策对个体出行方式选择行为的影响机制研究一直未被重视[66]。

研究者们对风险感知如何影响出行方式选择的兴趣与日俱增。其中,一些研究侧重于利用大数据(如导航数据集、在线评论和移动设备数据)来研究总体风险感知对出行方式选择的影响[67-69]。然而,由于数据限制,这些研究只能识别风险的整体影响,而无法区分不同风险感知维度的影响。根据以往研究[45],风险感知,特别是感知可能性、感知易感性和感知严重性,与预防性保护行为有关。了解不同风险感知维度的影响有助于制定有针对性的干预措施,例如传染病预防教育、健康促进教育和交通供需调整。 基于对这些风险感知维度影响的了解,公共卫生从业人员和政策制定者可以设计出更有效的策略,以降低各种健康风险。

2.4 应对重大突发传染病冲击的交通管控政策评估与优化

2.4.1 基于社交媒体数据的应急管理政策评估

社交媒体数据在交通规划、管理和运营等领域具有潜在作用,相关研究的主要关注领域包括出行需求建模、整体/个体出行行为分析、交通服务评估和交通状况预测等[70-72]。 例如,Zhan 等[73]的研究提供了有关社交媒体如何在土地利用和交通政策制定中提供决策支持的实证证据。 Hasan 和 Ukkusuri[74]提出了一种基于舆情话题的活动行为建模方法,该方法通过社交媒体签到服务来推断个体的多日活动模式。 在通勤行为方面,Osorio-Arjona 等[75]提出了一种利用 Twitter 数据预测"居家-工作"出行 OD 矩阵的方法。 Rodrigues 等[76]将社交媒体数据应用于出租车需求分析。 此外,Li 等[77]通过挖掘用户的反馈评论,对中国南京地铁系统的服务质量进行了评估。 另外,Lucini 等[78]运用主题模型分析了航空公司乘客的反馈数据,鉴别出与乘客体验相关的 27 个主题,并构建了逻辑回归模型来评估乘客满意水平。 在类似研究中,Luo 等[79]采用情感分析方法实测了客户对公交服务的满意度,内容包括安全性、拥挤程度、可靠性、员工行为和舒适度。 相比之下,国内研究人员更多的是将社交媒体数据用于常态情况下出行行为分析,包括流动人口的识别及其群体出行特征[80]、基于社交媒体地理数据挖掘的游客行为研究[81-83]等方面。

从应急管理角度来看,社交媒体数据已经在多个研究场景中被证明其有效性。 Alexander[84]详细回顾了应急管理中社交媒体数据的利用情况。 与此一致,当前研究主要集中在灾害检测[85, 86]以及交通事故或紧急事件管理[87, 88]等领域。 在自然灾害检测方面,Singh 等[86]开发了一种基于随机马尔可夫链模型的灾害位置检测系统,并提出了一个用于过滤与灾害相关博客内容的 Twitter 分类模型。 此外,Ma 等[88]提出了一种综合了图分析和关键词过滤的紧急自然灾害发现和分析模型。 Fang 等[89]建立了一个评估暴雨灾害影响的框架,利用社交媒体数据,得到的结果显示更多的水灾地点位于城市中心区,这些地区一般是居民区/工业区或与交通相关的地方。 在交通事故检测方面,Zhang 等[90]采用深度学习方法从社交媒体数据中检测交通事故;包杰[91]认为基于微博签到数据的出行信息对城市路网交通事故风险预测至关重要。 在交通事件检测方面,包丹[92]提出了结合机器学习的高速公路交通事件检测框架,且使用了微博数据；林宏涛[93]提出了基于深度学习和多标签分类的交通事件辨识方法，辨识内容包括交通事故、交通拥堵、道路施工等。Lian等[87]提出了一个集成了时空信息提取、情感识别和观点分类功能的在线信息管理框架。郑治豪等[94]提出了基于社交媒体大数据的交通感知分析系统。Kumar和Ukkusuri[95]基于地理标记的Twitter信息，研究了影响不同沿海居民群体疏散行为的因素。这些研究提出的观点及方法模型有助于监测或干预救援工作的进展，提高公众对紧急情况的整体认知水平。

突发公共卫生事件下社交媒体数据在交通应急管理政策评估方面发挥的作用日益显著。通常情况下，公众对交通政策的态度及相应的行为需要通过调查和访谈等方式来分析，具体包括定量分析法，如回归分析法、结构方程模型和成本效益分析。然而，在紧急情况下，这些传统的分析模式可能无法满足交通应急政策的制定和响应需求，因为应急政策需要被实时捕捉问题并快速响应，而传统的调查和访谈方法通常会耗费时间且反应滞后。随着数字技术的不断发展，社交媒体平台为政策制定者提供了实时捕捉政策反馈的机会，例如热点话题的讨论和辩论，这使得政策的制定、执行和评估过程更加以居民为中心[96]。Diaz等[97]回顾了加拿大公交机构针对新冠疫情所采取的应对措施，并在相关分析中强调了通过社交媒体渠道进行沟通的重要性。

目前，部分已有研究通过提取公众在应急管理政策实施过程中讨论的主题和情感来评估交通应急管理政策。举例来说，情感分析能够量化公众的满意度，通常情况下，积极的情感表示更高的政策接受度[98, 99]。例如，Dandannavar等[99]提出了一种基于推文情感分析的政府福利政策接受度评估框架。最近，学术界还研究了社交媒体数据在支持重大突发传染病疫情应对措施或政策响应方面的潜力。Wang等[100]分析了重大突发传染病疫情期间不同国家的公众对封锁政策的情感倾向（积极、中性和消极）。此外，Monmousseau等[101]分析了不同社交媒体数据对重大突发传染病疫情应对措施的影响。他们通过评估推文中表达的情感，研究了重大突发传染病疫情下不同航空公司采取的政策对乘客的影响，并基于关键词分析为每家航空公司建立了其自己的"推特档案"，强调了联邦机构、航空公司和乘客之间通过推特进行讨论来管理客户满意度的重要性。Park等[102]进行了类似研究，通过对社交媒体数据的文本挖掘来确定公众对交通枢纽传染病疫情政策的看法，他们从美国64个枢纽机场相关的社交媒体评论中分析了4个具有代表性的主题（员工、商店、空间和服务）及情感倾向。这些研究为政策制定者提供了有关突发公共卫生事件下交通应急管理政策的实时反馈和满意度的重要信息。

综上所述，社交媒体数据在交通研究领域已被广泛采用。然而，针对突发公共卫生事件下的交通应急管理政策评估，国内外现有研究在社交媒体舆情主题提取和情感倾向分析中存在舆情主题数量确定方法不统一、主观性强、多数研究中情感分析模型精度不足等问题；同时，现有研究缺乏基于舆情的交通应急管控政策调整效果定量评估模型。鉴于突发公共卫生事件的不确定性，比如与持续时间较短的自然灾害或事故灾难不同，突发公共卫生事件可能持续数月或更长时间，并伴随未知的、随机的和更为严重的社会影响[103]，这就要求政策决策者有能力保证政策的时效性，包括迅速制定交通政策并根据实际反馈进行调整。因此，有必要借助社交媒体数据开发一种足够准确、合理且全面的数据驱动方法框架来有效评估政策，并深入了解公众的具体需求。

2.4.2　传染病疫情影响下的城市客运交通管控与保障

突发公共卫生事件下，主要通过个人清洁和防护、接触控制和阻断以及病例追踪与隔离等非药物性的传染病疫情防控措施来防止传染病病毒的传播。当下研究人员就如何进行城市客运交通管控评估和病例追踪等进行了充分研究。例如，茹小磊等[104]利用经典流行病学模型模拟了传染病疫情在常规公共交通系统内的扩散和传播，并计算得出重大突发传染病疫情期间常规公交部分停运方案导致的系统可达性损失。但与此同时，仍然存在一些需要被保障的必要的客运出行需求，如居民生活购物、买药看病以及医护人员居住地与医疗机构所在地之间的通勤需求等。

突发公共卫生事件下，受病毒传播和管控措施的影响，城市居民的出行行为发生了变化，部分原本乘坐公共交通通勤的乘客转变为使用私人小汽车通勤[105, 106]。这主要是由于乘坐公共交通会增加感染病毒的风险。然而，私人小汽车数量的增加加剧了城市交通拥堵，可能会给城市交通、环境的可持续发展和居民生活带来负面影响。为此，城市交通需要在应对公共卫生事件的过程中，一方面通过管控措施来减少病毒传播风险，另一方面也需要尽可能地减少管控措施对社会的影响。

一些学者对公共交通出行的防疫政策进行了有益的探索。周继彪等[107]提出了重大突发传染病疫情下城市公共交通非常规防疫策略，即城市常规公交应采取网格化运营策略、需求响应式运营策略和应急公交接驳策略，城市轨道交通应采取暂停运营策略、车厢隔离防疫策略和需求响应式防疫策略。吴楠等[108]提出了在重大突发传染病后的复工复学和传染病疫情防控双重要求下，针对一系列不同情况的公共交通系统组合运营策略。吴娇蓉等[109]基于重大突发传染病疫情期间乘客出行偏好问卷调查数据，分析了民众出行偏好及对不同出行模式的暴露风险感知，提出了通勤合乘设计方案并解析了其组织效率。谢驰等[110]提出了一套以现有资源与技术为基础、以防止大规模传染性病毒扩散为目的、以减少出行人群近距离接触为手段、适应疫情防控特殊要求的综合城市交通系统与出行活动管控框架及措施。这些研究针对日常交通系统进行了运营更新和设施改造等措施，一定程度上可减少病毒传播风险，同时避免不可持续的出行方式，并且能够保障城市客运交通有序运行，但在不同方面的保障程度有限，也并不适用于传染病疫情不同阶段的各类必要出行。

定制公交是一种较为灵活、针对不同场景可减少病毒传播风险，避免不可持续的出行方式，并且能够保障城市客运交通有序运行的交通方式。Kirby 等[111]认为定制公交具有缓解交通拥堵、减少环境污染和资源消耗等作用，并对定制公交的线路规划、乘客招募、车辆调度、票价制订等提出了一些建议。诸多学者对定制公交的服务质量评价进行了研究[112-114]，不仅关注运营效率导向的变量，如运行里程、车辆速度、行驶时间、客流量等，同时还关注乘客导向的变量，如安全性、舒适性、便利性、整洁度、信息通告等[115, 116]。Deb 和 Ali Ahmed[117]认为乘客的感知和期望都是评估服务质量的关键，并确定了影响服务质量的 4 个潜在因素，即安全性、舒适性、可达性和准时性。Wang 等[118]建立了 3 种不同的生存模型来研究定制公交的购票行为机制，结果表明购票和退票的便利性、效率以及信息的可获得性有助于提高用户对定制公交的忠诚度。

针对上述影响定制公交出行的变量，一些学者对其重要性以及服务质量进行了研究。Rahman 等[119]使用结构方程模型研究了孟加拉国达卡市公共交通的 24 个变量，发现"准时性和可靠性"对公共交通服务质量的影响最大。Gündoğdu 等[120]使用图模糊层次分析法和线性分配模型来评价公共交通的服务质量。这种方法考虑了受访者对决策备选方案评价的不确定性，避免了回答数据的主观性。简奕灿等[121]运用结构方程模型，在计划行为理论的基础上，探究定制公交出行意愿的影响机理，得到主观规范对居民定制公交出行意愿影响最小的结论。Cao 等[122]以哈尔滨市为研究案例，通过 SP 调查①和 RP 调查②获得了 332 个个体用户选择定制公交的意愿和影响因素，发现选择定制公交的 4 个主要影响因素是私家车、家庭与工作地点之间的距离、出行满意度和加班时间。

这些研究提供了评估定制公交服务质量的方式，并且提供了应用和分析相关变量的方法。但是，以往研究并未考虑公共卫生健康安全的相关因素或医疗专家的影响。在突发公共卫生事件下，应使用更多的与公众健康相关的变量来评估定制公交的服务

---

① SP 调查，也称意向调查，是在假设条件下进行的调查，旨在了解被调查者在特定情境下的选择意向和偏好。

② RP 调查，也称行为调查，是对实际发生的出行行为进行的调查，它关注的是被调查者在真空环境中的实际选择和行为。

质量,并将其应用于城市交通客运保障的研究中。

2.4.3 传染病疫情影响下的城市货运交通管控与保障

货运物流的高效运转是人民生产生活和社会经济发展的基本保障。重大突发传染病疫情期间,物流系统面临着巨大压力。一方面,医疗物资和生活必需品的运输需求不断增加[123];另一方面,各类防控措施导致劳动力和运输资源短缺[124]。政府采取的货运交通管控政策极大地影响和决定了物资的运转效率,相关政策可根据实施目的分为限制政策和支持政策两类。

为遏制传染病疫情扩散,许多国家和地区实施了"封城""封路"、关闭货运场站等严格的交通限制政策。Munawar 等[125]对来自政府网站、运营商等的数据进行了分析,并结合文献调研和从业者访谈,研究了澳大利亚政府为阻断传染病疫情传播而采取的政策措施对于货运交通运输系统的影响。Yang 等[126]运用结构方程模型,以严格度为指标评估了政府总体限制政策,并以中国和欧盟为例,分析了政府限制政策对国际海运、空运和铁路运输市场的影响。Bandyopadhyay 和 Bhatnagar[127]对港口、多式联运和运输行业的受访者展开调查,并依据调查结果,对城市封锁、港口关闭等政策给印度货物运输效率、就业、运营成本等方面的不利影响及其因果关系进行了估计。Yang 等[128]根据传染病疫情的严重程度和限制政策的影响对面板数据进行了统计计量分析,探讨了重大突发传染病疫情对省内和省际快递包裹流的动态影响,为突发公共卫生事件下的物流规划与管理提供了政策启示。

在重大突发传染病疫情进入常态化管控阶段后,政府开始尝试实施高速公路免通行费、无接触配送财政补贴等货运支持政策来恢复经济活动和供应链韧性,以促进物流业的发展。Choi[129]分析了传染病疫情防控期间香港将物流服务转变为"送货上门"的创新运作案例,并重点介绍了政府如何提供财务资助和激励的政策机制。Gnap 等[130]认为交通基础设施是传染病疫情后加快铁路和道路货运交通恢复的基础保障。Fang 和 Guo[131]使用来自中国某大型物流信息平台公司的物流数据,分析了重大突发传染病疫情期间高速公路免收费政策对复工复产的刺激效果,认为该政策仅能作为临时措施,长期使用可能无效。

尽管现有研究评估了针对货运交通的不同类型交通管控政策,但现实情况下往往会同时采取多种措施,因此应进一步研究多重措施实施下的叠加作用效果。另外,受制于数据等因素,多数研究仅为定性分析,而数据驱动的定量化分析大多为描述性分析,因此应该基于更多数据就交通政策对货运交通系统的影响进行更为深入的分析。

2.5 研究发展态势

由于重大突发传染病疫情持续时间长、风险动态波动且管控政策难以事前评估，因此重大突发传染病疫情下城市交通管理的重点在于政策的快速评估与适时优化。随着数据观测手段的不断改进和监测环境的持续完善，现有研究逐渐从以小样本调查为主的模型方法向以数据驱动为主的研究方法转变，然而在数据观测体系构建、行为机理解析模型和政策评估及优化的方法等方面仍有待完善。

1. 面向城市重大突发传染病疫情期间交通管控政策快速响应的数据观测体系构建

现有灾害交通管理数据观测体系大多针对自然灾害和事故灾难，关注的重点是灾前受影响居民的应急疏散，灾中和灾后的基础设施受损及应急响应和有序恢复，监测的重点则是交通基础设施及其运行状态。相比之下，重大突发传染病疫情持续时间长，交通管理的关注重点在于人员流动导致的风险传播，监测重点在于传染病疫情不同阶段人员的流动特征，以及面对交通管控政策时行为响应的异质性。在此基础上提出特定区域或群体的行为调查需求，并给出差异化的管控政策建议。

2. 大数据环境下城市重大突发传染病疫情非常态出行行为建模

在重大突发传染病疫情影响下，出行行为之所以改变，实质是出行者受到传染病疫情出行风险感知水平的影响。他们选择出行方式时，是在考虑安全性的基础上，综合权衡成本效益后做出的选择。现有研究较少对出行风险感知的效用进行量化，并且在分析突发公共卫生事件暴发的不同阶段、不同政策下以及不同区域所产生的不同出行风险感知对居民常规公交出行行为的影响时，也不够全面和完善，缺少在不同时空维度影响下针对传染病疫情风险感知对出行行为影响机理异质性的研究。

3. 城市重大突发传染病疫情交通管理政策评估及优化

现有的交通管理政策评估大多针对常态场景，且采用问卷调查、焦点小组等方法，难以满足重大突发传染病疫情下动态、快速政策评估的需求。此外，针对重大突发传染病疫情下交通管理决策需求，例如交通系统中感染乘客追溯、封控状态下民生物资保障等，缺少有针对性的案例分析和决策支持方法。

2.6 本章小结

重大突发传染病疫情持续时间长，风险动态波动，管控政策难以进行事前评估。随着数据观测手段的不断改进和监测环境的持续完善，现有研究逐渐从以往以小样本调查为主的模型方法，向大样本数据驱动的交通系统运行特征监测与优化方向转变。本章对数据驱动的城市传染病传播特征分析和风险评估、模型驱动的交通出行行为与传染病疫情风险评估以及应对重大突发传染病冲击的交通管控政策评估与优化等方面的研究进行了梳理总结，并对研究发展态势进行了评述。

参考文献

［1］ SHORTELL T, BROWN E. Walking in the European city: quotidian mobility and urban ethnography［M］.［S.l.］: Routledge, 2016.

［2］ STODDARD S T, MORRISON A C, VAZQUEZ-PROKOPEC G M, et al. The role of human movement in the transmission of vector-borne pathogens［J］. PLoS Neglected Tropical Diseases, 2009, 3(7): e481.

［3］ LYNCH C, ROPER C. The transit phase of migration: circulation of Malaria and its multidrug-resistant forms in Africa［J］. PLoS Medicine, 2011, 8(5): 612-617.

［4］ 郭黎, 邵云平, 陈春枝, 等. 北京市海淀区2015—2018年札如病毒聚集性疫情的流行病学特征分析［J］. 实用预防医学, 2020, 27(1): 91-93.

［5］ 于璐, 袁志平, 刘浩. 赣州市2018年乙型肝炎流行病学特征分析［J］. 中国当代医药, 2019, 26(36): 207-210.

［6］ O'REILLY K. Ethnographic methods［M］.［S.l.］: Routledge, 2004.

［7］ RILEY S. Large-scale spatial-transmission models of infectious disease［J］. Science, 2007, 316(5829): 1298-1301.

［8］ WESOLOWSKI A, EAGLE N, TATEM A J, et al. Quantifying the impact of human mobility on Malaria［J］. Science, 2012, 338(6104): 267-270.

［9］ BRDAR S, GAVRIĆK, ĆULIBRK D, et al. Unveiling spatial epidemiology of HIV with mobile phone data［J］. Scientific Reports, 2016, 6: 19342.

［10］ BALCAN D, COLIZZA V, GONÇALVES B, et al. Multiscale mobility networks and the spatial spreading of infectious diseases［J］. Proceedings of the National Academy of Sciences, 2009, 106(51): 21484-21489.

［11］ MOSS R, NAGHIZADE E, TOMKO M, et al. What can urban mobility data reveal about the spatial distribution of infection in a single city?［J］. BMC Public Health, 2019, 19(1): 1-16.

［12］ RAO, A S R S, VAZQUEZ J A. Identification of COVID-19 can be quicker through artificial intelligence framework using a mobile phone-based survey in the populations when cities/towns are under quarantine［J］. Infection Control and Hospital Epidemiology, 2020, 41(7): 826-830.

［13］ SHERMAN R L, HENRY K A, TANNENBAUM S L, et al. Applying spatial analysis tools in public health: an example using SaTScan to detect geographic targets for colorectal cancer screening interventions［J］. Preventing Chronic Disease, 2014, 11: 130264.

［14］ MAREK L, TUČEK P, PÁSZTO V. Using geovisual analytics in Google Earth to understand disease distribution: a case study of campylobacteriosis in the Czech Republic (2008-2012)［J］. International Journal of Health Geographics, 2015, 14: 1-13.

［15］ FRIAS-MARTINEZ V, RUBIO A, FRIAS-MARTINEZ E. Measuring the impact of epidemic alerts on human mobility using cell-phone network data［C］//Proceedings of the Pervasive Urban Applications—PURBA, 2012.

［16］ 逯建华, 何建凡, 谢旭, 等. 深圳市2009—2013年传染病突发公共卫生事件流行病学分析及风险评估研究［J］. 实用预防医学, 2015, 22(4): 436-438.

［17］ 旷翠萍, 代吉亚, 易建荣, 等. 应用德尔菲法构建自然灾害后传染病疫情发生风险评估指标体系［J］. 华南预防医学, 2016, 42(3): 218-222.

［18］ 王哲, 任婧寰, 李树萍, 等. 云南省鲁甸地震灾区重点传染病风险评估［J］. 中国公共卫生管理, 2015, 31(2): 182-184.

［19］ 康正, 宁宁, 梁立波, 等. 基于人群脆弱性视角的突发公共卫生事件风险评估［J］. 中国公共卫生管理, 2015, 31(3): 280-281, 286.

[20] ABEKU T A, OORTMARSSEN G J V, BORSBOOM G, et al. Spatial and temporal variations of malaria epidemic risk in Ethiopia: factors involved and implications [J]. Acta tropica: Journal of Biomedical Sciences, 2003, 87(3): 331-340.

[21] KERMACK W O, MCKENDRICK A G. A contribution to the mathematical theory of epidemics [J]. Proceedings of the Royal Society A, 1927, 115(772): 700-721.

[22] BARTHÉLEMY M, BARRAT A, PASTOR-SATORRAS R, et al. Dynamical patterns of epidemic outbreaks in complex heterogeneous networks [J]. Journal of Theoretical Biology, 2005, 235(2): 275-288.

[23] LAHROUZ A, OMARI L, KIOUACH D. Global analysis of a deterministic and stochastic nonlinear SIRS epidemic model [J]. Nonlinear analysis: Modelling and Control, 2011, 16(1): 59-76.

[24] D'ONOFRIO A. Stability properties of pulse vaccination strategy in SEIR epidemic model [J]. Mathematical Biosciences, 2002, 179(1): 57-72.

[25] SHANG Y. A lie algebra approach to susceptible-infected-susceptible epidemics [J]. Electronic Journal of Differential Equations, 2012, 2012(1): 1-7.

[26] SHANG Y. Analytical solution for an in-host viral infection model with time-inhomogeneous rates [J]. Acta Physica Polonica B, 2015, 46(8): 1567-1577.

[27] SHANG Y. Modeling epidemic spread with awareness and heterogeneous transmission rates in networks [J]. Journal of Biological Physics, 2013, 39(3): 489-500.

[28] LEVINS R. The strategy of model building in population biology [J]. American Scientist, 1966, 54(4): 421-431.

[29] SHANG Y. Degree distribution dynamics for disease spreading with individual awareness [J]. Journal of Systems Science And Complexity, 2015, 28(1): 96-104.

[30] COLIZZA V, VESPIGNANI A. Epidemic modeling in metapopulation systems with heterogeneous coupling pattern: theory and simulations [J]. Journal of Theoretical Biology, 2008, 251(3): 450-467.

[31] FRIAS-MARTINEZ E, WILLIAMSON G, FRIAS-MARTINEZ V. An agent-based model of epidemic spread using human mobility and social network information [C]//Proceedings of the 2011 IEEE third international conference on privacy, security, risk and trust and 2011 IEEE third international conference on social computing, 2011: 57-64.

[32] SIRAKOULIS G C, THANAILAKIS A, KARAFYLLIDIS I. A cellular automaton model for the effects of population movement and vaccination on epidemic propagation [J]. Ecological Modelling, 2000, 133(3): 209-223.

[33] 杨青, 杨帆. 基于元胞自动机的突发传染病事件演化模型 [J]. 系统工程学报, 2012, 27(6): 727-738.

[34] 谭欣欣, 戴钦武, 史鹏燕, 等. 基于元胞自动机的个体移动异质性传染病传播模型 [J]. 大连理工大学学报, 2013, 53(6): 908-914.

[35] 陈长坤, 童蕴贺. 基于元胞自动机的传染病跨区域传播模型研究 [J]. 武汉理工大学学报(信息与管理工程版), 2018, 40(4): 359-363, 382.

[36] BANDINI S, WORSCH T. Theory and practical issues on cellular automata: proceedings of the fourth international conference on cellular automata for research and industry, Karlsruhe, 4–6 October 2000 [M]. [S.l.]: Springer Science & Business Media, 2012.

[37] 钟少波, 张毛磊, 郑金勇, 等. 基于空间实体的传染病蔓延模拟建模研究 [J]. 计算机工程与应用, 2008(18): 190-193.

[38] PEREZ L, DRAGICEVIC S. An agent-based approach for modeling dynamics of contagious disease spread [J]. International Journal of Health Geographics, 2009, 8(1): 1-17.

[39] HELBING D, BALIETTI S. Social self-organization: Agent-based simulations and experiments to study emergent social behavior [M]. [S.l.]: Springer, 2012.

[40] EUBANK S, GUCLU H, KUMAR V A, et al. Modelling disease outbreaks in realistic urban social networks [J]. Nature, 2004, 429(6988): 180-184.

[41] EUBANK S. Scalable, efficient epidemiological simulation [C]//Proceedings of the 2002 ACM symposium on Applied computing, 2002: 139-145.

[42] SMIESZEK T, BALMER M, HATTENDORF J, et al. Reconstructing the 2003/2004 H3N2 influenza epidemic in Switzerland with a spatially explicit, individual-based model [J]. BMC Infectious Diseases, 2011, 11(1): 115.

[43] LUO Y, SONG Z, SHENG K, et al. The design of a small-scale epidemic spreading simulation system [M]//ZHANG L, SONG X, WU Y. Theory, Methodology, Tools and Applications for Modeling and Simulation of Complex Systems. Singapore: Springer, 2016: 201-215.

[44] VASVÁRI T. Risk, risk perception, risk management—a review of the literature [J]. Public Finance Quarterly, 2015, 60 (1): 29-48.

[45] BREWER N T, CHAPMAN G B, GIBBONS F X, et al. Meta-analysis of the relationship between risk perception and health behavior: the example of vaccination [J]. Health Psychology, 2007, 26 (2): 136-145.

[46] SLOVIC P, LICHTENSTEIN S, BISCHHOFF B. Images of disaster: Perception and acceptance of risks from nuclear power [C]// Proceedings of the annual meeting of the national council-on radiation protection and measurements. Washington, D. C., 1979.

[47] SJÖBERG L, MOEN B E, RUNDMO T. Explaining risk perception: an evaluation of the psychometric paradigm in risk perception research [J]. Rotunde publikasjoner Rotunde, 2004, 84: 55-76.

[48] FISCHHOFF B, SLOVIC P, LICHTENSTEIN S, et al. How safe is safe enough? A psychometric study of attitudes towards technological risks and benefits [J]. Policy Sciences, 1978, 9 (2): 127-152.

[49] SLOVIC P, FINUCANE M L, PETERS E, et al. Risk as analysis and risk as feelings: some thoughts about affect, reason, risk, and rationality [J]. Risk Analysis, 2004, 24 (2): 311-322.

[50] CORI L, BIANCHI F, CADUM E, et al. Risk perception and COVID-19 [J]. International Journal of Environmental Research and Public Health, 2020, 17 (9): doi: 103390/ijerph17093114.

[51] 骆晨, 董青, 姚擎, 等. 突发公共卫生事件持续期居民中长距离出行方式选择行为研究 [J]. 交通运输系统工程与信息, 2020, 20 (6): 57-62.

[52] WANG X, LI J, BIAN R, et al. Commuting behavior changes in the post COVID-19 period: A case study of Shanghai [C]//Proceedings of the 100th Transportation Research Board Annual Meeting, Washington, D. C, U. S. A., 2021.

[53] FERRER R A, KLEIN W M, PERSOSKIE A, et al. The tripartite model of risk perception (TRIRISK): Distinguishing deliberative, affective, and experiential components of perceived risk [J]. Annals of Behavioral Medicine, 2016, 50 (5): 653-663.

[54] KAUFMAN A R, TWESTEN J E, SULS J, et al. Measuring cigarette smoking risk perceptions [J]. Nicotine and Tobacco Research, 2020, 22 (11): 1937-1945.

[55] WANG B, SHAO C, JI X. Dynamic analysis of holiday travel behaviour with integrated multimodal travel information usage: a life-oriented approach [J]. Transportation Research Part A: Policy and Practice, 2017, 104: 255-280.

[56] PAPAGIANNAKIS A, BARAKLIANOS I, SPYRIDONIDOU A. Urban travel behaviour and household income in times of economic crisis: Challenges and perspectives for sustainable mobility [J]. Transport policy, 2018, 65: 51-60.

[57] NGUYEN-PHUOC D Q, CURRIE G, DE GRUYTER C, et al. How do public transport users adjust their travel behaviour if public transport ceases? A qualitative study [J]. Transportation Research Part F: Traffic Psychology and Behaviour, 2018, 54: 1-14.

[58] AADITYA B, RAHUL T M. Psychological impacts of COVID-19 pandemic on the mode choice behaviour: A hybrid choice modelling approach [J]. Transport Policy, 2021, 108: 47-58.

[59] ZAVAREH M F, MEHDIZADEH M, NORDFJAERN T. Demand for mitigating the risk of COVID-19 infection in public transport: the role of social trust and fatalistic beliefs [J]. Transportation Research Part F: Traffic Psychology and Behaviour, 2022, 84: 348-362.

[60] DOWNEY L, FONZONE A, FOUNTAS G, et al. The impact of COVID-19 on future public transport use in Scotland [J]. Transportation Research Part A: Policy and Practice, 2022, 163: 338-352.

[61] MONTERDE-I-BORT H, SUCHA M, RISSER R, et al. Mobility patterns and mode choice preferences during the COVID-19 situation [J]. Sustainability, 2022, 14 (2): 1-13.

[62] BASNAK P, GIESEN R, MUOZ J C. Estimation of crowding factors for public transport during the COVID-19 pandemic in Santiago, Chile [J]. Transportation Research Part A: Policy and Practice, 2022, 159: 140-156.

[63] PARADY G T, TANIGUCHI A, TAKAMI K. Travel behavior changes during the COVID-19 pandemic in Japan: Analyzing the effects of risk perception and social influence on going-out self-restriction [J]. Transportation Research Interdisciplinary Perspectives, 2020, 15: 100649.

[64] OESTREICH L, RHODEN P S, DA SILVA VIEIRA J, et al. Impacts of the COVID-19 pandemic on the profile and preferences of urban mobility in Brazil: challenges and opportunities [J]. Travel Behaviour and Society, 2023, 31: 312-322.

[65] NEUBURGER L, EGGER R. Travel risk perception and travel behaviour during the COVID-19 pandemic 2020: a case study of the DACH region [J]. Current Issues in Tourism, 2021, 24 (7): 1003-1016.

[66] LI J, XIANG T, HE L. Modeling epidemic spread in transportation networks: a review [J]. Journal of Traffic and Transportation Engineering (English Edition), 2021, 8 (2): 139-152.

[67] REN M, PARK S, XU Y, et al. Impact of the COVID-19 pandemic on travel behavior: a case study of domestic inbound travelers in Jeju, Korea [J]. Tourism management, 2022, 92: 104533.

[68] MARY S R, POUR M H. A model of travel behaviour after COVID-19 pandemic: tripadvisor reviews [J]. Current Issues in Tourism, 2022, 25 (7): 1033-1045.

[69] LU Y, GIULIANO G. Understanding mobility change in response to COVID-19: a Los Angeles case study [J]. Travel Behaviour and Society, 2023, 31: 189-201.

[70] MAHAJAN V, KUEHNEL N, INTZEVIDOU A, et al. Data to the people: A review of public and proprietary data for transport models [J]. Transport Reviews, 2022, 42 (4): 415-440.

[71] KHAN S M, NGO L B, MORRIS E A, et al. Social media data in Transportation [M]//CHOWDHURY M, APON A, DEY K. Data Analytics for Intelligent Transportation Systems. [S.l.]: Elsevier, 2017: 263-281.

[72] RASHIDI T H, ABBASI A, MAGHREBI M, et al. Exploring the capacity of social media data for modelling travel behaviour: Opportunities and challenges [J]. Transportation Research Part C: Emerging Technologies, 2017, 75: 197-211.

[73] ZHAN X, UKKUSURI S V, ZHU F. Inferring urban land use using large-scale social media check-in Data [J]. Networks and Spatial Economics, 2014, 14 (4): 647-667.

[74] HASAN S, UKKUSURI S V. Urban activity pattern classification using topic models from online geo-location data [J]. Transportation Research Part C: Emerging Technologies, 2014, 44: 363-381.

[75] OSORIO-ARJONA J, GARCÍA-PALOMARES J C. Social media and urban mobility: Using Twitter to calculate home-work travel matrices [J]. Cities, 2019, 89: 268-280.

[76] RODRIGUES D O, BOUKERCHE A, SILVA T H, et al. Combining taxi and social media data to explore urban mobility issues [J]. Computer Communications, 2018, 132: 111-125.

[77] LI D, ZHANG Y, LI C. Mining public opinion on transportation systems based on social media data [J]. Sustainability, 2019, 11 (15): 4016. DOI:10.3390/su11154016.

[78] LUCINI F R, TONETTO L M, FOGLIATTO F S, et al. Text mining approach to explore dimensions of airline customer satisfaction using online customer reviews [J]. Journal of Air Transport Management, 2020, 83: 101760.

[79] LUO S, HE S Y, GRANT-MULLER S, et al. Influential factors in customer satisfaction of transit services: using crowdsourced data to capture the heterogeneity across individuals, space and time [J]. Transport Policy, 2023, 131: 173-183.

[80] 张妍. 基于社交媒体数据的流动人口识别及其群体出行特征分析 [D]. 西安: 长安大学, 2019.

[81] 王丽鲲. 基于社交媒体地理数据挖掘的游客时空行为分析 [D]. 上海: 上海师范大学, 2017.

[82] 王溢涵. 社交媒体与旅游者旅游目的地选择关系研究 [D]. 长春: 吉林大学, 2018.

[83] 朱函杰. 基于微博数据的游客情感体验时空变化及主题探索 [D]. 西安: 陕西师范大学, 2019.

[84] ALEXANDER D E. Social Media in Disaster Risk Reduction and crisis management [J]. Science and Engineering Ethics, 2014, 20 (3): 717-733.

[85] LI Z, WANG C, EMRICH C T, et al. A novel approach to leveraging social media for rapid flood mapping: a case study of the 2015 South Carolina floods [J]. Cartography and Geographic Information Science, 2018, 45 (2): 97-110.

[86] SINGH J P, DWIVEDI Y K, RANA N P, et al. Event classification and location prediction from tweets during disasters [J]. Annals of Operations Research, 2017, 283 (1-2): 737-757.

[87] LIAN Y, LIU Y, DONG X. Strategies for controlling false online information during natural disasters: the case of Typhoon Mangkhut in China [J]. Technology in Society, 2020, 62: 101265.1-101265.10.

[88] MA T, ZHAO Y, ZHOU H, et al. Natural disaster topic extraction in Sina microblogging based on graph analysis [J]. Expert Systems with Applications, 2019, 115: 346-355.

[89] FANG J, HU J, SHI X, et al. Assessing disaster impacts and response using social media data in China: A case study of 2016 Wuhan rainstorm [J]. International Journal of Disaster Risk Reduction, 2019, 34: 275-282.

[90] ZHANG Z, HE Q, GAO J, et al. A deep learning approach for detecting traffic accidents from social media data [J]. Transportation Research Part C: Emerging Technologies, 2018, 86: 580-596.

[91] 包杰. 基于多源数据的城市路网交通事故风险研究 [D]. 南京: 东南大学, 2019.

[92] 包丹. 基于微博数据的高速公路交通事件研究 [D]. 重庆: 重庆交通大学, 2021.

[93] 林宏涛. 基于社交媒体的交通事件辨识与信息重构 [D]. 广州: 华南理工大学, 2021.

[94] 郑治豪, 吴文兵, 陈鑫, 等. 基于社交媒体大数据的交通感知分析系统 [J]. 自动化学报, 2018, 44(4): 656-666.

[95] KUMAR D, UKKUSURI S. Enhancing demographic coverage of hurricane evacuation behavior modeling using social media [J]. Journal of Computational Science, 2020, 45: 101184.1-101184.15.

[96] ROGERS J. The use of social media and its impact for research [J]. BioResources 2019, 14: 5022-5024.

[97] DIAZ F, ABBASI S J, FULLER D, et al. Canadian transit agencies response to COVID-19: understanding strategies, information accessibility and the use of social media [J]. Transportation Research Interdisciplinary Perspectives, 2021, 12: 100465.

[98] CHEN Y, SILVA E A, REIS J P. Measuring policy debate in a regrowing city by sentiment analysis using online media data: a case study of Leipzig 2030 [J]. Regional Science Policy and Practice, 2020, 13(3): 675-692.

[99] DANDANNAVAR P S, MANGALWEDE S R, DESHPANDE S B. A proposed framework for evaluating the performance of government initiatives through sentiment analysis [C]//Proceedings of the International Conference on Cognitive Informatics and Soft Computing, 2019: 321-330.

[100] WANG J, FAN Y, PALACIOS J, et al. Global evidence of expressed sentiment alterations during the COVID-19 pandemic [J]. Nature Human Behaviour, 2022, 6(3): 349-358.

[101] MONMOUSSEAU P, MARZUOLI A, FERON E, et al. Impact of COVID-19 on passengers and airlines from passenger measurements: managing customer satisfaction while putting the US air transportation system to sleep [J]. Transportation Research Interdisciplinary Perspectives, 2020, 7: 100179.

[102] PARK J Y, MISTUR E, KIM D, et al. Toward human-centric urban infrastructure: text mining for social media data to identify the public perception of COVID-19 policy in transportation hubs [J]. Sustainable Cities and Society, 2022, 76: 103524.

[103] FAKHRUDDIN B S H M, BLANCHARD K, RAGUPATHY D. Are we there yet? The transition from response to recovery for the COVID-19 pandemic [J]. Progress in Disaster Science, 2020, 7: 100102.

[104] 茹小磊, 杨超, 严钢, 等. 应对突发大规模流行病的城市常规公交管控策略 [J]. 中国公路学报, 2020, 33(11): 11-19.

[105] SHAKIBAEI S, DE JONG G C, ALPKÖKIN P, et al. Impact of the COVID-19 pandemic on travel behavior in Istanbul: a panel data analysis [J]. Sustainable Cities and Society, 2021, 65: 102619.

[106] CAMPISI T, BASBAS S, SKOUFAS A, et al. The impact of COVID-19 pandemic on the resilience of sustainable mobility in Sicily [J]. Sustainability, 2020, 12(21): 1-24.

[107] 周继彪, 马昌喜, 董升, 等. 新冠肺炎疫情下城市公共交通非常规防疫策略: 以宁波市为例 [J]. 中国公路学报, 2020, 33(11): 1-10.

[108] 吴楠, 李远东, 赵安琪, 等. COVID-19疫情后武汉市公共交通运营策略研究 [J]. 交通运输工程与信息学报, 2020, 18(3): 64-73.

[109] 吴娇蓉, 王宇沁, 陈小鸿. 公共卫生事件持续期通勤合乘设计及组织效率影响分析 [J]. 中国公路学报, 2020, 33(11): 20-29.

[110] 谢驰, 陈志斌, 郑太秀, 等. 防止新冠疫情扩散的城市交通系统与出行活动管控策略 [J]. 交通运输工程与信息学报, 2021, 19(1): 1-16.

[111] KIRBY R F, BHATT K U. Guidelines on the operation of subscription bus services [J]. National Technical Information Service, 1975.

[112] 卢小林, 张娴, 俞洁, 等. 灵活型定制公交系统综合评价方法研究 [J]. 公路交通科技, 2015, 32(5): 135-140.

[113] 蒋蕊, 卓健. 定制公交竞争力分析与规划应对 [J]. 规划师, 2018, 34(8): 113-119.

[114] LIU T, CEDER A, BOLOGNA R, et al. Commuting by customized bus: A comparative analysis with private car and conventional public transport in two cities [J]. Journal of Public Transportation, 2016, 19(2): 55-74.

[115] TYRINOPOULOS Y, ANTONIOU C. Public transit user satisfaction: variability and policy implications [J]. Transport Policy, 2008, 15(4): 260-272.

[116] EBOLI L, MAZZULLA G. Service quality attributes affecting customer satisfaction for bus transit [J]. Journal of Public Transportation, 2007, 10(3): 21-34.

[117] DEB S, ALI AHMED M. Determining the service quality of the city bus service based on users' perceptions and expectations [J]. Travel Behaviour and Society, 2018, 12: 1-10.

[118] WANG J, YAMAMOTO T, LIU K. Key determinants and heterogeneous frailties in passenger loyalty toward customized buses: an empirical investigation of the subscription termination hazard of users [J]. Transportation Research Part C: Emerging Technologies, 2020, 115: 102636.1-102636.15.

[119] RAHMAN F, DAS T, HADIUZZAMAN M, et al. Perceived service quality of paratransit in developing countries: A structural equation approach [J]. Transportation Research Part A: Policy and Practice, 2016, 93: 23-38.

[120] GÜNDOĞDU F K, DULEBA S, MOSLEM S, et al. Evaluating public transport service quality using picture fuzzy analytic hierarchy process and linear assignment model [J]. Applied Soft Computing, 2021, 100: 106920.

[121] 简奕灿, 张瑾, 晋松. 居民定制公交出行意愿影响因素分析 [J]. 武汉理工大学学报 (交通科学与工程版), 2019, 43(2): 247-252.

[122] CAO Y, WANG J. The key contributing factors of customized shuttle bus in rush hour: a case study in Harbin City [J]. Procedia Engineering, 2016, 137: 478-486.

[123] GOVINDAN K, MINA H, ALAVI B. A decision support system for demand management in healthcare supply chains considering the epidemic outbreaks: a case study of coronavirus disease 2019 (COVID-19) [J]. Transportation Research Part E: Logistics and Transportation Review, 2020, 138: 101967.1-101967.14.

[124] KETCHEN D J, CRAIGHEAD W C. Research at the intersection of entrepreneurship, supply chain management, and strategic management: opportunities highlighted by COVID-19 [J]. Journal of Management, 2020, 46(8): 1330-1341.

[125] MUNAWAR H S, KHAN S I, QADIR Z, et al. Insight into the impact of COVID-19 on Australian transportation sector: An economic and community-based perspective [J]. Sustainability, 2021, 13(3): 1276.

[126] YANG Y, LIU Q, CHANG C H. China-Europe freight transportation under the first wave of COVID-19 pandemic and government restriction measures [J]. Research in Transportation Economics, 2023, 97: 101251.

[127] BANDYOPADHYAY A, BHATNAGAR S. Impact of COVID-19 on ports, multimodal logistics and transport sector in India: responses and policy imperatives [J]. Transport Policy, 2023, 130: 15-25.

[128] YANG S, NING L, JIANG T, et al. Dynamic impacts of COVID-19 pandemic on the regional express logistics: evidence from China [J]. Transport Policy, 2021, 111: 111-124.

[129] CHOI T M. Innovative "Bring-Service-Near-Your-Home" operations under Corona-Virus (COVID-19/SARS-CoV-2) outbreak: can logistics become the Messiah? [J]. Transportation Research Part E: Logistics and Transportation Review, 2020, 140: 101961.1-101961.17.

[130] GNAP J, SENKO Š, KOSTRZEWSKI M, et al. Research on the relationship between transport infrastructure and performance in rail and road freight transport—A case study of Japan and selected European countries [J]. Sustainability, 2021, 13(12): 6654.

[131] FANG D, GUO Y. Flow of goods to the shock of COVID-19 and toll-free highway policy: evidence from logistics data in China [J]. Research in Transportation Economics, 2022, 93: 101185.

第 3 章
城市突发公共卫生事件下交通管理关键科学问题与方法

3.1 引言

城市突发公共卫生事件下交通管理的重点在于如何快速有效地评估人员流动管控政策及其行为响应,难点在于因重大突发传染病疫情的偶发而缺少先验经验,且因重大突发传染病疫情持续时间长,导致不同阶段、不同群体的行为响应存在异质。目前,虽然不断完善的城市交通数据观测环境为突发公共卫生事件下城市交通应急管理提供了新的机遇,但是仍需结合不同传染病疫情防控需求梳理关键科学问题与方法。

城市突发公共卫生事件下交通管理的关键科学问题体现在三个方面:①大数据环境下如何在重大突发传染病疫情的不同阶段主动识别城市交通出行行为特征及运行态势;②如何通过模型定量解析传染病疫情风险感知对城市居民出行行为响应的影响机理;③如何实现城市交通管理政策的快速评估与优化。针对上述关键科学问题,需要在现有的城市交通数据观测环境、行为分析方法和决策支持技术等方面进行探索。

3.2 关键科学问题

3.2.1 重大突发传染病疫情下城市交通出行行为特征及运行态势的主动识别

城市交通与传染病疫情传播直接相关。移动通信数据、位置服务数据等大数据是分析城市交通特征的新的重要手段。如何从海量的高维数据中提取出与传染病疫情传播相关的城市交通关键特征信息，以及如何定义描述人群在不同位置的移动方向和流量，是传染病疫情下城市交通出行行为特征分析的关键科学问题。此外，日渐兴起的知识图谱技术，因其能快速捕捉关键信息并呈现复杂的关系，且能将复杂关系的关联过程以关联路径的形式进行回溯，故适用于传染病疫情防控过程中快速追溯城市交通系统中潜在的感染者。面向传染病疫情防控要求，在城市交通特征的基础上如何设计知识图谱是快速科学防控的关键。

3.2.2　传染病疫情风险感知对城市居民出行行为响应的影响机理

从心理行为学"应激—反应"视角来看，突发公共卫生事件是一庞大的应激源，公众对传染病疫情风险的感知受情绪感受、感染可能性、后果严重程度和可控性，以及个人社会属性的影响，呈现群体异质性，且随传染病疫情发展而动态演化。如何充分考虑传染病疫情影响，设计传染病疫情出行风险感知量表以对出行全过程传染病疫情风险感知进行表征，并分析传染病疫情短期变化特征和长期演化规律，是需要解决的关键科学问题。

突发公共卫生事件下，出行者在考虑出行风险感知的情形下，在新的出行价值观导向下会做出新的出行选择行为。如何在现有的城市交通出行行为分析框架下，引入传染病疫情风险感知影响，对出行风险感知的效用进行量化计算，明确影响城市交通的主要因素，并解析传染病疫情风险感知与城市交通出行服务质量的耦合作用机理，定义重大突发传染病疫情影响下出行方式选择行为的决策规则，并对不同政策调控场景下的模型参数进行校核，是需要解决的关键科学问题。

3.2.3　城市交通管理政策快速评估与优化

目前，重大突发传染病疫情防控实践反映出的各种社会矛盾、应急物流组织与流动阻隔的协调困境、传染病疫情防控与经济活动协调的难度等，凸显了传染病疫情管控中社会评价的重要性。针对重大突发传染病疫情防控期间人员流动干预对策评估，如何构建多智能体模型框架，并融合密切接触者时空关系知识图谱，建立对不同的人员流动干预对策的效果评估方法，是需要解决的关键科学问题。

在突发公共卫生事件下城市交通应急管理循证决策的过程中，除了关注与证据和决策有关的关键科学问题外，决策如何融入政治和组织的整体进程中，将证据纳入决策考量，避免假设证据支配决策过程，是需要解决的关键科学问题。

3.3 研究方法

3.3.1 数据驱动的城市交通出行行为与运行状态监测

1. 基于移动通信数据的城市交通出行行为特征与传染病疫情传播规律分析

城市内部的交通时空特征主要反映不同类型的人群在城市内部的移动情况。利用移动通信数据，提取移动用户个体在城市内部和城际之间的活动时空路径，识别个体的居住地、工作地、活动点等反映用户活动特征的关键轨迹点，以还原用户个体在城市内的完整活动链。根据城际间不同来源地的人群在城市内部的人流密度，分析城市内部不同区域的病毒传播速度和方向。根据城际间不同来源地的人群在城市内部的活动空间分布，分析城市内部不同区域的密切接触概率。以对外交通枢纽、医院、集中感染暴发区域等敏感地区为重点分析节点，对传染病病毒在社区的传播风险进行预测。

2. 基于大数据的城市交通出行行为变化特征及演化规律识别方法

从时间与空间视角对疫情影响下的城市交通出行行为变化特征及演化规律进行分析。从空间视角来看，一方面以交通小区和城市行政划分等不同空间尺度的地理单元对城市交通出行行为特征进行集计，利用矩阵分解、空间自相关分析、空间聚类分析等方法在突发公共卫生事件下对不同阶段城市交通出行模式的空间特征进行分析；另一方面，利用城市交通出行 OD 矩阵度量空间交互强度，根据复杂网络理论对不同阶段空间交互网络的社区结构等局部和全局特征进行分析。从时间视角来看，一方面对不同阶段城市交通出行模式空间特征的动态变化进行分析，进而挖掘城市交通出行行为的演化规律；另一方面，采用矩阵分解法对疫情影响下城市交通出行 OD 的演化规律及其时空异质性进行挖掘，并基于流量时序变化特征对时间序列的结构变点进行识别。

3.3.2 融合大数据与小样本调查数据的出行行为机理解析

1. 传染病疫情影响下的出行风险感知效用的量化方法

引入出行风险感知效用概念，以定量描述疫情影响下出行者对客观出行风险的主观感受，构建基于出行客观风险与主观风险认知强度的出行风险感知效用。客观风险通过病例数据的区域风险评估、病例出行轨迹以及在不同路段内的持续时间与出行方式进行评估。主观风险认知强度受感知易感性、可能性与严重性等方面的相关指标影响，基于传染病疫情出行风险感知特征的长短时变化规律及影响因素的分析结果，筛选出对城市交通出行行为影响显著的传染病疫情风险感知因素。

2. 考虑传染病疫情出行风险感知效用的城市交通出行方式选择模型构建方法

在经典出行方式选择模型的基础上，考虑传染病疫情出行风险感知效用的广义成本对模型的影响，采用潜在类型模型对人群进行聚类，识别不同群体交通出行的风险感知效用阈值。引入传染病疫情出行风险感知效用、时间、费用等，通过离散选择模型测量个体出行的时间成本、费用成本以及传染病疫情出行风险感知等因素对出行方式选择的影响，建立考虑传染病疫情风险感知效用的城市交通出行选择模型。

3. 基于扩展计划行为理论的城市交通出行行为分析方法

在计划行为理论的基础上考虑疫情出行风险感知的影响，利用结构方程模型对扩展计划行为理论的假设进行验证和分析，解释各变量对城市交通出行行为的影响程度和作用路径，同时探究其中可能存在的中介效应和调节效应，从而得到传染病疫情出行风险感知对城市交通出行行为的影响机理。同时，考虑群体异质性情况下传染病疫情出行风险感知对城市交通出行行为的影响机理，利用多组分析方法对不同群体的行为机理异质性进行研究。

3.3.3 数据和模型融合驱动的城市交通管控政策评估优化

1. 城市交通时空关系知识图谱的构建和传染病疫情传播知识检索技术

通过移动数据连续追踪城市交通中个体的活动轨迹，对个体之间的密切接触行为进行快速识别。围绕传染病疫情传播识别、重点防控区域识别等传染病疫情防控与风险预测的核心场景，设计建立表达个体尺度城市交通出行行为的图数据库，以及由节点生成 AI 算法和边插入 AI 算法共同构成的知识图谱体系框架。面向基于密切接触行为的传染病疫情传播风险预测，构建个体尺度城市交通时空关系的知识图谱，并研发病毒传播的知识抽取、知识融合和知识推理模型。

2. 基于城市交通时空关系知识图谱的传染病疫情传播追溯识别方法

基于城市交通知识图谱对传染病疫情传播网络结构进行研究，将城市交通知识图谱中的节点视作影响传染病疫情传播的关键因素。将经由移动通信数据识别出的城市交通密切接触行为以知识图谱形式进行表征，通过图挖掘算法完成出入度分析及网络模式识别，对知识图谱中的疫情传播进行追溯识别。

基于个体尺度的密切接触者网络，根据传染病的传染概率参数，计算与不同风险等级人群密切接触若干次的感染概率马尔可夫链。基于社区发现算法等复杂网络算法，发现不同风险等级人群之间的密切接触中存在的社区结构；或通过空间统计方法，对不同风险等级人群的城市交通活动进行空间自相关分析，从个体层面追溯传染病传播的潜在感染人群或风险地区。

3. 基于多智能体仿真出行活动的传染病扩散模型和管控策略评估

基于个体空间活动特征，利用多智能体模拟个体间的相互作用，通过定义复杂系统的自主决策规则，抽象人类出行活动，实现对于不同场景疫情发展态势下的仿真推演，引入流行病学的相关技术，建立基于社会接触关联的传染病扩散风险模型，为疫情防控中的城市交通管控政策评估提供计算分析工具。

3.4 本章小结

城市突发公共卫生事件下交通管理的重点在于如何快速有效地评估人员流动管控政策及其行为响应，难点在于重大突发传染病疫情因偶发而缺少先验经验，且重大突发传染病疫情持续时间长，导致不同阶段、不同群体的行为响应具有异质性。本章对其中的关键科学问题进行了总结。科学问题具体包括大数据环境下如何在重大突发传染病疫情不同阶段主动识别城市交通出行行为特征及运行态势；如何通过模型定量解析传染病疫情风险感知对城市居民出行行为响应的影响机理；如何实现对城市交通管理政策的快速评估与优化。针对这些关键科学问题，本章分析阐述了现有城市交通数据观测环境、行为分析方法和决策支持技术等研究方法。

第 4 章
面向城市突发公共卫生事件的交通管理决策需求分析

4.1 引言

突发公共卫生事件是指突然发生，造成或可能造成社会公众健康严重损害的重大传染病疫情、群体性不明原因疾病、重大食物和职业中毒以及其他严重影响公众健康的事件。有效预防、控制、减轻、消除重大急性传染病等突发公共卫生事件，是巩固完善国家应急管理体系的基础工程，意义重大，任务艰巨。重大突发传染病疫情给全世界社会经济造成巨大损失，也对突发公共卫生事件应对方式提出了巨大挑战。

我国目前针对突发公共卫生事件的应急管理主要参考两部法律：《中华人民共和国突发事件应对法》和《中华人民共和国传染病防治法》，以及一项行政法规，即《突发公共卫生事件应急条例》。法律和行政法规主要将应急管理分为：预防与应急准备、监测与预警、应急处置与救援以及事后恢复与重建这 4 个应对活动[1]。因此，突发公共卫生事件下城市交通应急管理需在上述法律法规指引下进行。城市交通应急管理是国家应急管理体系的重要部分。不论是在突发公共卫生事件下，还是在事故灾难、自然灾害和公共安全事件下，为了保证事件影响区域的快速生产恢复和公众生活稳定，应尽可能地保证交通运输不中断。交通运输应急管理决策支持就是在各种突发公共卫生事件发生的情况下，采取必要、科学的交通应急保障措施，以保障人民出行及应急医疗物资、生活物资和生产物资的运送。

现有突发公共卫生事件应急管理体系是由政府主导的"自上而下"的管理体系，

在支持传染病疫情动态变化下的精细化管控决策需求方面仍有优化空间，设定面向突发公共卫生事件的城市交通应急管理场景，现有管理体系涉及主体包括政府机构、社会公众、市场第三方力量、城市交通和公共卫生事件本身。目前的应急管理体系对于不同的社会群体需求的收集、评估和反馈机制考虑得较少，并且现有的交通数据分析算法和模型也没有融入应急管理体系。另外，近年来各地政府大力建设的大数据中心、智慧城市、"一网统管"等信息基础设施，在突发公共卫生事件时发挥的作用不明显，对此就需要一个面向突发公共卫生事件的城市交通决策支持框架，包括城市交通及突发公共卫生事件多源数据、城市交通及突发公共卫生事件模型构建、决策支持循证决策方法，以及一套基于城市大数据决策推理的计算引擎，来支持传染病疫情的追踪、溯源、预警和辅助决策，并助力医疗资源的合理配置，以期在突发公共卫生事件不同的发展阶段可以提出针对性的决策建议。

4.2 突发公共卫生事件下城市交通应急管理决策需求

突发公共卫生事件的发展可分为 4 个阶段：潜伏初始期、快速传播期、持续防控期和稳定恢复期[2]。突发公共卫生事件下城市交通应急管理决策支持框架可按照不同阶段，通过归纳各阶段的防控需求以提出对应措施，如表 4-1 所列。

表 4-1 突发公共卫生事件的防控需求与建议措施

突发公共卫生事件的发展阶段	防控需求	防控环节和措施		
		寻找感染者	切断传播途径	保护易感人群
潜伏初始期	监测预警	发现与诊断 医学观察	研究传播途径 评估疫情风险	预警 引导分散客流
快速传播期	阻断传播	分级收治 医疗保障 流行病学调查	设施消毒 场所关闭 限制出行 避免聚集接触	居家隔离，避免聚集 生活保障 个人卫生防护 信息宣传发布
持续防控期	阻断传播 复工复产			
稳定恢复期	防止反弹	警惕输入病例	保持社交距离	控制人群流量

潜伏初始期：该阶段的任务是科学研判传染病疫情的传播态势。在传染病疫情初期，通过信息监测和数据分析，对传染病疫情出现的可能性、影响规模、严重程度以及与城市交通的相关性进行科学评估，针对性地启用预警机制和应急预案。

快速传播期：该阶段的任务是有效控制病毒的传播扩散。重大突发传染病疫情暴发后，一方面需对城市交通和个体交通出行采取严格的出行管控措施，以阻断病毒的传播；另一方面需要保障医护人员通勤、居民就医等必要的交通出行。此外，需借助交通出行数据分析协助疾控部门开展流行病学调查。

持续防控期：该阶段的任务是医疗资源及救援力量保障。在重大突发传染病疫情得到持续有效的控制后，政府应根据对传染病疫情防控态势的评估来考虑调整传染病疫情防控等级和措施策略，防止对城市交通过度管控。

稳定恢复期：该阶段的任务是逐步恢复正常社会秩序。在除严重疫区以外的绝大部分地区传染病疫情稳定后，防疫重心逐步转向控制零星散发病例和防止二次暴发，此阶段应逐步解除交通出行限制，稳步复工复产复学，恢复正常的生产秩序、生活秩序和社会经济秩序。

4.3　突发公共卫生事件下城市交通应急管理决策机制

在面向突发公共卫生事件的城市交通应急管理场景中，现有管理体系在疫情动态变化情况下的精细化管控决策需求方面仍有优化空间。首先，现有的应急管理体制主要以政府部门为主，市场和公众的参与度较少。对于面向突发公共卫生事件的城市交通应急管理而言，应加强社会多方力量的参与，由此涉及的参与主体包括政府机构、社会公众、城市交通和突发公共卫生事件本身，关系如图4-1所示。其次，在突发公

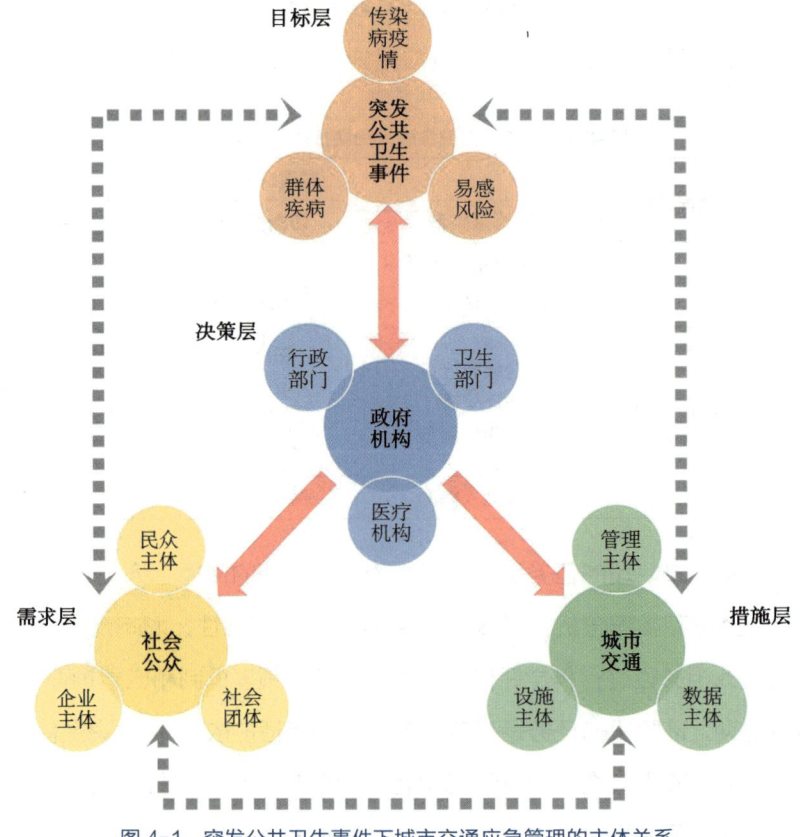

图 4-1　突发公共卫生事件下城市交通应急管理的主体关系

共卫生事件疫情防控前期，对城市交通系统的功能定位主要是保障必要出行。目前的应急管理体制对于不同社会群体需求的收集、评估和反馈机制考虑得较少。另外，现有的交通数据分析算法和模型融入应急管理体制进行决策的过程也有待完善。

应急管理决策机制是指在突发事件的事前、事发、事中、事后全过程中，采取的各种制度化、程序化的应急管理方法与措施，应急机制具有固化性、规范性、累积性、综合性和发展性的特点[3]。尽管突发事件具有不同程度的不可预测性和多变性，但人类通过不断试错仍能逐渐发现其中的一些规律并掌握一定的行之有效的方法，这些方法经过进一步的检验被积累、沉淀下来，且被当作人类对抗突发事件的宝贵经验法则，之后通过法律规范、行政规则等不同方式相对固定下来，便形成了应急管理机制[4]。

目前，我国针对突发公共卫生事件所采取的应急管理主要参考两部法律：《中华人民共和国突发事件应对法》和《中华人民共和国传染病防治法》，以及一项行政法规，即《突发公共卫生事件应急条例》。法律和行政法规的相关内容涉及预防与应急准备、监测与预警、应急处置与救援以及事后恢复与重建。《中华人民共和国突发事件应对法》中涉及的突发公共卫生事件的应急管理工作流程、信息系统以及应急医疗保障系统如图4-2所示。

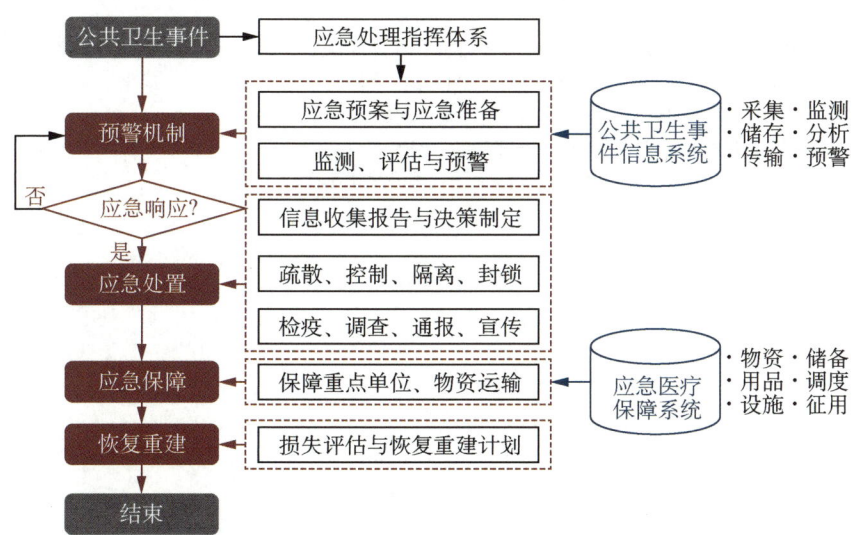

图4-2 突发公共卫生事件应急管理机制

突发公共卫生事件下城市交通应急管理目前仍存在资源共享程度较低等问题。由于政府部门之间协同能力不足，采用以部门为单位逐级汇报模式，这使得信息公开不及时，信息处于分散状态且存在部门垄断问题，快捷有效的沟通渠道尚不完善，信息传递过程中易出现失真情况。这些问题进而致使决策失误，对事件的预防和控制产生负面影响。同时，由于信息获取、协调指挥效率与指挥机构不匹配会形成"指挥孤岛"，加之应急管理人员不可能"全知全能"，从而可能引发"指挥风险"[5]。鉴于此，需要彻底落实及时发现、快速处置、有效救治的政策，形成突发公共卫生事件下城市交通应急管理的高效运转机制，以保障公众生命安全和身心健康，促进经济稳定发展；同时，各级政府部门应第一时间启动应急响应联动机制，与企业、单位、机构、社区等建立联防联控工作机制，实现信息共享。

4.4 本章小结

本章依托现有管理体系主体中的政府机构、社会公众、市场第三方力量、城市交通和公共卫生事件，梳理了突发公共卫生事件下城市交通应急管理决策需求和突发公共卫生事件下城市交通应急管理决策机制，形成一套基于城市大数据决策推理的计算引擎，支持传染病疫情追踪、溯源、预警、辅助决策，并助力医疗资源合理配置，以期对突发公共卫生事件的不同发展阶段提出针对性的决策建议。

参考文献

[1] 李健，陈田，张懿木.面向传染病疫情防控的公共交通运行管理决策支持研究[J].中国公路学报，2020，33（11）：30-42.
[2] 曾德荣，成晓红，黄吉安.对SARS疫情预测与控制的数学模型研究——一种基于一般流传病模型的改进方法[J].中国安全科学学报，2004（2）：44-48.
[3] 钟开斌.应急管理"机制"辨析[J].中国减灾，2008（4）：30-31.
[4] 龚鹏飞.城市道路交通应急管理"一案三制"探析[J].灾害学，2015，30（3）：161-166.
[5] 孙建平.城市安全风险防控概论[M].上海：同济大学出版社，2018.

第 5 章
城市突发公共卫生事件下人员流动演变特征

5.1 引言

大规模人员流动会造成传染病疫情的快速传播,针对人员流动演变特征的分析对于风险预警和疫情防控至关重要。 手机信令等出行大数据是分析人员流动的重要数据资源,深入挖掘其中的内在信息,一方面有助于建立相关的仿真模型,提升应对突发公共卫生事件的科学决策能力,另一方面便于将其作为特征数据加以记录,以期在突发公共卫生事件下进行循证决策提供特征查询。 对于基于人口移动的相关数据,不能仅仅满足于原始数据的记录,也不能只是进行简单的统计分析,而是需要提取其中的特征信息,从而为构建模型和知识图谱奠定基础。

突发公共卫生事件下,城市交通人口移动的时空差异会导致交通行为的异质性,从而导致人口移动时空特征的变化[1, 2]。 目前,就突发公共卫生事件对城市出行的影响,许多研究已经证明出行在传染病的空间传播中起着核心作用[3-5]。 受制于数据获取等原因,目前有关政府管控措施对人口迁移的影响方面的研究仍较为有限,例如,Frias-Martinez 等[2]利用 2009 年 4 月和 5 月的移动通信数据研究了墨西哥甲型 H1N1 流感暴发期间政府警报对个体移动的影响。

为了掌握重大突发传染病疫情影响下城市出行的演变特征,一方面,利用以"百度迁徙"数据为代表的基于互联网的位置信息服务(Location-Based Services, LBS)数据对突发公共卫生事件下城际出行进行分析[6];另一方面,利用移动通信数据对突发公共卫生事件下城市出行演变特征进行分析[7]。通过洞悉突发公共卫生事件下城市内部交通和城市对外交通的出行演变特征，为构建突发公共卫生事件下城市交通应急管理循证决策提供支持。

5.2 数据资源与基本特征参数

数据来源在应急管理决策支持中起着至关重要的作用。传统方法是利用问卷调查、电话询问等数据源来监测城市交通人口的移动情况，以评估传染病疫情干预措施的效用。然而，在这一特殊时期，通过传统方法收集数据存在一定的困难，且该类数据无法充分地描述突发公共卫生事件下城市出行的变化情况。然而，大规模、大样本的 LBS 数据和移动通信数据可以完全追踪个体出行信息和出行需求，并捕捉突发公共卫生事件下恢复期阶段的通勤需求量，但目前这些数据源在决策中的应用仍然较少。

5.2.1 "百度迁徙"LBS 数据

"百度迁徙"数据即百度地图人口迁徙大数据，是以全国人口迁徙密集、手机渗透率高的区域为基础，对百度拥有的定位大数据进行全样本数据处理、分析和挖掘，将数亿部手机的定位数据变化映射为人群迁徙轨迹，生成的基于互联网的位置信息服务（LBS）数据，该数据能够直观、全面地反映全国人口移动的整体情况以及城际交通的时空分布特征。"百度迁徙"数据通过连续时间观测获得，覆盖时间范围为 2020 年 1 月 1 日至 2 月 23 日，包括两部分内容：迁徙规模指数和迁徙分布数据。

迁徙规模指数主要反映指定城市 i 在指定日期 s 的城际客流规模。不同日期、不同城市间的迁徙规模指数可进行横向比较。其中，迁入指数 II_i^s 表示在指定日期 s 迁入城市 i 的客流规模，迁出指数 IO_i^s 表示在指定日期 s 迁出城市 i 的客流规模。

迁徙分布数据主要反映指定城市 i 在指定日期 s 的迁入来源地分布和迁出目的地分布。其中，迁入来源地比例 RI_{ij}^s 表示从城市 j 前往城市 i 的客流与城市 i 当天总到达客流的比值，迁出目的地比例 RO_{ij}^s 则表示从城市 i 前往城市 j 的客流与城市 i 当天总出发人口的比值。

定义指定日期 s 从城市 j 迁至城市 i 的城际客流规模指数 Q_{ij}^s 的计算公式为

$$Q_{ij}^s = II_i^s \cdot RI_{ij}^s \tag{5-1}$$

由此，可建立指定日期 s 的城际客流指数 OD 矩阵 $\boldsymbol{D}_s$。同时，按天对城际客流规模指数 Q_{ij}^s 进行求和，可得到全国日城际客流规模指数总量 Z^s，即

$$Z^s = \sum_i \sum_j Q_{ij}^s \qquad (5\text{-}2)$$

设定累积迁移净流量和人口恢复率这两个特征指标来对城际交通趋势进行描述。

累积迁移净流量 V_i^t 是以 2020 年 1 月 1 日为研究时段起始日期,反映指定城市 i 截至结束日期 t 的城际客流趋势,即

$$V_i^t = \sum_{t_0 \leqslant s \leqslant t} II_i^s - \sum_{t_0 \leqslant s \leqslant t} IO_i^s \qquad (5\text{-}3)$$

式中 t_0, t——研究时段的起始日期和结束日期;

s——起始日期至结束日期时段内的指定日期。

若 $V_i^t > 0$,表示该城市截至结束日期 t 的主要客流流向为净流入;若 $V_i^t < 0$,表示截至结束日期 t 该城市出现了客流净流出现象。

人口恢复率 H_i^T 是反映指定城市 i 在指定时间段 T(即 $T = [t_1, t_2]$)内的人口恢复情况,即

$$H_i^T = \frac{V_i^{t_2} - V_i^{t_1}}{|V_i^{t_1}|} \times 100\% \qquad (5\text{-}4)$$

若 $H_i^T > 0$,表示该城市在时间段 T 内出现客流回流现象;若 $H_i^T < 0$,表示该城市在时间段 T 内出现人口净流出现象。

5.2.2 移动通信数据

移动通信数据是移动运营商通过捕捉移动蜂窝信号检测基站是否能够满足特定区域的通信服务而生成的数据,包括信号转换事件的时间和位置等信令信息。当用户的手机连接到网络时,基站捕捉到的移动信令信息将记录用户位置。因此,通过移动通信数据可以收集个体的时空位置移动信息,且该数据可以覆盖连续时空范围。本研究中应用的移动通信数据源自中国联通,其在上海的市场份额为 21.50%,数据覆盖时间为 2020 年 1 月 10 日至 2020 年 2 月 23 日。

由于移动通信数据最初并非用于分析城市出行演变特征,因此需要对数据进行有针对性的预处理,以消除噪声等影响,如图 5-1 所示。首先,清洗移动通信数据采集过程中产生的无效数据。具体来说,当多个基站同时捕获同一个手机用户时,信令将在基站之间频繁切换,并在很短的时间内生成一系列无效记录。为解决基站频繁切换导致的人口移动时空特征误差,可使用分箱法和栅格法处理此问题。将每个手机用户的平均位置聚合至 500 m × 500 m 的栅格中,并以 10 min 为单位计算用户的平均位置,以确定用户当前所属栅格。其次,将移动通信数据转换为人口活动数据。将手机用

户停留时间超过 30 min 的地点定义为活动点，并记录手机用户的活动。当发现一个手机用户停留在两个不同的活动点时，该移动被定义为一次出行。第一条记录在时刻 t_d 的位置被定义为起点栅格 a，下一条记录在时刻 t_{d+1} 的位置被定义为讫点栅格 b。由此可计算得到任意栅格对之间的起讫点人口移动出行量。

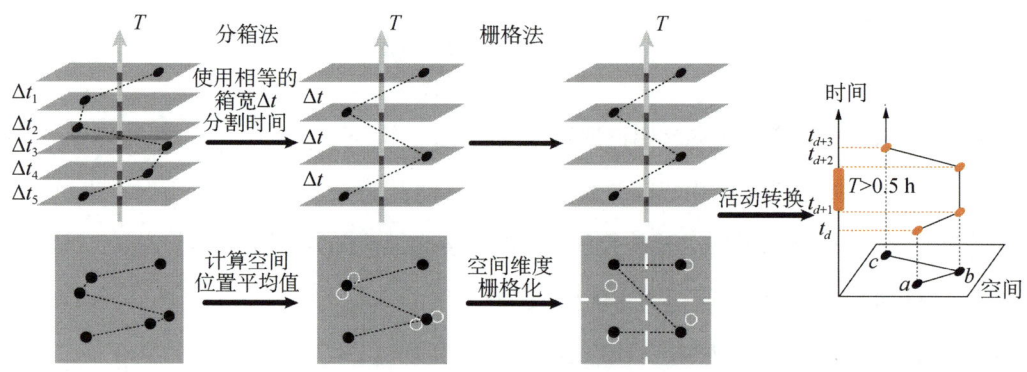

图 5-1 移动通信数据预处理过程

5.3 突发公共卫生事件下城际出行演变特征

5.3.1 城际出行时空特征

1. 城际出行时间特征

为了解突发公共卫生事件下城际出行的时间特征，首先选取典型城市计算 2020 年春运期间的累积迁移净流量和春节假期后的人口恢复率，并与 2019 年同期特征指标进行比较，结果如图 5-2 所示。作为珠三角区域中心城市之一的深圳市，是春节假期前人员净流出、春节假期后人员净流入城市的典型代表；而作为重要的劳动力输出地的赣州市，则呈现出春节假期前人员净流入、春节假期后人员净流出的特征。整体来看，两个城市的城际人员流动以 1 月 23 日为界，分为两个不同阶段。在启动重大突发公共卫生事件一级响应之前，2020 年城际出行趋势与 2019 年基本一致。而在 2020 年 1 月 23 日之后，城际人员流动较往年显著降低，截至 2 月 23 日，节后人口恢复率远低于 2019 年的情况。

按天对城际客流指数 Q_{ij}^s 进行求和，得到全国日城际客流规模指数总量 Z^s 的变化情况，如图 5-3 所示。1 月 23 日前全国城际客流规模稳定在高位；1 月 23 日后，法定春节假期期间城际客流规模逐日下降，至 2 月 6 日达到最低点；2 月 9 日由于部分省市开始逐步复工，城际客流规模小幅回升，但仍维持在低位，直至 2 月 16 日后才开始稳步回升。整个变化曲线除整体趋势以外，还存在多个局部峰值。

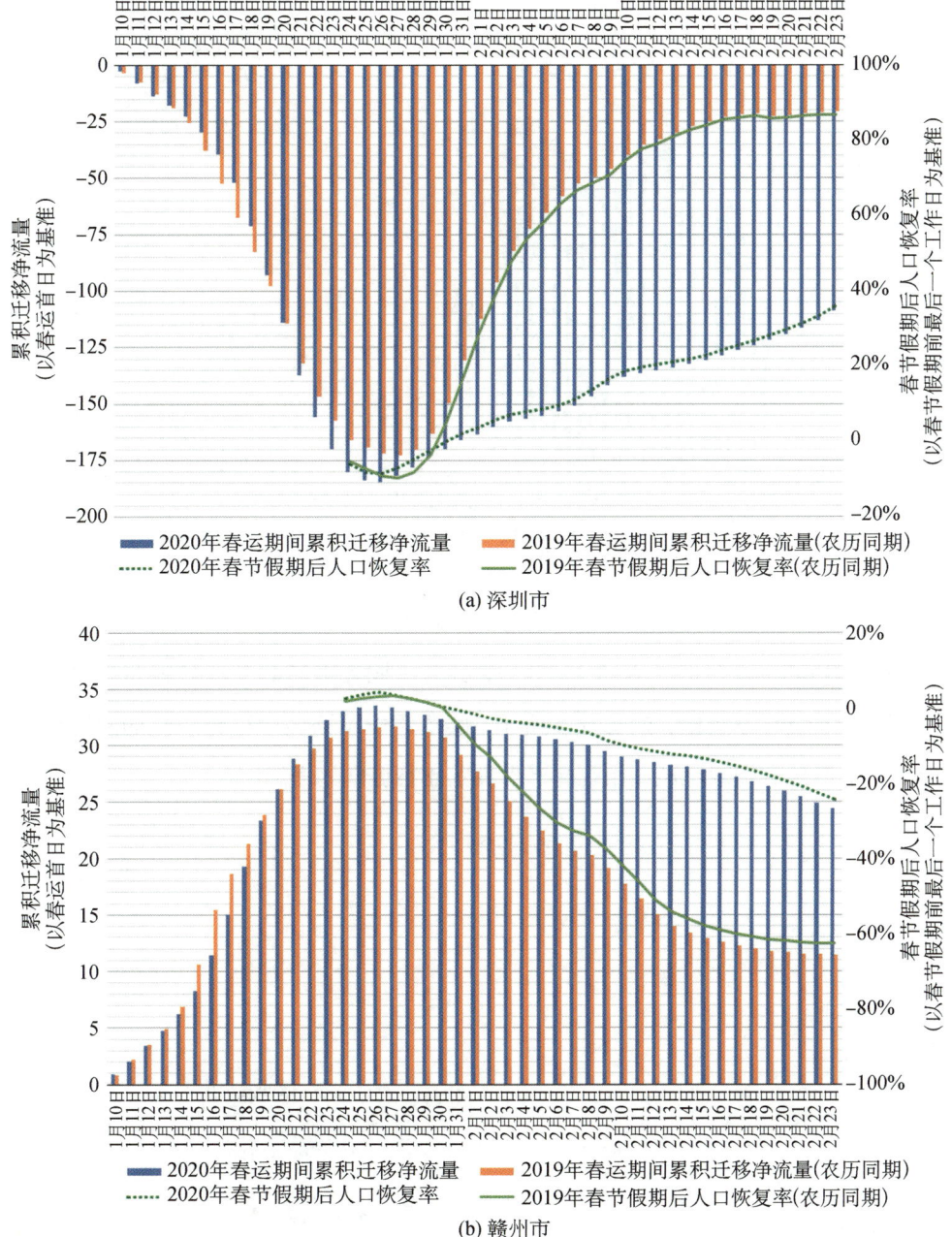

图 5-2 典型城市的城际人口移动时间分布

（注：横坐标日期为 2020 年公历日期，2020 年农历春节是 1 月 25 日，2019 年农历春节是 2 月 5 日，2019 年数据按照农历日期与 2020 年相对应。）

2. 城际出行空间特征

根据城际人口移动的时间分布特征，将 1 月 23 日作为关键节点分析春节假期前返乡客流的空间格局；并以 2 月 9 日、2 月 16 日、2 月 23 日作为关键节点，分析传染病疫情影响下春节假期后返程客流的空间特征。

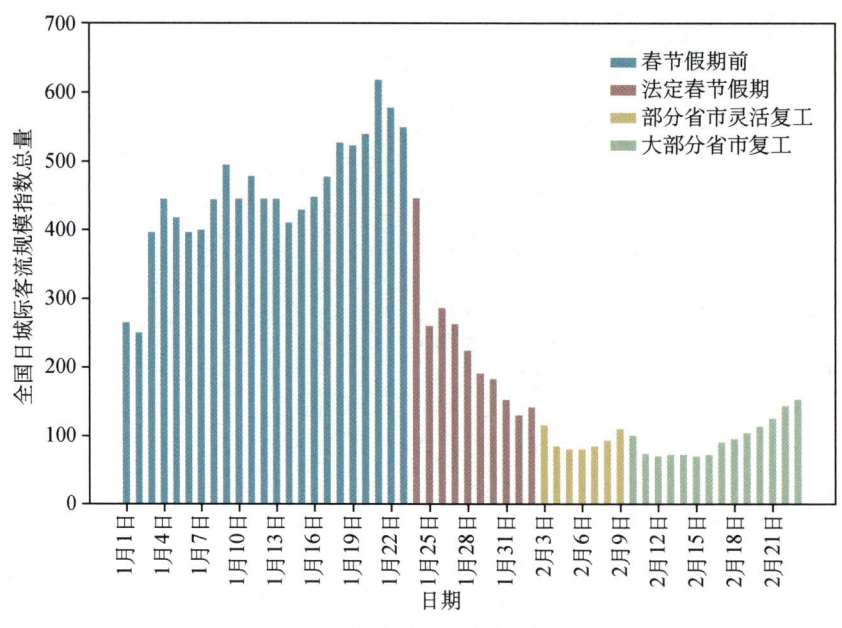

图 5-3　城际出行规模指数总量

将结束日期 t 设为 2020 年 1 月 23 日,计算不同地级市截至春节假期前最后一个工作日的累积迁移净流量,如图 5-4 所示,暖色调表示该城市在春节假期前出行流向为净流入,冷色调则表示该城市在春节假期前出行流向为净流出。

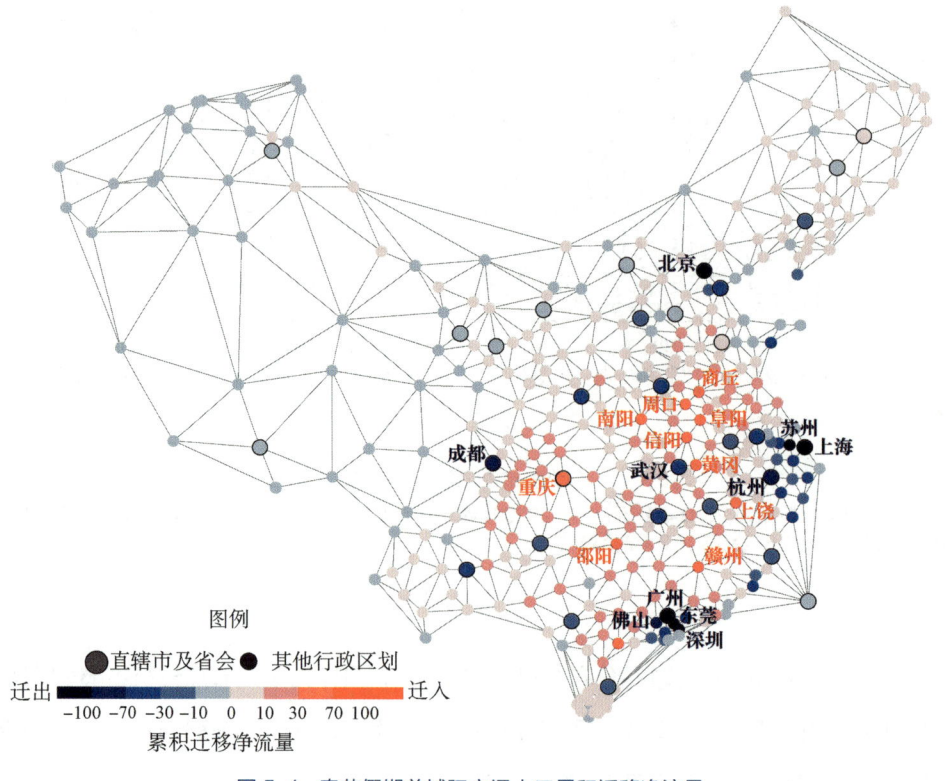

图 5-4　春节假期前城际交通人口累积迁移净流量

春节假期前全国范围内城际交通人口移动需求保持总体平衡，但从地理空间分布来看，仍存在较为明显的差异。春节假期前城际客流净流出集聚地主要集中在三类区域，即三大城市群（长三角城市群、京津冀城市群和珠三角城市群）、东部沿海地区和省会城市，而河南、湖南、湖北、安徽、江西、重庆等传统劳动力输出地则是春节假期前客流净流入的高值区域。

进一步计算节后人口恢复率，反映各城市在春节假期后的人口恢复情况。将 t_1 设为 2020 年 1 月 23 日，t_2 分别设为 2 月 9 日、2 月 16 日和 2 月 23 日，计算春节假期后不同时间节点相较于春节假期前最后一个工作日的人口恢复率，可得到春节假期后各地的人口恢复情况，如图 5-5 所示，其中暖色调表示该城市在春节后出现人口回流现象，冷色调则表示该城市在春节后出现人口净流出现象。

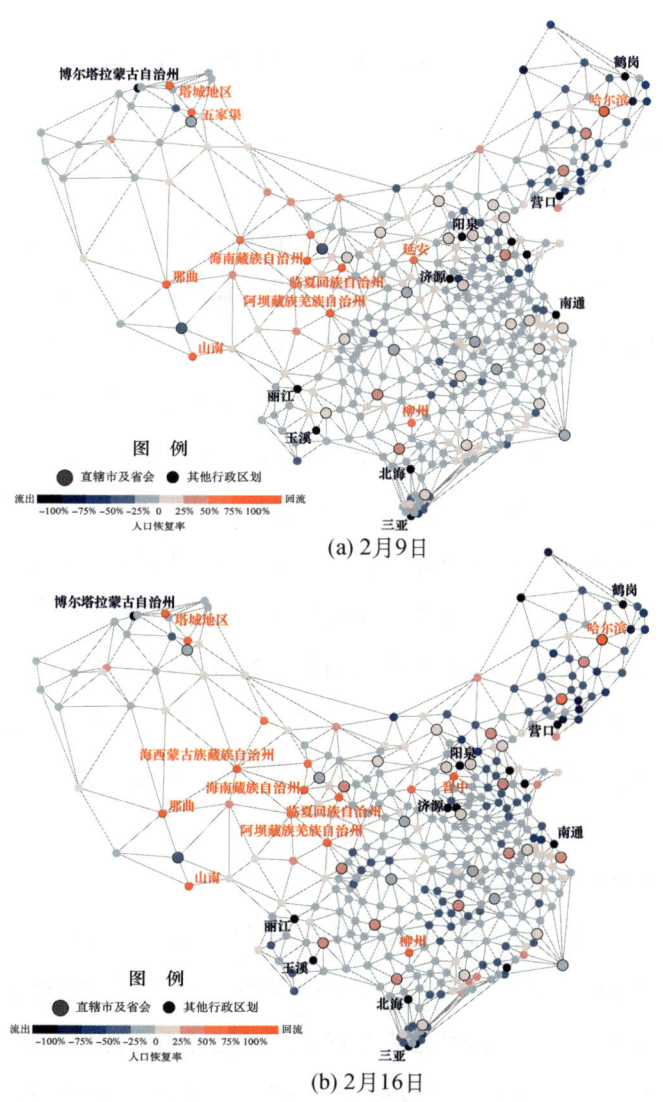

(a) 2月9日

(b) 2月16日

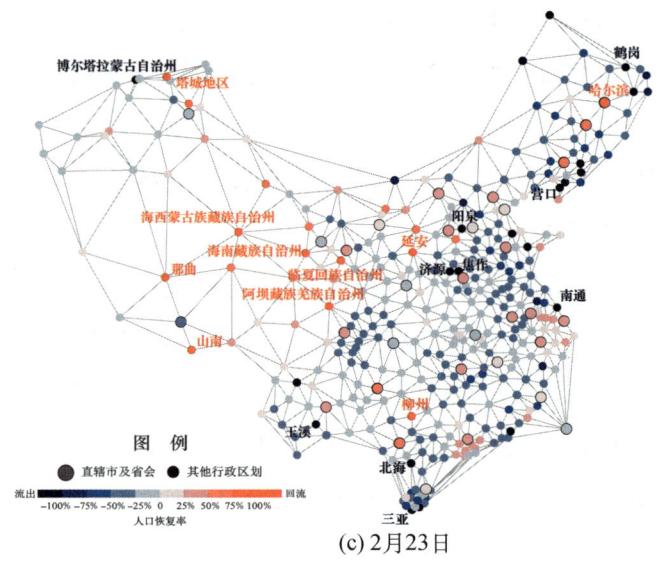

(c) 2月23日

图 5-5 春节假期后不同时间节点各地的人口恢复情况

自 2 月 9 日起,全国绝大部分城市复工,部分返程客流逐步回流,但复工后的全国城际出行整体仍处于低位,截至 2 月 16 日仅有约 35% 的城市其人口恢复率超过 25%。复工后半个月内,城际出行逐渐复苏,截至 2 月 23 日约有 80% 的城市其人口恢复率超过 25%,包括三大城市群和绝大部分省会城市。

在春节假期前的三类城际客流净流出集聚地中,三大城市群和省会城市的人口恢复率较高,截至 2 月 23 日,回流量已达到春节假期前迁出人口的约 40%。而部分东部沿海城市由于受到重大突发传染病疫情的影响,尚未出现明显的返程人口回流现象。春节假期后主要的人口输出地与春节假期前净流入区域基本吻合,但受到重大突发传染病疫情的影响,湖北以及邻近的河南、重庆、贵州和陕西等传统劳动力输出地的城际交通人口移动仍处于低位,截至 2 月 23 日,这些地区春节假期后输出的客流尚不及春节假期前到达客流的 25%。

从上述研判结果来看,突发公共卫生事件下人口的空间流动在时间上具有完全不同于其他年份的差异表现,且空间上也具有很大的地区差异。

5.3.2 城际出行需求结构

"百度迁徙"数据反映了重大突发传染病疫情期间的城际出行情况。通过连续时间观测获得的数据属于高维数据,可采用降维方法提取其中的时空变化特征。以 2020 年 1 月 1 日至 2 月 23 日的城市人口迁移规模和城市间人口迁移起讫点(OD)数据为例,通过奇异值分解算法从高维时空 OD 矩阵中提取时间特征向量和空间特征向量,对城际出行的时空 OD 矩阵进行矩阵分解,对传染病疫情期间城际出行需求结构进行识别，并对不同需求的时空特征进行分析。

通过奇异值分解算法对中国 2020 年 1 月 1 日至 2 月 23 日城际交通人口移动时空 OD 矩阵进行分解降维，得到突发公共卫生事件下城际出行的时间演化模式和空间分布模式。奇异值（Singular Value, SV）是衡量城际出行时空 OD 矩阵各模式贡献度的指标，奇异值越大，对应模式所代表的时空 OD 矩阵原始信息就越多。城际出行时空 OD 矩阵的标准化奇异值分布如图 5-6 所示。纵轴表示归一化、标准化的奇异值（Normalized Singular Value, NSV），由式（5-5）进行定义；横轴表示奇异值由大到小排序，奇异值越大，表示矩阵的原始信息就越多。

$$\widetilde{\delta_h} = \frac{\delta_h}{\sum_{h=1}^{r} \delta_h} \qquad (5-5)$$

式中　$\widetilde{\delta_h}$——标准化奇异值；

　　　δ_h——第 h 个模式的奇异值。

如图 5-6 所示，最大的奇异值数值远大于其他奇异值，且奇异值数值的下降速度很快，取最大的 4 个奇异值，其所对应的需求模式能够代表 53.7% 的时空 OD 矩阵原始信息，第 5 个奇异值后保持极小的变化幅度。

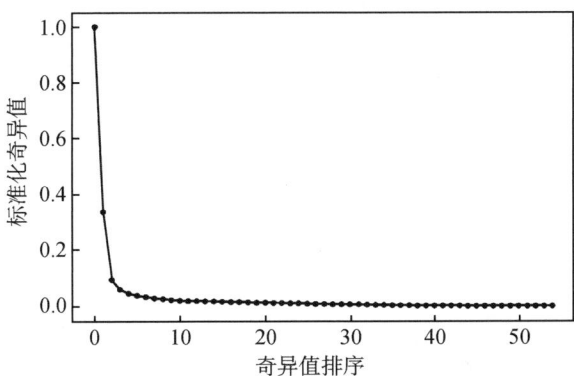

图 5-6　城际交通人口移动时空 OD 矩阵标准化奇异值分布

根据奇异值数量和取值，可以从重大突发传染病疫情影响下城际出行中识别出 4 种较为典型的需求模式和客流类型。在图 5-7—图 5-10 中，显示了各类城际出行模式的时间向量和空间向量，以及根据人口流入和流出集计获得的流入和流出贡献。图中暖色调表示正向波动，冷色调表示负向波动，颜色的深浅表示对应波动方向的显著程度。结合时间向量和空间向量观察各类型城际出行的波动情况，若某个时间段内时间向量出现显著波动，而某个城市的空间向量或流入/流出贡献存在同向的显著波动，表明该类型需求在对应的时间段和空间范围内显著增加；反之，时间向量和空间向量出现了异向波动,则表明该类型需求在对应的时间段和空间范围内显著减少。

出行模式类型Ⅰ代表了全国城市间的日常基本流动(图5-7)。该模式以1月23日为界,前后两个阶段的时间流波动均较为平稳,但时间向量数值由前一阶段的0.2左右下降至后一阶段的0.034。在春节假期效应和多地应对重大突发传染病疫情所采取的交通管控措施的共同影响下,城市间的日常人口空间流动在短时间内下降了83%。从空间分布来看,出行模式类型Ⅰ主要源于四大城市群(包括京津冀、长三角、珠三角、成渝城市群)和绝大多数省会城市与全国其他地级市间的日常交流。

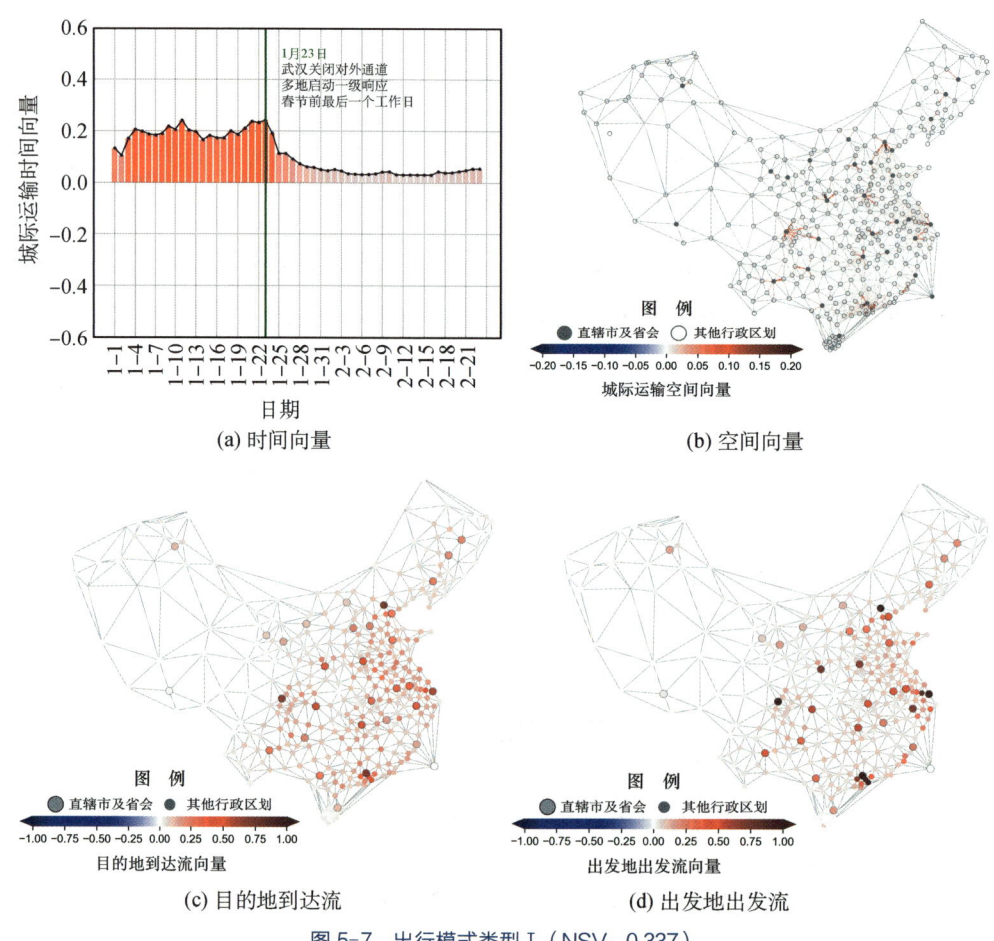

图5-7 出行模式类型Ⅰ(NSV:0.337)

出行模式类型Ⅱ反映了春节假期前返乡流动特征(图5-8)。自1月10日启动春运后,时间向量在1月16日开始出现负值,至1月23日达到负向最大值,并且春节长假开始后逐步上升,1月26日后回到正值。在1月16日至1月26日期间出现明显的负向波动,表明由于春节假期前返乡引发的城际出行在这一时期有较为明显的增长。对应1月16日至1月26日期间出行模式类型Ⅱ的空间分布特征,结合时间向量和空间向量，春节假期前返乡客流主要从三大城市群（京津冀、长三角、珠三角城市群）、绝大部分省会城市和东部沿海地区出发，目的地的分布呈现出较为明显的层级效应和地理邻近效应。

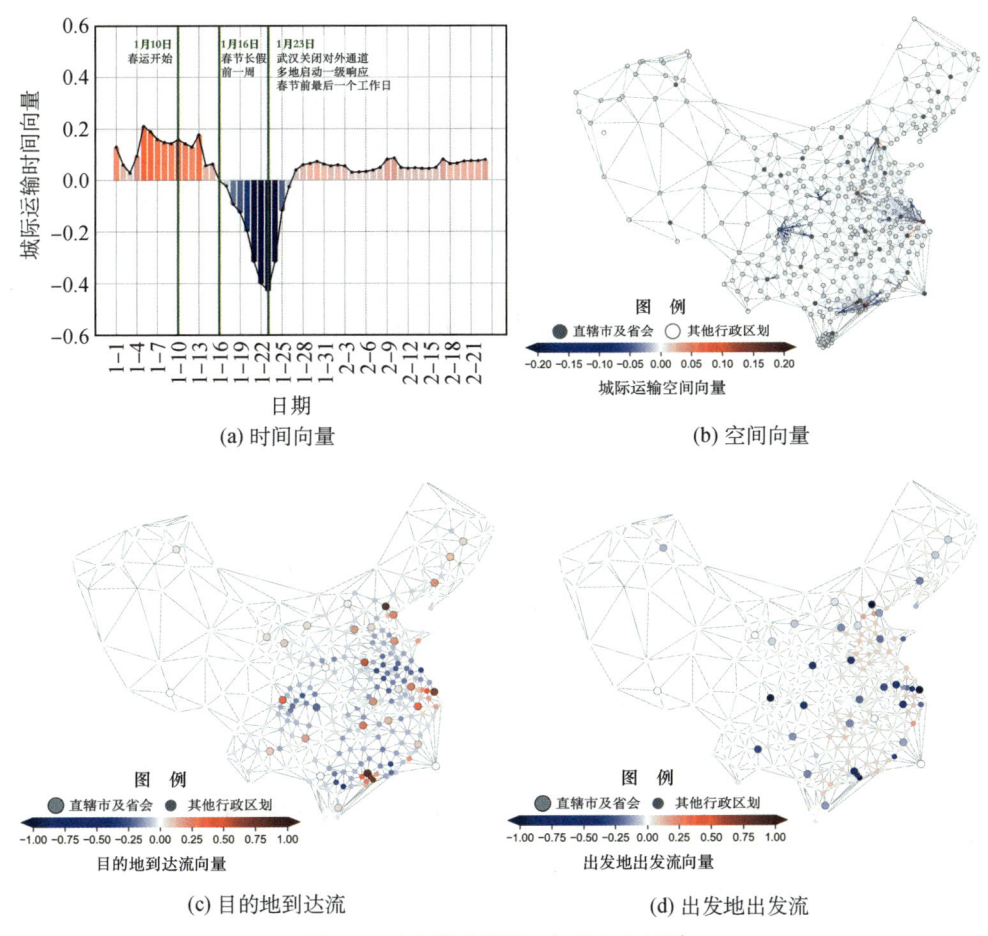

图 5-8 出行模式类型Ⅱ（NSV：0.095）

出行模式类型Ⅲ反映了春节假期后返程需求（图 5-9）。时间向量在 1 月 24 日春节假期开始后，出现了三次较为明显的正向波动，分别在 1 月 27 日、2 月 9 日和 2 月 23 日达到三次波动的正向最大值。重大突发传染病疫情的不确定性较大，导致春节假期后返程的第一次高峰较往年的返程高峰明显提前，但在 1 月 27 日国务院宣布春节假期延长后返程客流开始逐步下降。第二次返程高峰则是由于绝大部分省市宣布 2 月 10 日起正式复工，在复工前的周日（即 2 月 9 日）达到第二次正向波动的最大值。第三次返程高峰出现在 2 月 23 日，受观察时段限制，没能全面反映出第三次正向波动的持续时长和高峰时间。从返程需求的空间分布特征来看，结合时间向量和空间向量，春节假期后返程客流的流向与春节假期前返乡客流的流向基本相反，春节假期前人口净流出的三大城市群（京津冀、长三角、珠三角城市群）和部分省会城市成为春节假期后返程客流的目的地。然而，受到重大突发传染病疫情的影响，湖北省及其邻近地区春节假期后的出行增长不明显，部分东部沿海地区的返程到达需求也尚未得到释放。

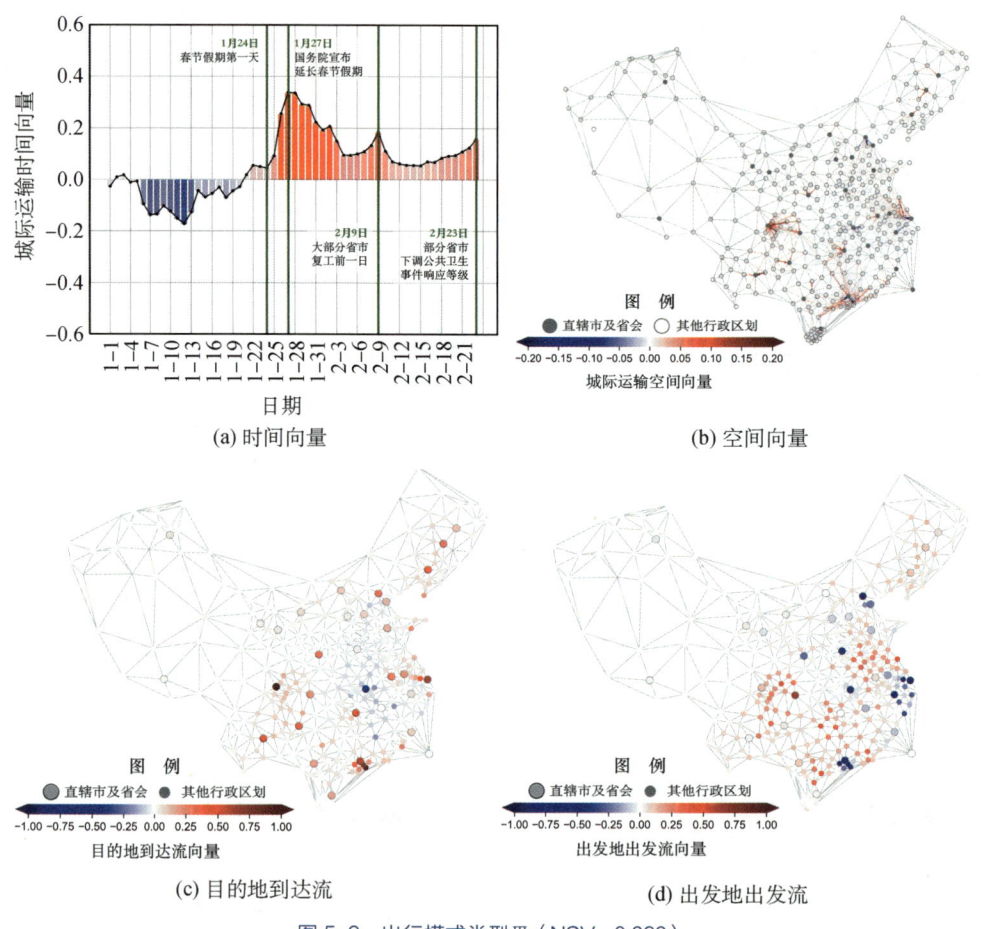

图 5-9 出行模式类型Ⅲ（NSV：0.060）

出行模式类型Ⅳ代表在局部地区出现的错峰客流（图 5-10）。春运开始后先后出现了一次正向波动和一次负向波动。正向波动从 1 月 13 日开始，在 1 月 18 日春节假期前一周的周末达到正向波动的峰值，并在 1 月 22 日变为负值。从正向波动的空间分布特征来看，城际出行显著增大的流向基本集中在长三角城市群和珠三角城市群，且由这两大城市群出发至各自邻近的劳动力输出地。长三角城市群和珠三角城市群吸纳了大量的外来劳动力，春运压力较大，该次正向波动代表了两大城市群外来劳动力提前错峰返乡的城际客流。负向波动从 1 月 22 日开始，至 1 月 24 日除夕当天达到负向波动的峰值，并在 1 月 27 日变为正值。从负向波动的空间分布特征来看，郑州、长沙、西安、贵阳等内陆省会城市向邻近地级市的短途客流量在除夕前后显著增加，负向波动代表了部分内陆省会城市的短途返乡需求。

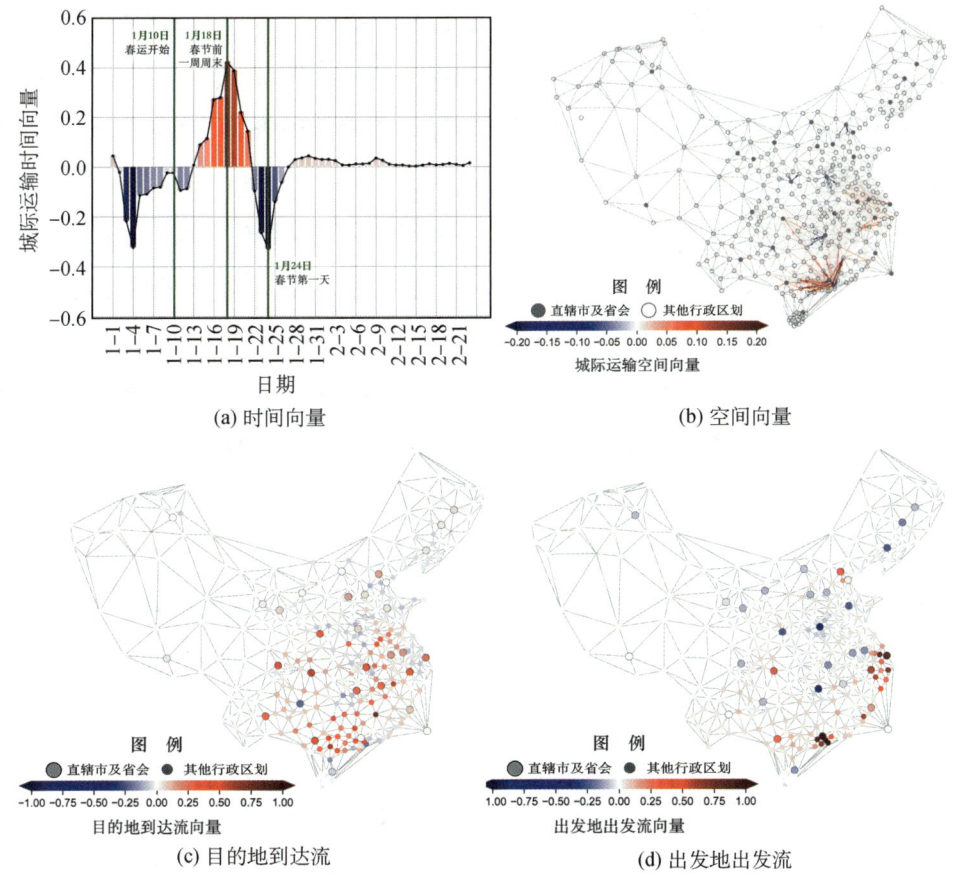

图 5-10 出行模式类型Ⅳ（NSV：0.045）

在上述 4 种主要的出行模式类型中，受重大突发传染病疫情影响较大的主要是类型Ⅰ和类型Ⅲ，即城市间的日常交通运输和春节假期后的返程客流，类型Ⅱ和类型Ⅳ的城际出行在重大突发传染病疫情出现后已基本消失。在两种影响较大的模式中，类型Ⅰ的奇异值远大于本书讨论的其他三种需求类型，因此重大突发传染病疫情对日常城际出行的影响可能远大于对春运交通的影响。由于春节假期前返乡客流规模较往年没有明显变化，而春节假期后返程需求的释放明显放缓，因此类型Ⅲ在重大突发传染病疫情影响下，将呈现持续时间较长、需求波动复杂的特点，长时间、分批次的返程需求释放以及逐步涉及涉疫地区人口的返程需求释放均会给人口流入城市的传染病疫情防控带来较大压力。

5.4 突发公共卫生事件下城市出行演变特征

5.4.1 城市出行时空特征

突发公共卫生事件下城市出行演变特征以上海为例进行说明。上海被划分为

16个行政区和447个交通小区。城市中心城区人口密集，同时，上海的对外综合交通枢纽（两大机场和三个火车站）也是人口密集场所。本研究选取2020年1月10日至2月23日进行城市交通人口移动时空特征分析，此时间段内叠加了重大突发传染病疫情和春节假期，共45天。

为了验证城市出行演变特征分析方法，采用移动通信数据进行研究。本研究所采用的移动通信数据覆盖了2020年1月10日至2月23日，上海市平均每日覆盖19 392 070人和24 668 525次出行。出行强度约为每人每天1.27次出行，明显低于2019年上海市第六次全市性综合交通调查的结果（每人每天2.36次出行）。可能的原因是，根据移动通信数据计算的人口数量包括旅游访客和商务访客，而不仅仅是居民，同时，春节假期和传染病疫情使得人口移动出行次数减少。

人口移动的时间分布和空间分布如图5-11所示。在时间分布上，1月20日之前，出行量保持在较高水平，随后出行量迅速下降。随着春节假期的开始，出行量达到了最低点。2月10日复工复产后，出行量开始逐渐增长，但增速较为缓慢，并没有完全恢复。在空间分布上，出行起点和讫点的出行量在空间分布上似乎没有差异。

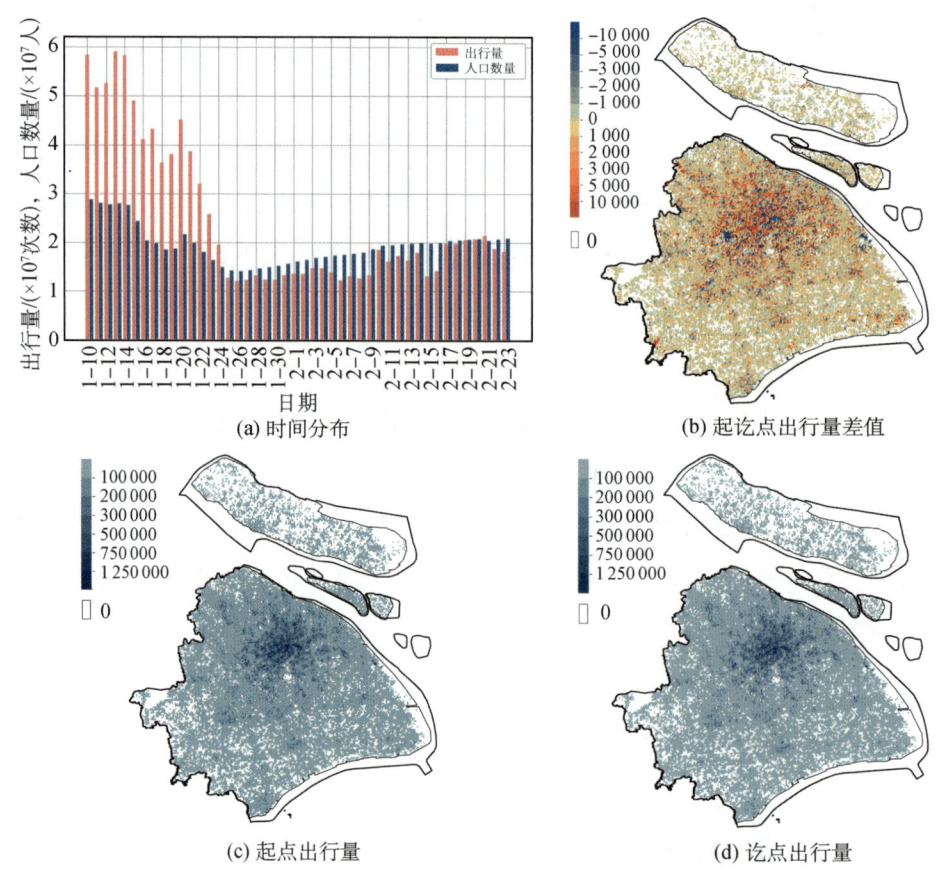

图 5-11 城市出行时空特征

因此，计算出发地和目的地之间的出行量之差。中心城区和地铁线路周边地区的起讫点出行量差异较大，而其他地区的起讫点出行量相对一致。

5.4.2 城市出行需求结构

移动通信数据通过连续时间观测获得，同样属于高维数据，故可采用数据降维的方法提取其中的时空变化特征和人口移动需求结构。以 2020 年 1 月 10 日至 2 月 23 日的移动通信数据为例，通过奇异值分解算法从高维时空 OD 矩阵中提取时间特征向量和空间特征向量，对城市出行时空 OD 矩阵进行矩阵分解，对疫情期间城市出行的需求结构进行识别，并对不同需求的时空特征进行分析。由奇异值算法获得的人口移动需求结构使用三个矩阵表示每种模式类型的时间分布、空间分布和重要性。

城市出行时空 OD 矩阵的标准化奇异值分布如图 5-12 所示。

如图 5-12 所示，最大的奇异值远大于其他奇异值，并且其下降速度显著加快。4 个最大的奇异值占原始城市出行时空 OD 矩阵所包含信息的 76.2%。第 5 个奇异值后保持较小的变化幅度。

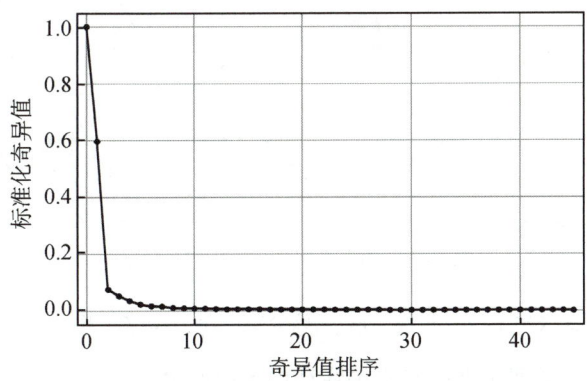

图 5-12　城市出行时空 OD 矩阵标准化奇异值分布

基于奇异值分解的结果，可以从重大突发传染病疫情传播期间的城市出行时空 OD 矩阵中识别出 4 种典型的人口移动模式类型。图 5-13 显示了 4 种典型出行模式的时间向量和空间向量。

出行模式类型 1：常规出行流。模式类型 1 在所有人口移动模式中所占比例最大，其标准化奇异值为 0.597。在整个应用研究区域和时段内，时间向量和空间向量的波动方向是一致的。对于时间向量，模式类型 1 以 1 月 20 日为界，两个阶段的时间向量波动相对稳定，但时间向量值从 −0.301（前一阶段的峰值）上升至 −0.065（后一阶段的低谷）。受春节假期以及应对重大突发传染病疫情的交通出行管控措施

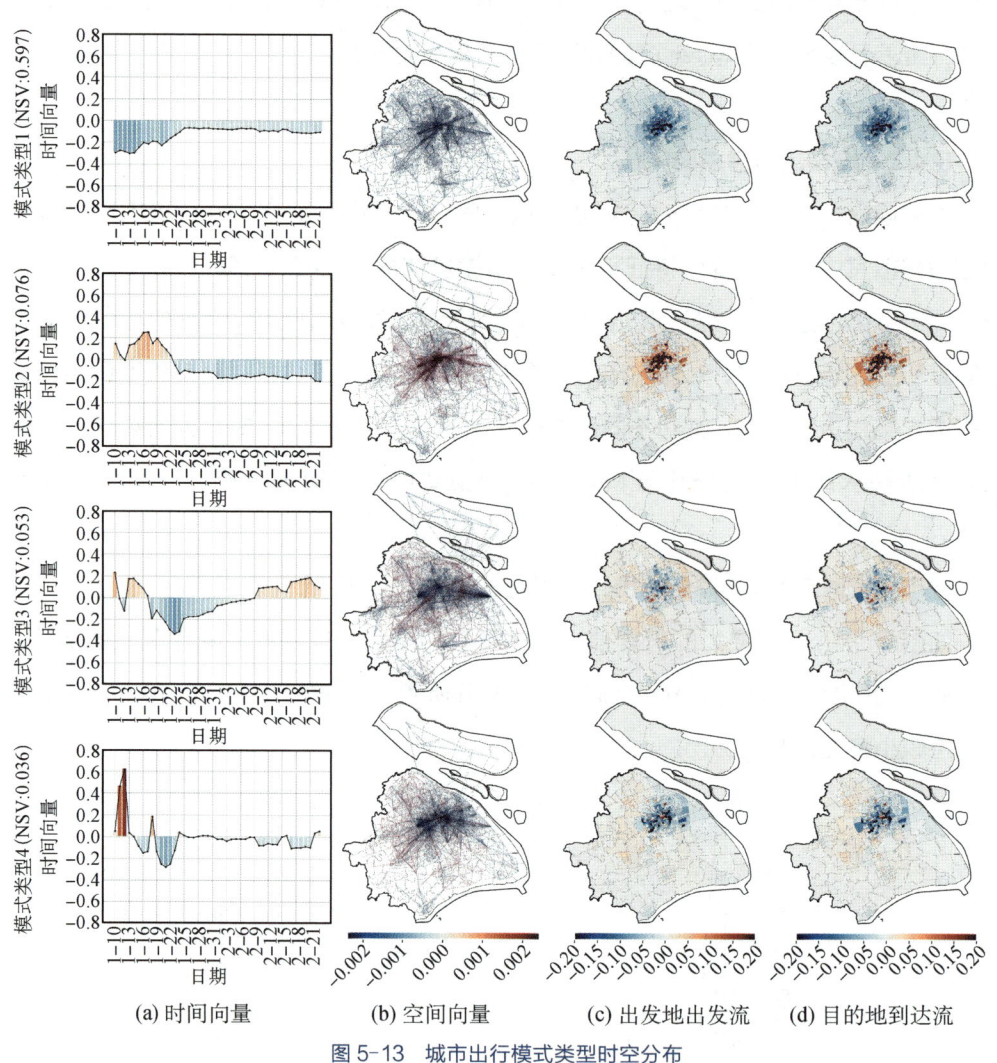

(a) 时间向量　　(b) 空间向量　　(c) 出发地出发流　　(d) 目的地到达流

图 5-13　城市出行模式类型时空分布

的影响，常规出行需求在短时间内（从 1 月 20 日至 1 月 25 日）下降了 70.36%。在空间向量方面，模式类型 1 出行需求集中在城市中心城区。

出行模式类型 2：访客出行流。在时间向量方面，1 月 10 日之后，时间向量一直为正，1 月 17 日达到正向最大值，随后逐渐下降。但 1 月 23 日之后，时间向量变为负值，表明该模式类型出行需求显著下降。结合时间向量和空间向量，1 月 23 日之前，该模式类型在中心城区非常活跃，但 1 月 23 日之后显著减少。2 月 10 日复工复产后，出行需求并没有增加。一方面，对比春节假期前后的出行需求，证明了这类人口移动是访客出行流；另一方面，传染病疫情和相应的出行管控措施对春节假期后的出行需求影响较大。

出行模式类型 3：假日出行流。在时间向量方面，1 月 17 日之前的工作日为正值，周末为负值，1 月 18 日至 2 月 9 日出现显著的负向波动，随后在 2 月 10 日之后变为正值。因此，出行模式类型 3 的出行需求可以根据时间向量划分为 3 个阶段。在第一阶段和第三阶段，时间向量在工作日增加到正向较大值，在周末或节假日减少到较小值。结合时间向量和空间向量，这种出行模式与上海两大机场具有很强的空间相关性，尤其体现在目的地到达流上。

出行模式类型 4：通勤出行流。在时间向量方面，1 月 24 日之前的工作日为负值，周末为正值，1 月 25 日至 2 月 9 日波动不显著，在 2 月 10 日之后变为负值。与出行模式类型 3 类似，出行模式类型 4 的时间向量也可分为 3 个阶段。但与出行模式类型 3 不同的是，出行模式类型 4 的时间向量在第一和第三阶段的变化更具有周期性，在第二阶段时间向量几乎为零。此外，与出行模式类型 3 相比，出行模式类型 4 的第二阶段时间向量与春节假期更为契合。结合时间向量和空间向量，这种出行模式类型与上海的办公用地具有很强的空间相关性。

根据上述 4 种出行模式的特征，可以推断出以下结论：

（1）出行模式类型 1 的奇异值远大于其他 3 种模式类型的奇异值，这意味着常规出行量远大于访客、假日和通勤出行量。

（2）重大突发传染病疫情的影响主要体现在春节假期之后。在这 4 种出行模式类型中，重大突发传染病疫情对出行模式类型 1（常规出行流）和出行模式类型 2（访客出行流）的影响较大，而对出行模式类型 3（假日出行流）和出行模式类型 4（通勤出行流）的影响相对较小。

（3）虽然出行模式类型 4 受重大突发传染病疫情的影响比出行模式类型 1 和出行模式类型 2 要小，但通勤出行仍是复工复产期间重要的出行模式类型。

5.4.3 城市出行网络结构

在分析城市出行需求结构的基础上，对各模式类型进行城市出行网络结构分析，分层分区的结果不仅有助于将城市划分为人口移动密切的分区，也有助于在重大突发传染病疫情防控期间为不同地区制定不同的政策，从而确保交通管控政策对各类出行需求密切相关地区的影响降至最小。网络结构中的社区代表了出行联系密切的地区。利用基于模块度优化的非重叠社区发现算法，通过二次迭代算法，获得了一个两级层次结构。

4 种出行模式的两级层次结构模块度如图 5-14 所示。模块度越大，社区内的连接越密集，社区之间的连接越稀疏。在重大突发传染病疫情期间城市出行模块度相对较低，这可能是由于传染病疫情使得出行社交距离增加，接触减少，以至于出行距离减少，活动范围收缩。同时，节点之间连接的减少使社区数量有所增加，这使得社区检测算法的效果变差。如图 5-15 所示为城市出行模式类型网络结构，其中节点是社区，边是两个社区之间的出行量。

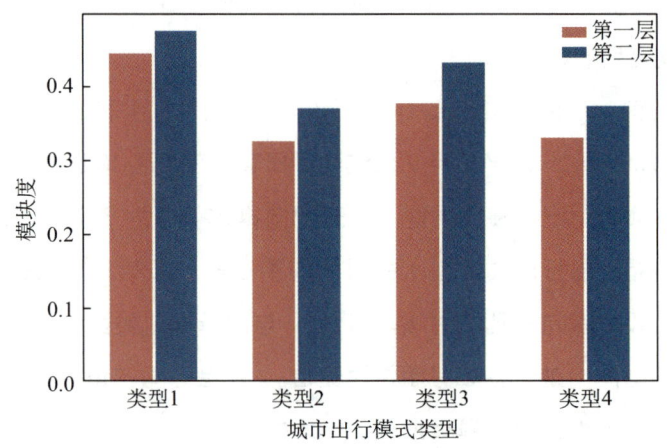

图 5-14 城市出行模式类型两级层次结构模块度

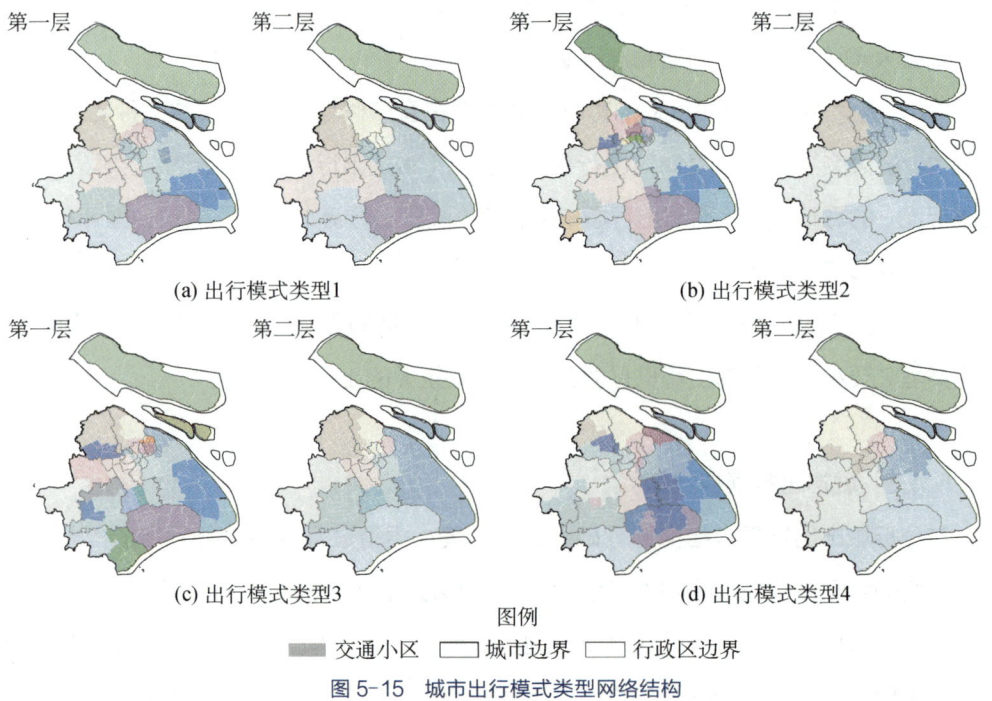

图 5-15 城市出行模式类型网络结构

出行模式类型 1：在两级层次结构中，社区边界与行政区边界相对重合。在郊区，每个社区仅包括一个或两个行政单位，但在中心城区，每个社区往往涉及多个行政单位。在郊区，跨区域交通系统较不完善，因此当重大突发传染病疫情发生时，出行倾向于短距离出行，同时出行范围也相对减小。

出行模式类型 2：访客出行流的社区数量远大于常规出行流，这表明城市中访客人口出行的不稳定性。即使在城市中心，中心城区的一个社区也仅包含一个行政单位，这体现出访客出行目的地的多样化。

出行模式类型3：假日出行流的社区发现结果与访客出行流的结果相似，即在第一层结构中拥有相同数量的社区。尽管如此，在假日出行流的网络结构中，郊区的社区和行政单位之间的边界仍然有较大的重叠，这表明尽管假期期间出行范围不稳定，但交通出行范围仍与行政单位边界契合。

出行模式类型4：在第一层中，社区边界与行政单位边界重合，通勤出行仍然受到行政单位范围的高度限制，但行政单位的行政级别低于乡、镇、村、街道等。在郊区，一个行政区包括一个或两个社区，但在中心城区，一个行政区却包含多个社区。在第二层中，每个社区涉及郊区和中心城区多个行政区。通勤交通流的社区与就业岗位的可达性高度相关。受重大突发传染病疫情影响，跨地区就业通勤减少，但中心城区发达且不完全受限的公共交通系统使得就业岗位的可达性比郊区要高。

从两级层次结构的结果中可以推断出以下结论：

（1）重大突发传染病疫情使得城市出行网络的空间结构更为分散，社区数量增加，这在访客出行流和假日出行流的网络结构中体现得更为明显。

（2）社区边界大多与行政单位边界相关，尤其是所有类型的第二层结构。对于第一层结构，出行受到行政级别低于行政区的行政单位范围的高度限制，包括乡、镇、村、街道等。

5.5　本章小结

本章在城市突发公共卫生事件以及节假日同时发生的背景下，分析城际及城市内部出行的时空差异导致的交通行为的异质性和出行的时空特征变化，深入挖掘其中的内在信息。一方面，利用以"百度迁徙"数据为代表的基于互联网的位置信息服务数据对突发公共卫生事件下城际出行演变特征进行分析。另一方面，利用移动通信数据对突发公共卫生事件下城市出行演变特征进行分析。通过研究突发公共卫生事件下城市内部交通和城市对外交通的出行演变特征，为构建突发公共卫生事件下城市交通应急管理循证决策提供支持。

参考文献

[1] 李涛, 王姣娥, 高兴川. 中国居民工作日与节假日的城际出行网络异同性研究[J]. 地理学报, 2020, 75(4): 833-848.

[2] FRIAS-MARTINEZ V, RUBIO A, FRIAS-MARTINEZ E. Measuring the impact of epidemic alerts on human mobility [C]//Proceedings of the PURBA 2012: 2nd Workshop on Pervasive Urban Applications, Newcastle, 2012.

[3] RILEY S. Large-scale spatial-transmission models of infectious disease [J]. Science, 2007, 316 (5829): 1298-1301.

[4] WESOLOWSKI A, EAGLE N, TATEM A J, et al. Quantifying the impact of human mobility on Malaria [J]. Science, 2012, 338 (6104): 267-270.

[5] BALCAN D, COLIZZA V, GONÇALVES B, et al. Multiscale mobility networks and the spatial spreading of infectious diseases [J]. Proceedings of the National Academy of Sciences, 2009, 106 (51): 21484-21489.

[6] 何凌晖，余庆，李玮峰，等. 新冠肺炎疫情影响下的城际交通运输需求分析 [J]. 城市交通，2020，18 (3): 51-61.

[7] HE L, LI W, LI J, et al. How to lessen the impact of transport policy on work resumption during the pandemic: a framework based on mobile phone data [C] //Proceedings of the 101st Transportation Research Board Annual Meeting, Washington, D. C. U. S. A., 2022.

第 6 章
城市突发公共卫生事件下传染病疫情传播风险评估

6.1 引言

重大突发传染病疫情的暴发会对社会、经济和环境等均造成较大程度的负面影响[1]。面向传染病的风险治理与应急管理是重要的研究领域。在全球化和城市化背景下,通达便捷的交通网络引发人员频繁流动,这是传染病疫情快速扩散的一个重要原因。制定有针对性的交通应急管控措施是阻断病毒传播的重要手段。

针对传染病疫情风险评估,相关已有研究更多的是关注重大突发传染病疫情的流行病学和临床特征[2,3],在流行病学调查的基础上通过经典仓室模型和机器学习方法预测疫情的传播趋势[4-8]。针对公共卫生体系的应急管理能力提升,现有研究利用多源时空大数据对传染病疫情传播的时空模式进行分析,以挖掘影响疫情传播的潜在因素[9-14],提升后续疫情防控中相关策略的科学性和有效性。

虽然,针对人口流动性的研究一直都是分析传染病疫情传播的基础,但是现有研究仍然存在一定的局限性。首先,多数研究聚焦于国家之间和省市之间的人口流动对传染病疫情传播的影响[15-17],缺少从城市居民日常活动视角来分析传染病疫情在城市内部的传播。其次,现有研究大多通过航班数据[18]和交通传感器数据[19]等对人口流动性进行刻画,然而移动通信数据可以反映城市内部居民活动模式的潜力并没有被充分挖掘。最重要的是,虽然大量研究对重大突发传染病疫情的传播模式进行了深入研究,并构建了复杂的数学模型作为决策支持,但多数研究只是对传染病疫情传播的影响因素进行识别,以及对传播趋势进行预测,尚未形成一个系统的传染病疫情传播风险分析框架。

鉴于此,需要充分利用移动通信数据,研究以群体移动性为核心的城市传染病疫情传播风险评估方法。针对重大突发传染病疫情,以呼吸道传染病为例,人的聚集和流动是呼吸道传染病大规模暴发的关键因素,并且传染病疫情初期的"输入型"病例是病毒在城市内部进一步传播与扩散的根源。因此,在对"输入型"高风险群体进行识别的基础上,建立模型以辨识不同时段、不同区域的暴露风险和传播风险,从而为传染病疫情预警和防控提供决策支持[20]。

6.2 基于移动通信数据的传染病疫情传播风险评估方法框架

6.2.1 传染病疫情传播风险评估总体技术框架

移动通信数据具有较高的时间及空间分辨率和覆盖率。一方面,只要移动电话连接到蜂窝网络,用户的实时位置就会被记录,且数据采集方式保证了数据的时间连续性和空间完整性;另一方面,移动电话逐渐成为生活必需品,持续增长的用户数量保证了数据具有充足的样本量。在传染病疫情暴发初期,病毒伴随城际出行由初始暴发地扩散至其他城市,进而在其他城市内部迅速蔓延。因此,风险评估的基础是对城市中不同的活动群体进行识别以及对其移动模式进行刻画。风险评估的总体框架(图6-1)可以被划分为4个部分:①高风险群体识别;②群体移动网络构建;③疫情风险量化评估;④疫情风险时空特征分析。具体而言,首先,利用手机信令数据提取用户的多日连续活动链,根据活动地点筛选识别潜在的高风险群体;其次,在对个体用户进行分类的

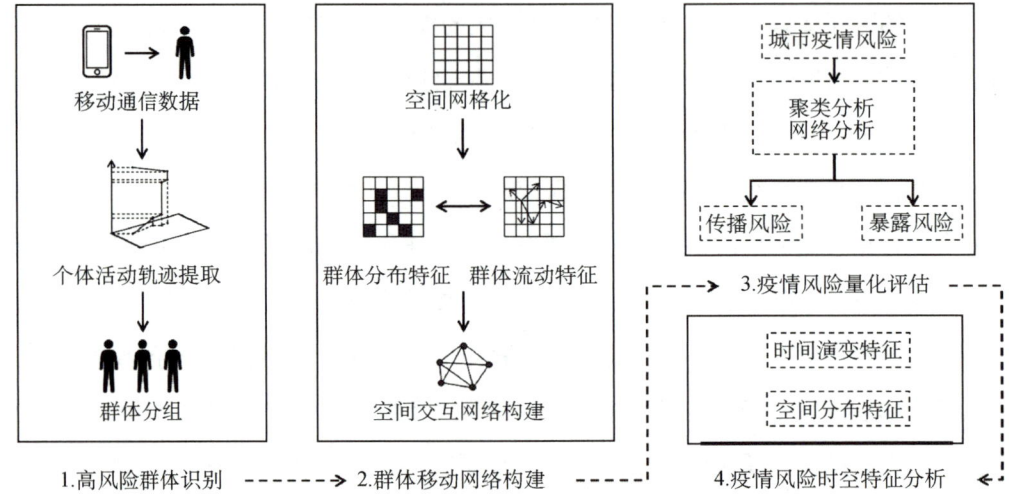

图6-1 城市疫情传播风险评估总体框架

基础上，将研究区域划分为大小相同的网格，以网格对各类活动群体进行集计，并作为节点构建群体移动网络；最后，基于群体移动网络，将病毒传播风险分为节点内暴露风险和节点间传播风险，并使用聚类分析、时间序列分析和复杂网络理论等方法来提取风险时空特征。

6.2.2 高风险群体识别

移动通信运营商采集相关数据的最初目的是提供通信服务和计算通信费用，而不是分析人口流动性，因此必须对原始的移动通信数据进行预处理，以满足研究要求。首先，对错误数据和无效数据进行筛选和清除；其次，将用户连续停留超过 30 min 的地点定义为活动点，并计算活动时间，进而将移动通信数据转换为用户的活动数据，每一行数据包括活动的地理位置、开始时间和结束时间；最后，根据上述处理规则得到所有用户的多日活动数据。

在对数据进行预处理的基础上，根据手机数据中反映的用户活动轨迹将用户群体分为高风险人群和非高风险人群，即易感人群和潜在感染人群。在传染病疫情暴发初期，由于难以准确地检测出感染者，因此通过一个较为宽松的规则进行推断：在过去 T 日内（T 为传染病的潜伏期，即从暴露到出现症状之间的时间），在高风险城市活动过的用户将被标记为高风险人员，其他用户则被标记为非高风险人员。通过对用户的历史活动数据进行回溯，以判断其在过去 T 日内是否曾经在高风险城市活动，从而实现对用户群体进行分类。

6.2.3 群体移动网络构建

虽然，移动通信数据以用户为单位进行采集，从个体角度评估感染风险具有一定的可行性，但是，个体行为的复杂性导致不同群体（如不同性别和年龄）之间以及不同地点发生的接触行为都不尽相同，需要消耗大量的计算资源来进行仿真模拟。因此，为了提高方法的实用性，通过集计方法对活动人口进行统计，并构建人口流动网络对区域的传播风险进行评估。

首先，将研究区域划分为 500 m × 500 m 的网格，每个网格都是一个独立的空间单元。对于每天的活动数据，在活动时段（6：00—21：00）内按小时分别统计当前网格内高风险人群和非高风险人群的数量，并计算当日每小时的平均值作为网格内高风险人群和非高风险人群的平均活动人数。

其次，对每日出行 OD 矩阵进行计算。如果用户在连续两条活动数据中的活动地点不同，则推断用户产生了一次出行。例如，用户在 t_m 时刻在 g_i 活动、在 t_{m+1} 时刻

在 g_j 活动，则用户的出行起点和讫点分别为 g_i 和 g_j，其中 g_i 和 g_j 为活动地点对应的网格。基于上述规则对各网格之间的 OD 流量进行统计，可得到 OD 矩阵。

最后，在 OD 矩阵的基础上构建反映人口流动性的空间交互网络 $G(V, E, W)$，其中 $V\{v_1, v_2, v_3, \cdots\}$ 代表网络的节点，即活动地点对应的栅格单元；$E\{e_1, e_2, e_3, \cdots\}$ 代表节点之间的连边，用户在活动地点之间的移动使两个节点形成一条连边；$W\{w_1, w_2, w_3, \cdots\}$ 代表边的权重，即节点之间的每日 OD 流量。

6.2.4 传染风险量化估计

1. 节点内暴露风险

节点内暴露风险被定义为在易感人群与高风险人群的接触下产生新感染者的风险。由于不考虑接触行为的异质性，因此假设在同一网格内活动的各类人群能够随意接触彼此，新增感染人数随着易感人群和高风险人群数量的增加而增加。如图 6-2 所示，当人群被分为高风险和非高风险两类时，其聚集模式可能呈现出 4 种情况。其中，在第一象限模式下容易产生更多的新感染者，因此具有更高的暴露风险。为了进一步探究暴露风险的分布情况，将高风险人群和非高风险人群的数量视为网格单元的两个特征，使用 K-means 算法对网格进行聚类分析。

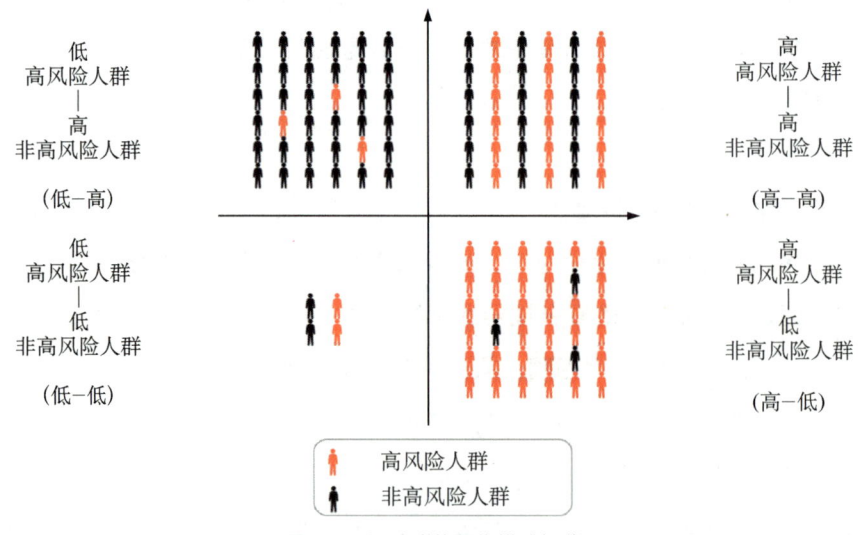

图 6-2 活动群体聚集模式概览

K-means 算法的目标是使各类簇内部离差平方和最小化：首先选择 k 个初始类簇中心，在每次迭代中将样本分配给距离最近的类簇，并更新类簇中心，直到类簇中心不再变化为止。由于 k 值需要预先设置，因此使用不同的 k 值进行多次聚类，计算类簇内部离差平方和的总和，应用肘部法确定最佳的聚类数量。

2. 节点间传播风险

节点间传播风险是指在活动时段内由某一节点向外输出高风险人群的风险。与暴露风险相比，传播风险更关注于节点间的联系，而不是节点内部的活动和接触。在网络分析中，中心性是衡量节点重要性的指标。为了反映节点间的出行联系强度，需要通过网络流量对节点的中心性进行刻画，因此选择紧密度中心性作为评价指标。对于所构建的人口流动网络，节点之间连边的距离被定义如下：

$$d(i) = \frac{1}{q(s,t)} \qquad (6\text{-}1)$$

式中　$d(i)$——节点 s 和节点 t 之间连边 i 的距离；

$q(s,t)$——节点 s 和节点 t 之间的高风险人群 OD 流量。

节点的紧密度中心性被定义如下：

$$C(v) = \frac{n-1}{\sum_{u=1}^{n-1} sd(v,u)} \qquad (6\text{-}2)$$

式中　$C(v)$——节点 v 的紧密度中心性；

n——能够到达节点 v 的节点数量；

$sd(v,u)$——节点 v 和节点 u 之间最短路径的距离。

一方面，紧密度中心性反映了高风险人群从当前节点移动到其他节点的概率；另一方面，用节点内高风险人群的平均活动人数表征潜在的、有可能移动至其他节点的高风险人群数量。因此，节点间传播风险被定义如下：

$$ITR(v) = HHG(v) \cdot C(v) \qquad (6\text{-}3)$$

式中　$ITR(v)$——节点间传播风险；

$HHG(v)$——节点 v 中高风险人群的平均活动人数；

$C(v)$——节点 v 的紧密度中心性。

为了使风险评估结果更加可靠，引入时间序列聚类方法对传播风险的变化趋势作进一步分析。根据每日风险评估结果为各个节点构建传播风险的时间序列，使用动态时间规整算法（Dynamic Time Warping，DTW）度量两个时间序列之间的相似性，并使用 K-means 算法对时间序列进行聚类。与欧氏距离相比，动态时间规整算法能够更加灵活地捕获到时间序列之间的相似性。该算法通过将两个非线性对齐的时间序列转化为线性序列，基于动态规划思想找到两个序列之间的最佳匹配模式。序列之间的相似性被定义如下：

$$D(A_i, B_j) = \delta(a_i, b_j) + \min\begin{Bmatrix} D(A_{i-1}, B_{j-1}) \\ D(A_i, B_{j-1}) \\ D(A_{i-1}, B_j) \end{Bmatrix} \qquad (6\text{-}4)$$

式中　A_i——序列$\langle a_1, \cdots, a_i \rangle$；

　　　B_j——序列$\langle b_1, \cdots, b_j \rangle$；

　　　$\delta(a_i, b_j)$——a_i和b_j之间的距离。

以下基于上海重大突发传染病疫情案例分析来对城市传染病疫情传播风险评估方法进行验证。上海的城市人口高度集中并且人口流动频繁。在本研究中，上海被划分为16个行政区和447个交通小区，同时，将2020年1月10日至1月24日作为应用时段进行分析。

6.3　传染病疫情风险计算

6.3.1　暴露风险计算

暴露风险的计算结果如图6-3所示。各网格的高风险人群数量与非高风险人群数量呈正相关，即活动人口越密集的区域通常存在越多的高风险人群。依据聚类结果可

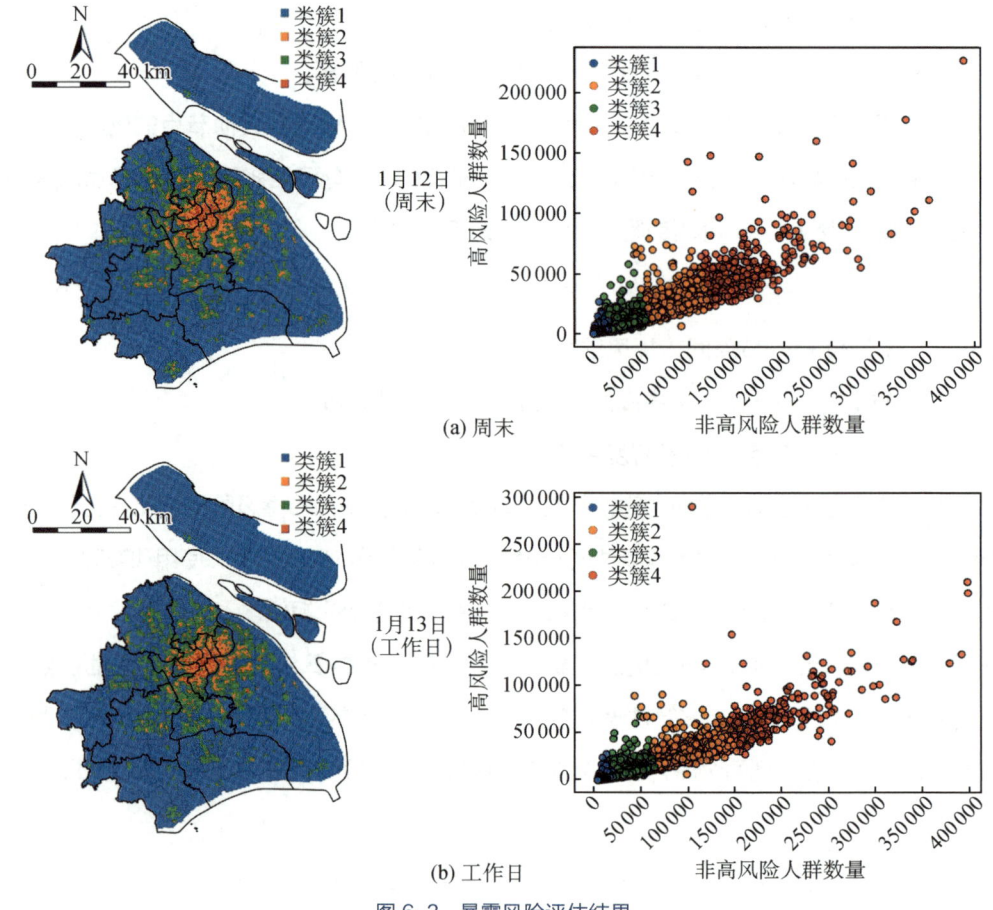

图6-3　暴露风险评估结果

知,网格被划分为 4 种类型。其中,高风险网格(类簇 4)集中在繁华且人口密度较大的办公区(如浦东新区陆家嘴)和商业区(如南京路步行街)。从整体上来看,城市中心区域的暴露风险远高于郊区,这与活动人口的空间分布模式相似。对比图 6-3 中的两图可以看出,工作日和周末的高风险网格数量大致相同,但是经计算得到类簇 4 在工作日的划分阈值更高,说明暴露风险相对更高。

6.3.2 传播风险计算

根据节点间传播风险计算结果,采用 Jenks 自然间断点分级法将网格分为 5 级进行可视化。如图 6-4 所示,高风险网格数量在 1 月 20 日至 1 月 24 日期间逐渐减少,最终只有城市中心和交通枢纽存在少量高风险网格。由于传播风险与人员流动性以及高风险群体活动人数有关,而该时段内上海市的高风险群体数量处于增长状态,说明重大突发传染病疫情相关措施可能导致居民开始自觉地减少出行次数,进而造成了节点流动性的减弱。

图 6-4 传播风险空间分布

采用时间序列聚类方法对节点间传播风险做进一步分析,结果如图 6-5 所示。网格被划分为 4 类:类簇 1 的传播风险接近于 0;类簇 2 的传播风险较高且持续时间较长;类簇 3 和类簇 4 属于中风险区域,传播风险随时间的波动幅度较大。

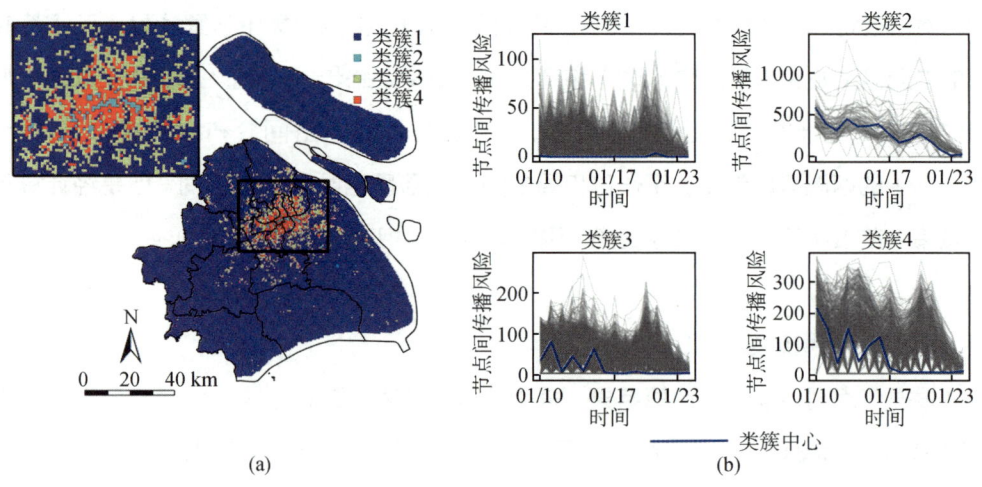

图 6-5 传播风险时间序列聚类结果

6.4 本章小结

本章针对重大突发传染病疫情，以呼吸道传染病为例，基于传染病疫情初期的"输入型"病例是病毒在城市内部进一步传播扩散的根源这一现实，对"输入型"高风险群体进行识别，并建立模型以辨识不同时段、不同区域的暴露风险和传播风险，从而为传染病疫情预警和防控提供决策支持。

参考文献

[1] JIANG P, FU X, VAN FAN Y, et al. Spatial-temporal potential exposure risk analytics and urban sustainability impacts related to COVID-19 mitigation: a perspective from car mobility behaviour [J]. Journal of Cleaner Production, 2021, 279: 123673.1-123673.15.

[2] ZHU N, ZHANG D, WANG W, et al. A novel coronavirus from patients with pneumonia in China, 2019 [J]. New England Journal of Medicine, 2020, 382 (8): 727-733.

[3] WANG C, HORBY P W, HAYDEN F G, et al. A novel coronavirus outbreak of global health concern [J]. The Lancet, 2020, 395 (10223): 470-473.

[4] BOLDOG P, TEKELI T, VIZI Z, et al. Risk assessment of novel coronavirus COVID-19 outbreaks outside China [J]. Journal of Clinical Medicine, 2020, 9 (2): 9020571.1-9020571.12.

[5] TOMAR A, GUPTA N. Prediction for the spread of COVID-19 in India and effectiveness of preventive measures [J]. Science of The Total Environment, 2020, 728: 138762.

[6] YANG Z, ZENG Z, WANG K, et al. Modified SEIR and AI prediction of the epidemics trend of COVID-19 in China under public health interventions [J]. Journal of Thoracic Disease, 2020, 12 (3): 165-174.

[7] ARORA P, KUMAR H, PANIGRAHI B K. Prediction and analysis of COVID-19 positive cases using deep learning models: a descriptive case study of India [J]. Chaos, Solitons and Fractals: Applications in Science and Engineering: An Interdisciplinary Journal of Nonlinear Science, 2020, 139: 110017.

[8] FAN C, LIU L, GUO W, et al. Prediction of epidemic spread of the 2019 novel coronavirus driven by Spring Festival transportation in China: a population-based study [J]. International Journal of Environmental Research and Public Health, 2020, 17 (5): 1679.

[9] KANG D, CHOI H, KIM J-H, et al. Spatial epidemic dynamics of the COVID-19 outbreak in China [J]. International Journal of Infectious Diseases, 2020, 94: 96-102.

[10] GUPTA A, PRADHAN B, MAULUD K N A. Estimating the impact of daily weather on the temporal pattern of COVID-19 outbreak in India [J]. Earth Systems and Environment, 2020, 4 (3): 523-534.

[11] MOLLALO A, VAHEDI B, RIVERA K M. GIS-based spatial modeling of COVID-19 incidence rate in the continental United States [J]. Science of The Total Environment, 2020, 728: 138884.

[12] LIU Y, HE Z, ZHOU X. Space-time variation and spatial differentiation of COVID-19 confirmed cases in Hubei Province based on extended GWR [J]. ISPRS International Journal of Geo-Information, 2020, 9 (9): 536.

[13] THAKAR V. Unfolding events in space and time: Geospatial insights into COVID-19 diffusion in Washington State during the initial stage of the outbreak [J]. ISPRS International Journal of Geo-Information, 2020, 9 (6): 382.

[14] PENG Z, WANG R, LIU L, et al. Exploring urban spatial features of COVID-19 transmission in Wuhan based on social media data [J]. ISPRS International Journal of Geo-Information, 2020, 9 (6): 402.

[15] GILBERT M, PULLANO G, PINOTTI F, et al. Preparedness and vulnerability of African countries against importations of COVID-19: a modelling study [J]. The Lancet, 2020, 395 (10227): 871-877.

[16] POURGHASEMI H R, POUYAN S, HEIDARI B, et al. Spatial modeling, risk mapping, change detection, and outbreak trend analysis of coronavirus (COVID-19) in Iran (days between February 19 and June 14, 2020) [J]. International Journal of Infectious Diseases, 2020, 98: 90-108.

[17] LIU J, ZHOU J, YAO J, et al. Impact of meteorological factors on the COVID-19 transmission: A multi-city study in China [J]. Science of the Total Environment, 2020, 726: 138513.

[18] ZHUANG Z, ZHAO S, LIN Q, et al. Preliminary estimation of the novel coronavirus disease (COVID-19) cases in Iran: a modelling analysis based on overseas cases and air travel data [J]. International Journal of Infectious Diseases, 2020, 94: 29-31.

[19] CARTENÌA, FRANCESCO L D, MARTINO M. How mobility habits influenced the spread of the COVID-19 pandemic: results from the Italian case study [J]. Science of the Total Environment, 2020, 741: 140489.

[20] LI J, GAN T, LI W, et al. Intracity pandemic risk evaluation using mobile phone data: The case of Shanghai during COVID-19 [J]. ISPRS International Journal of Geo-Information, 2020, 9 (12): 715.

第 7 章
城市突发公共卫生事件下交通出行行为特征分析

7.1 引言

研究突发公共卫生事件下城市交通出行行为变化对于城市交通应急管理决策的制定具有重要意义。现有研究表明，突发事件（如天气因素、自然灾害等）带来的风险因素会显著影响交通出行行为，包括飓风[1]、强降雨[2]、雾霾[3,4]以及降雪[5]等极端天气。现有的关于突发事件影响下的行为决策机理研究主要针对天气、能见度等客观风险因素进行建模，而针对交通出行者自身的主观风险感知，以及传染病疫情下的出行风险感知的相关研究较为缺乏。

根据 Sjöberg[6] 的研究，在突发事件下，个人的主观风险感知主要由其判断风险发生的可能性大小及后果严重性两部分组成。现有研究表明，居民出行行为的方式选择主要受出行时间、出行费用、出行安全、出行便捷等因素影响[7-9]。近年来，居民在公共卫生方面的风险感知及其对出行行为产生的影响也逐渐受到研究者的关注[10]。

准确估计出行者对风险的感知水平及其对出行行为的影响，对于有效应对突发公共卫生事件至关重要。出行行为与出行者对风险的感知是传染病疫情暴发过程中两个相互关联的方面。传染病疫情传播受到公众预防性行为的影响，往往与公众对风险的感知有关。较高的风险感知能力可以提高个体对预防措施的坚持程度[11]，并控制传染病疫情的传播。因此，减缓传染病疫情快速传播的政策能否成功，在一定程度上取决于个人和社会对风险认知的准确理解。

因此，研究突发公共卫生事件下城市交通出行行为特征就极有必要。个体出行除了受出行时间、出行距离等因素影响外，个体对风险的感知与个体出行行为的关系也值得关注。在本章节中，以传染病疫情发生前和传染病疫情得到控制复工后城市居民通勤出行行为的变化特征为例，分析突发公共卫生事件下居民出行行为变化的影响因素，以及风险感知与出行行为的相关性。

7.2 居民通勤出行行为变化

7.2.1 通勤出行行为度量设计

居民通勤出行行为的度量设计是以重大突发传染病疫情下组织复工复产与交通管理为背景，设计了一项问卷调查，旨在了解传染病疫情对居民通勤出行方式产生的影响。通过调查 2020 年 1 月 20 日前及 2020 年 2 月 17 日至 3 月 1 日期间居民通勤出行的变化，估计各种通勤出行方式的转移比例，调查内容包括社会人口属性、通勤天数、通勤方式等，如表 7-1 所列。

表 7-1　传染病疫情发生前和传染病疫情得到控制复工后的居民通勤行为调查度量设计

调查度量组成	具体内容
染病疫情发生前和传染病疫情得到控制复工后的通勤行为调查	每周通勤天数
	每日通勤次数
	通勤方式
	通勤舒适性与安全性
	单次通勤时间
	工作模式 （保持原样、轮岗办公、远程办公）
社会人口属性调查	性别、年龄、工作、收入
	家庭信息
	交通工具拥有数量
	工作地与居住地信息

7.2.2 出行方式变化

突发公共卫生事件对城市居民的出行方式会产生明显影响。针对传染病疫情发生前和传染病疫情得到控制复工后居民通勤出行方式的变化，绘制热力图如图 7-1 所示。图中用颜色的深浅来表示通勤者从一种出行方式转移至另一种出行方式的数量，颜色越深，转移量越大。从图 7-1 可以发现：

（1）在传染病疫情得到控制复工后，大部分居民仍然采用远程办公模式。在此期间，约20.09%的通勤者转移至远程办公。

（2）在传染病疫情得到控制复工后，单独驾驶私人小汽车出行是最被广泛使用的通勤出行方式（占比25.85%）。在传染病疫情发生前，单独驾驶私人小汽车的通勤出行方式仅占21.93%。

（3）部分常规公交和地铁的通勤者在传染病疫情得到控制复工后仍保持原有的通勤出行方式，但有相当一部分人转移至使用私人交通的通勤出行方式（29.11%）。

（4）一部分选择常规公交和地铁的通勤者（4.44%）转移至步行或使用自行车通勤（包括步行、电动车、共享单车、自行车）。

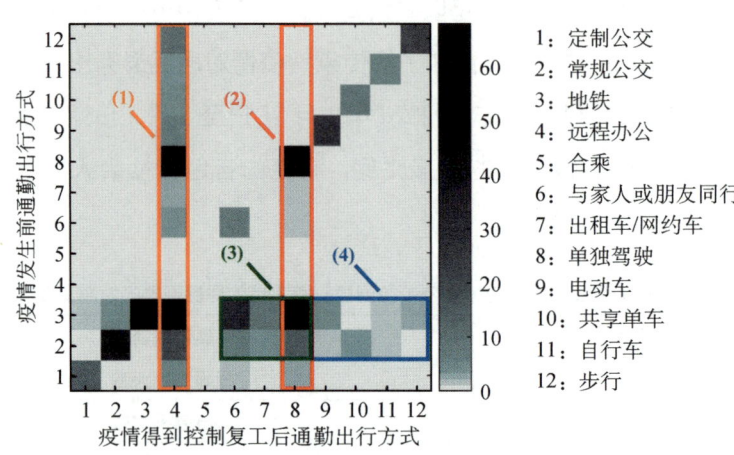

图7-1 传染病疫情发生前和传染病疫情得到控制复工后的通勤出行方式变化

为了分析重大突发传染病疫情下通勤出行行为的影响因素，对12种通勤出行方式进行了分析，最终得到5种通勤方案。图7-2是传染病疫情发生前和传染病疫情得到

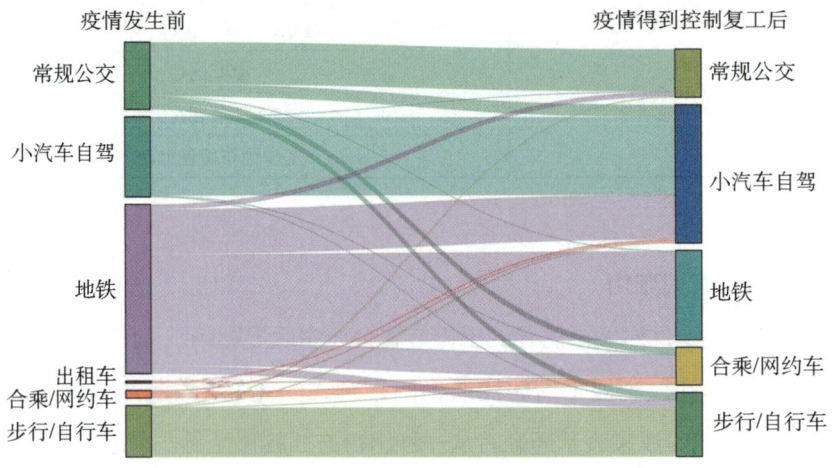

图7-2 传染病疫情发生前和传染病疫情得到控制复工后的出行方式变化

控制复工后通勤出行方式的桑基图。在传染病疫情发生前，大多数通勤者依赖公共交通（62.14%）出行。然而，在传染病疫情得到控制复工后，选择公共交通出行的通勤者比例仅为25.72%。尽管在此期间通勤出行频率总体下降，但从公共交通到私人交通的显著转移可能在传染病疫情结束后导致严重的道路交通拥堵。同样地，合乘小汽车出行的居民人数也显著增加（比例从2.03%增至8.32%）。9.38%的公交通勤者和13.64%的地铁通勤者在传染病疫情得到控制复工后转移至合乘通勤。另外，使用步行或自行车的通勤者人数也在一定程度上有所增加（比例从13.68%增至17.71%）。

7.2.3 出行频率变化

出行频率同样受到突发公共卫生事件的影响。如图7-3所示，相较于传染病疫情发生前的日常时期，传染病疫情得到控制后的复工复产初期城市居民平均每周通勤出行天数从4.90天下降到3.04天，下降超过30%。在传染病疫情发生前，约92.30%的人每周通勤出行天数超过4天，但在传染病疫情得到控制复工后只有42.95%的人通勤出行。大多数通勤者（85.19%）在传染病疫情发生前每周通勤5天。然而，在传染病疫情得到控制复工后，20.09%的通勤者转移至远程办公，其他通勤者也减少了通勤出行频率。

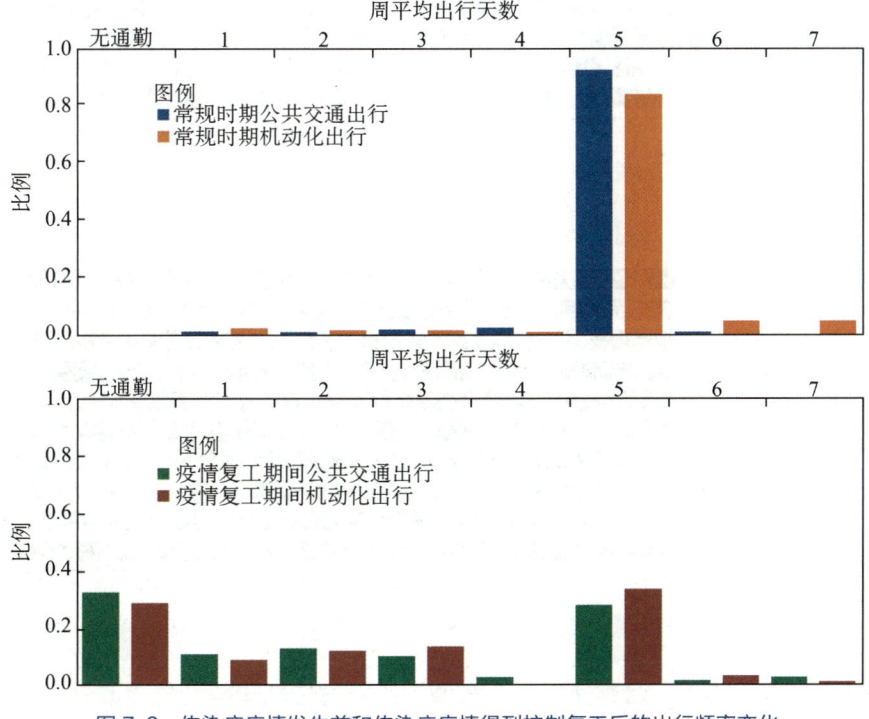

图7-3　传染病疫情发生前和传染病疫情得到控制复工后的出行频率变化

对比公共交通出行与私人交通出行的出行频率变化，公共交通的出行频率变化更为显著，下降程度更大。采取公交出行的通勤者在通勤天数方面的变化大于采取私人交通出行的通勤者。采取公交出行的通勤者的出行频率从每周 4.88 天降至每周 2.92 天，而采取私人交通出行的通勤者的出行频率从每周 4.91 天降至每周 3.04 天。此外，在选择公共交通出行的通勤者中，转移至远程办公的比例较高（21.78%），在选择私人交通出行的通勤者中，该比例为 20.63%。

7.2.4 风险感知变化

为了分析传染病疫情传播过程中通勤行为风险感知的变化，在调查度量中考虑将传染病疫情发生前与传染病疫情得到控制复工后的通勤舒适性及通勤安全性分别进行对比分析。基于五级李克特量表，对于通勤舒适性和安全性进行测量，范围从 1（代表非常安全/舒适）到 5（代表非常不安全/不舒适），同时将通勤出行方式分为五大类：公交出行、独自驾驶、合乘出行、轨道交通和慢行交通，结果如图 7-4 和图 7-5 所示。

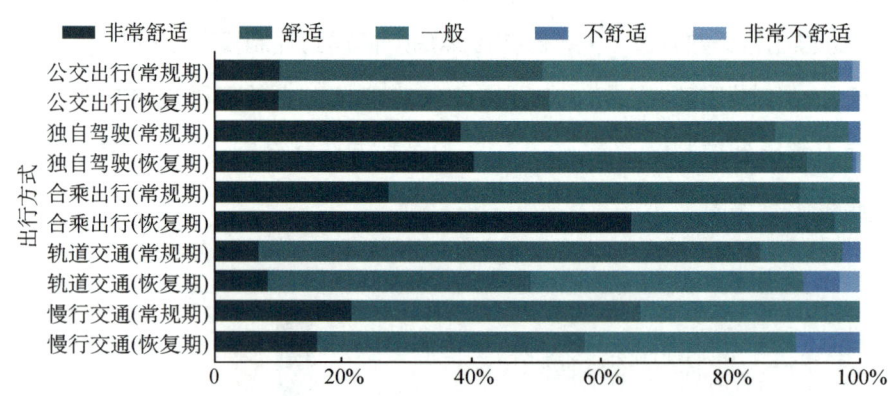

图 7-4 传染病疫情发生前和传染病疫情得到控制复工后的通勤舒适性比较

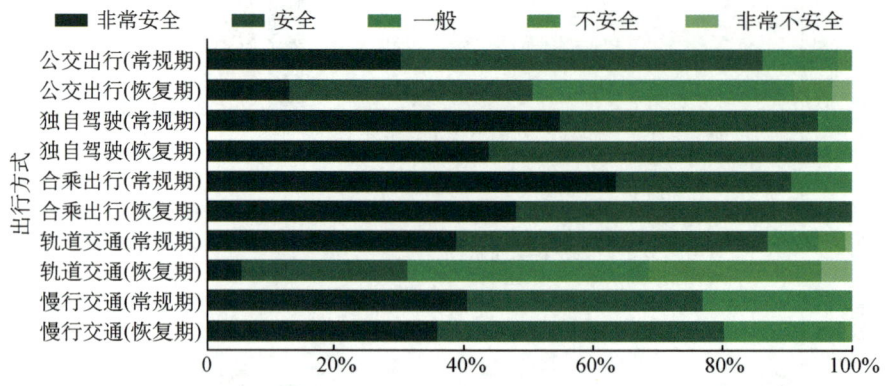

图 7-5 传染病疫情发生前和传染病疫情得到控制复工后的通勤安全性比较

在舒适性感知方面，合乘使用小汽车通勤的舒适性感知得到显著改善。"非常舒适"的相应比例从传染病疫情发生前的 27.27% 增至传染病疫情复工后的 64.81%。

更多的通勤者认为，在传染病疫情得到控制复工后，乘坐地铁是舒适的或非常舒适的。

在安全性感知方面，认为在传染病疫情得到控制复工后乘坐公交是安全或高度安全的通勤者较少。在地铁通勤者中尤为明显，只有 31.25% 的通勤者认为在传染病疫情得到控制复工后乘坐地铁是安全的或非常安全的，而在传染病疫情发生前，这一比例为 87.19%。相比之下，认为单独驾驶小汽车通勤是安全或非常安全的通勤者的百分比总和，在传染病疫情发生前和传染病疫情得到控制复工后的两个时间段内基本保持不变。在传染病疫情得到控制复工后，认为合乘、步行或自行车通勤是安全或非常安全的通勤者比例有所增加。

7.2.5　出行行为的影响因素

以最大效用理论为基础，结合个人特征以及交通行为方式特性等变量，构建离散选择模型，以巢式 logit 模型作为应用模型（图 7-6），对传染病疫情得到控制复工后的通勤出行方式选择及出行行为影响因素进行分析，得到标定的离散选择模型结果如表 7-2 所列。

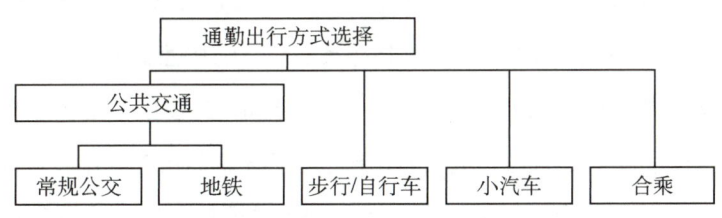

图 7-6　巢式 logit 模型结构

表 7-2　离散选择模型结果

变量	通勤模式	参数	T 值
传染病疫情发生前乘坐常规公交哑变量	常规公交	3.991	3.29
常数项	地铁	0.826	—
年龄	地铁	−0.686	−1.74
传染病疫情发生前乘坐地铁哑变量	地铁	4.274	3.36
常数项	步行/自行车	3.811	—
家庭拥有电动自行车数量	步行/自行车	0.712	2.35
传染病疫情发生前乘坐地铁哑变量	步行/自行车	−2.943	−7.59
家庭拥有小汽车数量	小汽车	1.543	6.21
传染病疫情发生前单独驾驶哑变量	小汽车	4.454	7.15
常数项	合乘	0.318	—
女性	合乘	1.423	4.03
家庭成员规模	合乘	0.37	2.75

续表

变量	通勤模式	参数	T 值
传染病疫情发生前乘坐常规公交哑变量	合乘	0.949	2.08
常数项	公共交通	1.704	—
收入	公共交通	-0.337	-2.81
传染病疫情发生前常规公交通勤时间 × 常规公交通勤	公共交通	0.642	2.83
传染病疫情发生前地铁通勤时间 × 地铁通勤	公共交通	0.286	2.16
Ⅳ 参数	Ⅳ-公共交通	0.607	2.15
对数似然比(初始值)		-886.535	
对数似然比(最终值)		-434.776	
R^2		0.51	

大多数估计参数(除两个交互项通勤时间×模式外)与以往关于通勤模式选择的研究一致。之前的许多研究发现出行时间与模式选择之间存在负相关[12-14]。然而,在此模型中,常规公交和地铁的通勤时间对通勤方式选择有正向影响,说明通勤时间较长的公交通勤者倾向于继续使用公共交通进行通勤。在印象中,公交通勤者应该受到交通出行管控措施的影响较大,即如果他们出行距离越长,则将面临更大的感染风险,在考虑降低风险时更可能转移至私人交通出行模式。然而,此模型却给出了相反的结果,可能的原因是长时间的公交通勤者会受到出行成本和车辆状况的影响,导致很难改变通勤出行模式。这实际上与调查样本一致,传染病疫情开始前的公交用户在传染病疫情得到控制复工后继续采取公交通勤所花的平均通勤时间为 52 min,而转移至其他通勤方式的公交用户所花的时间为 37.78 min;传染病疫情开始前的地铁用户在传染病疫情得到控制复工后继续采取地铁通勤所花的平均通勤时间为 56.93 min,而转移至其他通勤方式的地铁用户所花的时间为 52.09 min。已有研究发现,尽管公共交通用户对现有的公交服务不满意,但他们仍将继续使用公共交通的意愿维持在高水平[15]。虽然需要更多的研究来验证,但是应该更多地关注那些暴露于更大感染风险的通勤者。

收入对于公交通勤出行选择有负向影响。收入越高,选择公共交通的可能性越小,这与其他传染病疫情发生前的研究结果一致[16]。收入较高的人可能拥有一辆或多辆小汽车,这使得他们有更多的机会以私人交通通勤方式出行[17]。

传染病疫情发生前的通勤出行模式选择对传染病疫情得到控制复工后的通勤出行模式选择有显著影响。传染病疫情发生前的通勤出行模式反映了通勤者的习惯和认知。模型结果表明,选择常规公交和地铁的用户在传染病疫情得到控制复工后,倾向于继续使用原来的通勤出行模式。一些选择公共汽车和地铁的用户可能由于某些原因受限导致无法使用私人小汽车，例如出行成本等。此外，对于一些选择常规公交和地铁的用户来说，由于其通勤出行距离较长，故转向非机动化的通勤出行方式很大概率是不可行的。

在地铁通勤出行选择方面，年龄对地铁的选择有负向影响。在所有通勤方式中，传染病疫情得到控制复工后地铁用户的平均年龄是最年轻的（常规公交37.9岁，单独驾驶38.4岁，合乘拼车37.0岁，地铁34.4岁，步行/自行车36.7岁）。但在传染病疫情发生前，结果有所不同：地铁用户的平均年龄并不是最年轻的，与其他通勤出行模式相类似（常规公交36.8岁，单独驾驶39.2岁，合乘拼车35.0岁，地铁36.1岁，步行/自行车36.6岁）。一般来说，老年人免疫力较低，更有可能受到病毒的影响。因此，老年人可能比青年人更关注传染病疫情，希望降低与病毒接触的风险。

在步行/自行车通勤出行选择方面，与家庭拥有电动自行车的数量正相关，但与家庭拥有自行车的数量相关性不显著。电动自行车在速度和省力等方面相比自行车有一定的优势。然而，居民家庭电动自行车的平均拥有量仅为0.47，表明在传染病疫情得到控制复工后，居民出行方式转移至电动自行车或自行车的比例显然会受到车辆拥有情况的影响。传染病疫情发生前乘坐地铁的哑变量与步行/自行车的通勤出行选择呈负相关，表明与使用其他通勤方式的居民相比，使用地铁的通勤者转移至步行/自行车的可能性较小。地铁用户的平均通勤时间最长为54.63 min，他们转移至步行/自行车后将付出双倍通勤时间的代价，这点可能让城市居民难以接受。

在单独驾驶小汽车通勤出行选择方面，传染病疫情发生前单独驾驶的哑变量对选择单独驾驶出行有正向影响。在传染病疫情得到控制复工后，居民仍然保持了单独驾驶小汽车的通勤出行习惯。与之前的研究[18,19]类似，家庭拥有小汽车数量与单独驾驶通勤出行选择呈正相关。在传染病疫情发生前单独驾驶小汽车的居民中，只有2.61%的人改变了他们的通勤出行方式。以上都表明，传染病疫情没有改变单独驾驶通勤者的通勤出行选择。与此同时，这也体现出他们并没有转移至与家人或朋友一起合乘。

在合乘通勤出行选择方面，家庭成员规模对合乘通勤出行选择有正向影响。家庭成员较多的家庭可能认为，共用一辆小汽车通勤而不是单独乘坐公共交通或开车更安全或者更节约出行成本。此外，传染病疫情发生前常规公交通勤的哑变量与合乘通勤出行选择呈正相关。此外，女性更有可能与家人和朋友一起合乘。中国持有驾驶执照的女性比例相对较低。根据公安部数据，就中国驾驶员的性别而言，3.08亿人为男性驾驶员，占67.54%，而只有1.48亿人为女性驾驶员，占32.46%。已有研究还发现，女性通勤者的通勤出行模式选择与男性通勤者的通勤出行模式选择显著不同[20]。

7.3 居民通勤出行风险感知与出行行为的关系

7.3.1 风险感知和出行行为关系的度量设计

1. 风险感知和出行行为关系分析框架

在得到突发公共卫生事件下城市居民通勤出行行为变化及其影响因素后，进一步挖掘突发公共卫生事件下风险感知对居民出行行为选择的影响，分析风险感知与出行行为之间的关系，研究框架如图 7-7 所示。

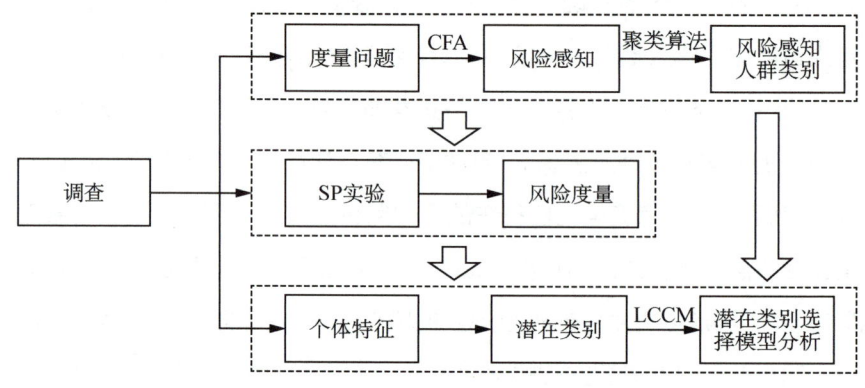

图 7-7 风险感知和出行行为关系分析框架

首先，设计一项调查以收集居民在 SP 实验中就突发公共卫生事件下的风险感知和出行方式选择行为。其次，根据居民对风险感知相关问题的回答，使用验证性因子分析（Confirmatory Factor Analysis，CFA）和聚类算法对人群进行分类。再次，使用 SP 实验中设置的风险感知和风险因素对人群的风险感知进行量化。最后，构建潜在类别选择模型（Latent Class Choice Model，LCCM）以确定突发公共卫生事件下风险感知及其他因素对城市居民出行方式选择行为的影响。

以下在对重大突发传染病风险感知和出行行为关系进行分析时，以 2021 年深圳两次传染病疫情局部传播并出现中风险区域为例。

2. 风险感知和出行行为关系度量设计

风险感知和出行行为关系的度量设计调查问卷分为 3 个部分。第一部分包括 14 个量表度量问题，以确定人群对于传染病疫情的风险感知。第二部分是针对 5 类出行方式 4 种风险因素使用均匀设计生成出行场景后随机抽取的 3 道场景题。调查对象需要确定是否会因传染病疫情风险感知而不使用公共交通，以及在不同的出行模式与风险因素组成的各个场景中他们会选择的出行模式。第三部分收集个体的社会经济属性信息。

在第一部分中，从感知可能性、感知易感性和感知严重性这3个维度获取个体风险感知[11]，可以反映出个体在行为、经验和情感方面对疫情的风险感知。表7-3中所列的量表问题以五级李克特量表的形式进行呈现。

表 7-3 风险感知维度及量表度量

序号	风险感知维度	风险感知度量
1	感知可能性	您对于传染病疫情的特点十分了解
2		您会关注有关传染病疫情的新闻
3		传染病疫情严重影响到了您的日常生活
4		避开人群拥挤的地方能够降低传染病疫情传播的风险
5	感知易感性	您认为乘坐公共交通出行感染传染病的概率很大
6		您认为乘坐出租车出行感染传染病的概率很大
7		您认为骑自行车出行感染传染病的概率很大
8		您认为接种疫苗后，就不需要进行戴口罩等日常防护
9		您认为您比一般人更容易感染传染病
10		您认为您的免疫力比一般人更强
11	感知严重性	您认为您曾经感染了传染病，但在您不知道的情况下自愈了
12		您会担心如果您感染了传染病，您的症状将比一般人更重
13		您会担心如果您感染了传染病，没有足够的医疗资源把您治愈
14		您会担心如果您感染了传染病，就算痊愈了也会留下后遗症

在第二部分中，通过设计的SP实验选择3个场景，以确定通勤者选择出行模式的特征。由于出行期间的风险将显著影响出行模式的选择[21]，因此将风险因素以及出行距离等变量纳入每个场景中。风险因素包括过去14天内新报告传染病例的数量，所选择的出行模式在中、高风险地区附近的出行时间，以及公共交通是否会在中、高风险地区设置站点，并试图用这3个因素代表整个城市疫情、出行风险（接触风险）和公共交通停靠风险（车站上下车）。因此，受访者需要考虑是否可以接受乘坐公共交通，以及最终选择的出行方式。SP场景具体属性和水平设计见表7-4。为了提升SP调查效率，采用均匀设计法优化问卷。

表 7-4 SP场景属性及分类

属性	出行方式	水平设计	水平等级数量
新报告传染病例数量/例	全方式	0，10，50	3
出行距离/km	全方式	3，12，25	3
公共交通停靠风险	常规公交	是，否	2
	地铁	是，否	2

续表

属性	出行方式	水平设计	水平等级数量
接触风险/min	常规公交	0, 7, 10	3
	地铁	0, 6, 8	3
	自行车	0, 10, 15	3
	小汽车	0, 4, 6	3
	出租车	0, 3.5, 5	3

7.3.2 风险感知指标的验证性因子分析

为探究所设计的量表是否能够客观、全面地从 3 个维度捕捉个体的风险感知，故应用验证性因子分析方法来验证确认 3 个维度与度量量表的关系。表 7-5 列出了测量项目和各自的潜在变量及其因子载荷系数。

使用验证性因子分析方法，删除了 4 个区分能力弱或与其他因子重合度过高的因子，计算得到模型适配性检验参数：$\chi^2 = 151.202$，$CFI = 0.95$，$TLI = 0.92$，$RMSEA = 0.079$，$SRMR = 0.059$，适配性检验参数处于可接受水平。同时，计算组合信度，各维度的组合信度值均大于 0.7，从而验证了模型的可信性。

表 7-5 风险感知指标的验证性因子分析

序号	潜在变量及其风险感知度量	因子载荷系数
感知可能性（组合信度：0.74）		
1	您对于传染病疫情的特点十分了解	0.69
2	您会关注有关传染病疫情的新闻	0.68
4	避开人群拥挤的地方能够降低传染病疫情传播的风险	0.73
感知易感性（组合信度：0.75）		
5	您认为乘坐公共交通出行感染传染病的概率很大	0.68
6	您认为乘坐出租车出行感染传染病的概率很大	0.63
7	您认为骑自行车出行感染传染病的概率很大	0.81
感知严重性（组合信度：0.77）		
9	您认为您比一般人更容易感染传染病	0.66
11	您认为曾经感染了传染病，但在您不知道的情况下自愈了	0.74
13	您会担心如果您感染了传染病，没有足够的医疗资源将您治愈	0.65
14	您会担心如果您感染了传染病，就算痊愈了也会留下后遗症	0.67

注：在验证性因子分析过程中，将序号 9 纳入感知严重性中获得了更好的聚合效果，且序号 9 对应的是同一状态下个体认为自身会患病的不良状态程度会高于其他人，因此在建模分析过程中将序号 9 纳入感知严重性指标。

7.3.3 基于风险感知的人群划分

在应用验证性因子分析方法计算个体风险感知的 3 个维度后，对于每个维度和指标进行归一化处理,并使用 K-means 聚类算法来划分风险感知人群的类别,结果如图 7-8 所示。

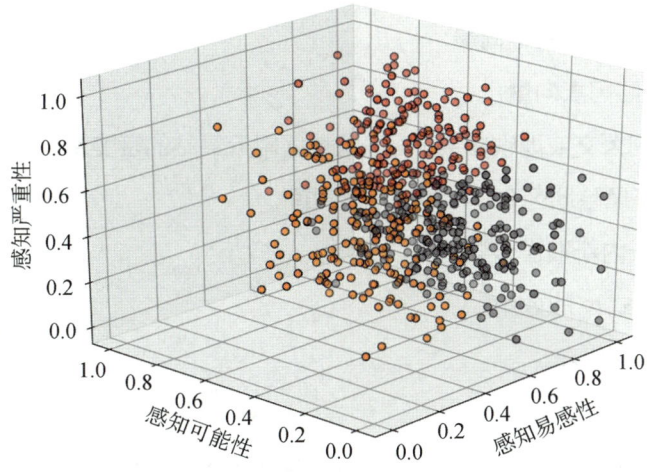

图 7-8 风险感知人群划分 K-means 聚类结果

第 1 类人群在聚类中心 [0.83,0.63,0.69] 的所有 3 个维度上的得分均较高,即在所有方面对传染病疫情都较为敏感,意味着这类人群害怕传染病疫情及其影响。

第 2 类人群在感知可能性方面的得分较高,而在其他两个维度的得分较低,其聚类中心为 [0.87,0.46,0.29]。这意味着这类人群在行为上重视传染病疫情,但在主观经验与情感上并不害怕传染病疫情。

第 3 类人群的聚类中心为 [0.47,0.45,0.46],他们在 3 个维度中的得分都较低。

就年龄分布和性别而言,第 1 类人群中女性比例较高,第 2 类人群中中年男性比例较高,第 3 类人群平均年龄最低。

7.3.4 风险感知和出行行为关系

通过应用验证性因子分析方法,将量表问题分为 3 个传染病风险感知指标。将风险感知指标和风险因素纳入模式选择模型效用计算,并分析风险感知和出行行为关系,通过式(7-1)、式(7-2)和式(7-3)计算风险感知指标与风险因素:

$$\boldsymbol{R}_p = [r_1, r_2, r_3] \tag{7-1}$$

$$\boldsymbol{R}_s = [s, t, n]' \tag{7-2}$$

$$U_m = |\beta_{m1} \cdot \boldsymbol{R}_p \cdot \boldsymbol{R}_s| + \beta_{m2} \cdot dis \tag{7-3}$$

式中 r_1——感知可能性；

r_2——感知易感性；

r_3——感知严重性；

$\boldsymbol{R}_p$——风险感知指标向量；

$\boldsymbol{R}_s$——风险因素向量；

s——常规公交或地铁在中、高风险地区附近靠站的哑变量；

t——在高风险地区 200 m 内的出行时间；

n——14 天内新报告传染病例数量；

U_m——模式 m 的效用；

dis——出行距离；

β_{m1}，β_{m2}——系数。

针对风险感知和出行行为关系，通过构建潜在类别选择模型（LCCM）进行分析。根据多项 logit 模型（Multinomial Logit，MNL）的效用函数估计不同类别数量的潜在类别选择模型 LCCM。表 7-6 总结了类别数量 1 至 4 的模型 AIC、BIC 和其他参数度量。其中，2 类 LCCM 的 BIC 值最低，3 类 LCCM 的 AIC 值最低。由于 3 类模型具有更强的可解释性，且考虑到参数计算结果，因此选择 3 类模型进行潜在类别选择模型分析。

表 7-6 不同类别数量参数计算

参数	类别数量			
	1（MNL 模型）	2	3	4
参数数量	110	58	88	118
对数似然比	-2 597.2	-2 346.4	-2 248.9	-2 291.3
AIC	5 304.4	4 808.8	4 783.8	5 054.6
BIC	5 897.1	5 063.4	5 081.3	5 336.5

表 7-7 为类别划分模型（Class Membership Model）的参数估计结果，表明可以根据出行模式选择将人群分为三类。第一类人群主要考虑公共交通通勤出行，占总人数的 59%，而第二类人群和第三类人群不考虑公共交通通勤出行，分别占总人数的 15% 和 26%。老年人或所在区域内有新报告传染病例的这类人群更可能属于第二类和第三类，也就是说，他们不会考虑乘坐公共交通出行。收入更高或受教育程度更高的人更可能属于第一类。比较第二类人群和第三类人群可以发现，第二类人群更有可能已婚，拥有更多数量的自行车，并且更喜欢使用自行车通勤，而第三类人群更有可能是男性，他们需要长距离通勤，并且更喜欢选择私人小汽车通勤。

表 7-7 类别划分模型参数估计结果

参数	第一类人群	第二类人群	第三类人群
常数项		-2.791 0**	-2.307 8**
年龄		0.052 3**	0.020 9
性别（女性 1；男性 0）		0.054 4	0.116 8
婚姻状况（已婚 1；否则 0）		0.154 4	-0.210 2
受教育程度		-0.007	-0.303 5**
年收入		-0.359 8**	-0.051 3
拥有私人小汽车情况（拥车 1；否则 0）		-1.081 4**	2.231 4**
拥有自行车情况（拥车 1；否则 0）		0.947 7**	-0.011 1
通勤距离		-0.102 9**	0.000 2*
新报告传染病例数量		0.028 0**	0.035 3**
第一类风险感知人群（是 1；否则 0）		-0.476 1*	0.205 3
第二类风险感知人群（是 1；否则 0）		-0.155 8	-0.134 4

注：* 表示显著性水平 95%，** 表示显著性水平 99%。

表 7-8 为第一类类别特定模型的参数估计结果，表 7-9 为第二类和第三类类别特定模型的参数估计结果。根据模型估计结果，得到 SP 实验的通勤出行方式所占比例，结果如图 7-9 所示。第一类人群在选择通勤模式时倾向于公共交通出行（占比 63%）。他们可能比较担心常规公交在高风险地区附近停靠站点，而常规公交在风险区域附近停靠会降低他们选择常规公交的概率，但他们对于地铁在这些地区停靠站点却不太敏感，即在模型中不显著。第一类人群对接触风险较小的小汽车和出租车的评价较高，同时如果出行路线靠近高风险区域，第一类人群更喜欢选择小汽车或地铁出行。第二类人群倾向于自行车、电动自行车通勤，使用出租车或网约车较少，该类人群的出行方式选择行为倾向于短距离出行。第三类人群倾向于选择小汽车出行，可能是因为这类人群拥有私人小汽车的比例最高，且通勤距离最远，而这类人群采用自行车出行的比例较低，并且出租车或网约车对他们似乎也没什么吸引力。

表 7-8 第一类类别特定模型的参数估计结果

参数	常规公交	地铁	自行车	小汽车	出租车/网约车
常数项	0.504 4**	1.387 1**	-0.793 2**		-0.876 8**
公共交通停靠风险					
感知可能性	-0.544 1				
出行接触风险					
感知可能性	-0.071 4*	-0.267 2**		-0.224 7	-0.101 2

续表

参数	常规公交	地铁	自行车	小汽车	出租车/网约车
感知易感性	0.092 7**	0.120 5	0.08	0.684 4	0.375 7
感知严重性	-0.259 6**	-0.162 0*	-0.247 4*	-0.130 1	-0.302 5
新报告传染病例数量					
感知可能性	-0.061 1**	-0.059 9**	-0.023 2**	-0.038	-0.014
感知易感性				-0.062 2*	-0.074 8**
出行距离	0.017 7**	0.017 7**	-0.031 5**	0.013 7**	0.013 7**

注：* 表示显著性水平95%，** 表示显著性水平99%。

表7-9 第二类和第三类类别特定模型的参数估计结果

参数	第二类			第三类		
	自行车	小汽车	出租车/网约车	自行车	小汽车	出租车/网约车
常数项	6.842 8**		-12.251 2**	-8.017 9		-1.984 4
出行接触风险						
感知可能性		0.704 6*	-7.678 6**		2.205 5*	2.102 5
感知易感性	-0.983 6**	-2.983 3**	7.301 4**	-3.496 8**	-1.495 5*	-7.430 1**
感知严重性	0.881 8**	-0.145 8	2.839 4*	2.690 5	-1.596 0**	-2.107 7
新报告传染病例数量						
感知可能性	-0.245 4**	-0.224 0**	0.231 1	-0.194 5	0.087 7	0.063 3*
感知易感性		-0.011 6	-0.215 6**		-0.170 8*	-0.102 9

注：* 表示显著性水平95%，** 表示显著性水平99%。

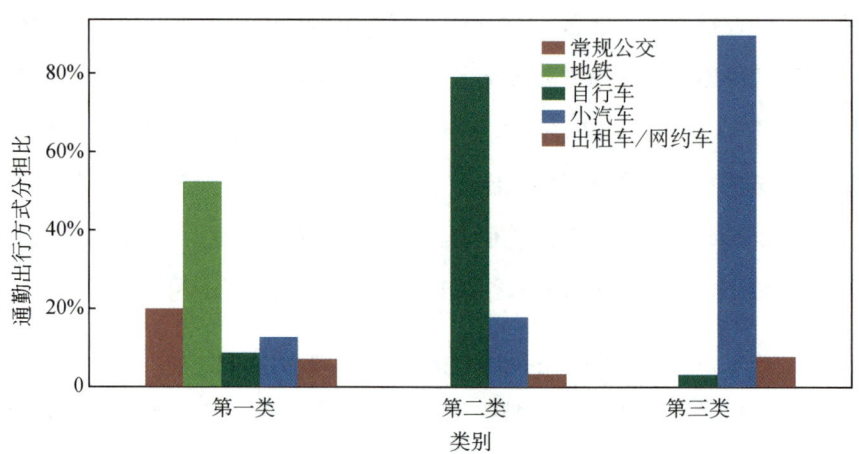

图7-9 不同类别SP实验的通勤出行方式分担比

本书对通勤者的风险感知和出行行为及其关系进行讨论。个体社会经济属性对通勤者的风险感知有显著影响。第一类人群中女性比例较高，疫苗接种率较低，因此所有风险感知维度的得分都较高。同时，第一类人群中已婚比例较高，但拥有房屋比例较低。一旦他们感染了传染病，除了身体状况外，家庭状况的不稳定也是他们关注的问题。此外，针对传染病疫情所实施的相关政策可能会严重影响第一类人群的收入。第二类人群中中年男性和拥有房屋的比例均较高。这类人群在感知可能性（行为方面）上有较高的得分，意味着他们将通过戴口罩等措施来认真对待传染病疫情，同时与人群保持社交距离。他们在感知易感性和感知严重性方面得分较低可能源于他们稳定的经济状况、传染病疫情较低的重症率以及精准、灵活的政策。第三类人群在所有3个维度中的得分均较低，意味着他们在任何方面都不害怕传染病疫情。这类人群的平均年龄和已婚比例均最低，但他们的平均收入较高。虽然，不间断的媒体报道是提升风险认知最具影响力的因素之一[22, 23]，但是疫苗开发、专业药物研发以及重症率和死亡率的降低可能会增强年轻人的信心。

类别划分模型的结果表明，社会经济属性以及风险感知分类会影响通勤者选择通勤出行行为模式。在评估出行期间的传染病疫情风险后，第一类人群考虑乘坐公共交通出行。他们比全体样本平均年龄小，受教育程度更高，以及不太可能拥有私人小汽车。第一类人群的这一特征与第三类人群的基本一致。根据表7-8，第一类人群担心公共交通的车辆在中、高风险区域附近停靠站点。但是地铁在这些区域附近停靠对他们来说似乎无关紧要。这主要是当公交车辆停靠在这些区域附近时，车辆处于风险区域的开放环境中，车内空间较小且密闭。传染病病毒可以通过空气传播，环境安全的未知性降低了第一类人群选择常规公交通勤的意愿。相比之下，地铁在地下空间运行，且车辆内部空间相对较大。此外，乘客需要核酸检测阴性证明才能进入地铁站。因此，即使地铁车辆在风险区域附近停靠，但并没有显著影响第一类人群的通勤出行选择。考虑靠近风险区域的出行时间和新报告传染病例数量的影响，第一类人群在不同通勤出行模式下对同一参数具有相同的正负符号。风险因素增加了选择所有模式通勤人群的担忧，但程度有所不同。从体验和情感方面考虑，驾驶私人小汽车意味着在出行中可以保持社交距离，因此是最可靠的通勤出行模式。出租车或网约车服务在保持社交距离方面也有一定的优势，但乘客会与不熟悉的司机有密切接触。选择地铁通勤比选择常规公交通勤在风险接触方面更加可靠。而选择自行车通勤时，人会完全暴露在环境中，因此自行车通勤最不受欢迎。

考虑到出行期间的传染病疫情风险，第二类人群和第三类人群从他们的通勤出行模式选择集中排除了公共交通。类别特定模型显示，第二类人群倾向于采用自行车通勤，并且他们的受教育水平和收入水平均低于平均水平。这种通勤出行行为主要发生在短距离通勤场景中。因此，第二类人群的通勤选择行为可能受到其经济收入状况和通勤出行距离的影响。第三类人群倾向于选择私人小汽车通勤。他们中拥有小汽车的人数占比最大，且这类人的通勤距离最长。考虑到出行期间的疫情风险和长距离通勤特征，他们会尽可能地选择私人小汽车通勤。比较私人小汽车和出租车/网约车的系数发现，第三类人群更偏爱私人小汽车。这可能是因为驾驶私人小汽车的接触风险较低。

将模型得到的分类结果与 SP 实验数据相结合，得到三类人群传染病疫情发生前和传染病零星散发期之间的通勤出行模式转移，如图 7-10、图 7-11 和图 7-12 所示。由于实际场景与 SP 实验之间的差异性，实际数据与模型结果并非 100% 匹配。在传染病疫情零星散发期，第一类人群主要是忠实的公共交通（即常规公交和地铁）通勤者，而第二类人群和第三类人群分别倾向于自行车/电动自行车和私人小汽车。

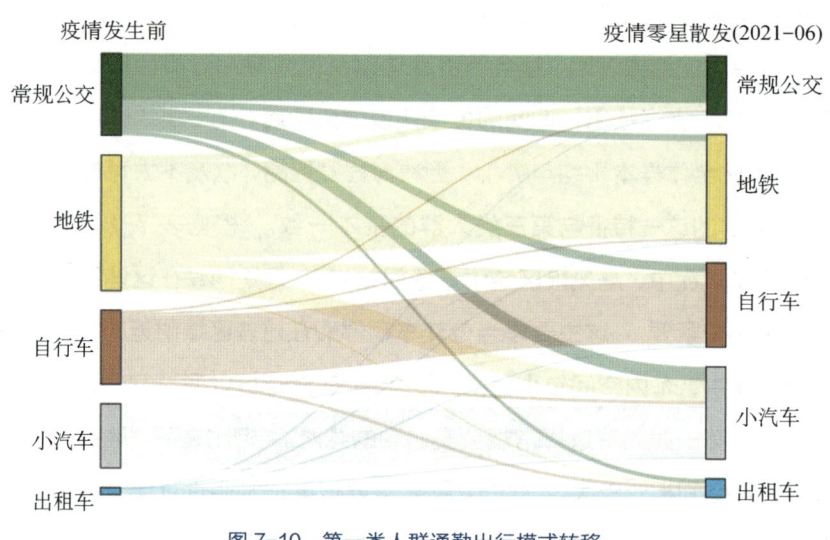

图 7-10　第一类人群通勤出行模式转移

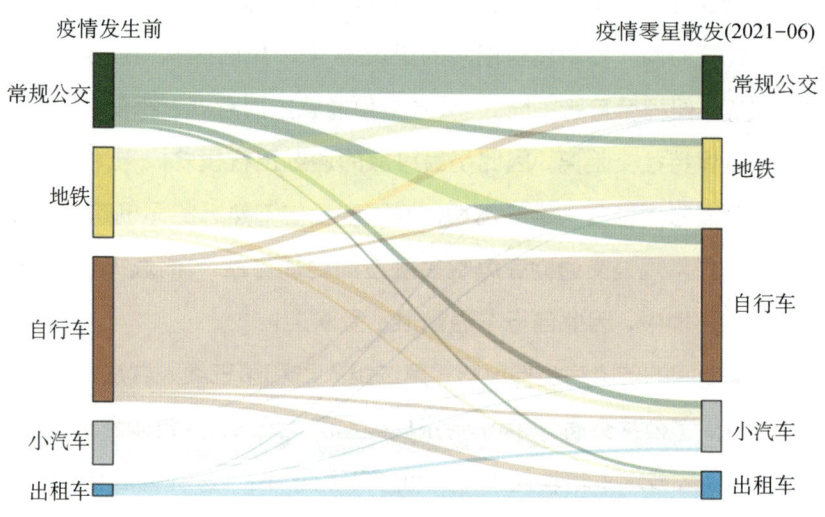

图 7-11　第二类人群通勤出行模式转移

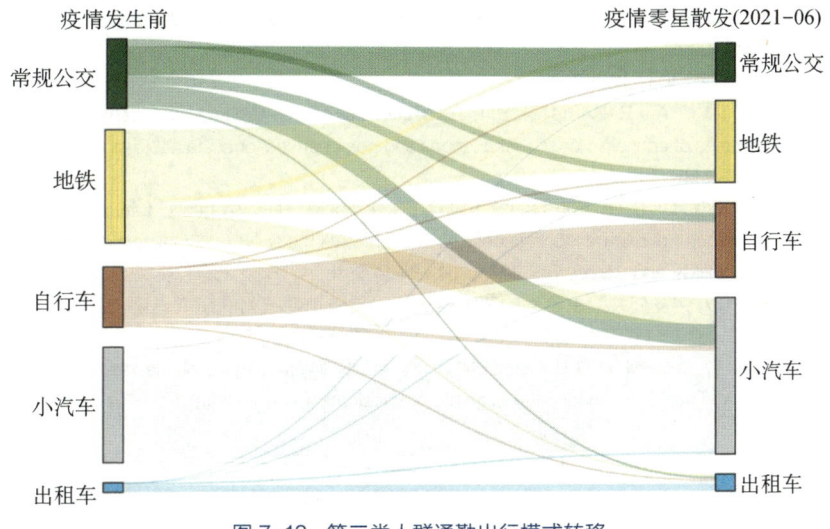

图 7-12 第三类人群通勤出行模式转移

7.4 本章小结

研究突发公共卫生事件下城市交通出行行为变化对于城市交通应急管理决策的制定具有重要意义。现有突发事件影响下的行为决策机理研究主要针对天气、能见度等客观风险因素进行建模，而针对交通使用者自身的主观风险感知和传染病疫情下的出行风险感知方面的研究较为缺乏。

本章除了关注个体出行中日常出行时间、出行距离等因素的影响外，还关注风险感知与出行行为的关系。以传染病疫情发生前和传染病疫情复工后城市居民通勤出行行为变化特征为例，分析突发公共卫生事件下居民出行行为变化的影响因素以及风险感知与出行行为之间的相关性。

参考文献

[1] BIAN R, WILMOT C G, GUDISHALA R, et al. Modeling household-level hurricane evacuation mode and destination type joint choice using data from multiple post-storm behavioral surveys [J]. Transportation Research Part C: Emerging Technologies, 2019, 99: 130-143.

[2] 张凡, 韩志玲, 陈艳艳, 等. 降雨天气下公路出行者出行方式转移模型 [J]. 公路交通科技, 2018, 35 (6): 105-111, 130.

[3] 王书灵, 胡莹, 李雪滨, 等. 空气重度污染期间城市交通运行特征分析 [J]. 城市交通, 2016, 14 (6): 30-35.

[4] 韩志玲, 陈艳艳, 李佳贤, 等. 雾霾天气下城际交通方式选择研究 [J]. 城市交通, 2019, 17 (3): 111-117, 7.

[5] 韩志玲, 陈艳艳, 李佳贤, 等. 降雪天气下城际出行方式选择影响因素分析 [J]. 公路工程, 2018 (4): 133-139, 159.

[6] SJÖBERG L, MOEN B E, RUNDMO T. Explaining risk perception: an evaluation of the psychometric paradigm in risk perception research [M]. [S.l.]: Rotunde Publikasjoner, 2004.

[7] WANG B, SHAO C, JI X. Dynamic analysis of holiday travel behaviour with integrated multimodal travel information usage: a life-oriented approach [J]. Transportation Research Part A: Policy and Practice, 2017, 104: 255-280.

[8] PAPAGIANNAKIS A, BARAKLIANOS I, SPYRIDONIDOU A. Urban travel behaviour and household income in times of economic crisis: challenges and perspectives for sustainable mobility [J]. Transport Policy, 2018, 65: 51-60.

[9] NGUYEN-PHUOC D Q, GURRIE G, DE GRUYTER C, et al. How do public transport users adjust their travel behaviour if public transport ceases? A qualitative study [J]. Transportation Research Part F: Traffic Psychology and Behaviour, 2018, 54: 1-14.

[10] 魏玖长. 公众对突发公共卫生事件的风险感知演化与防护性行为的研究进展与展望 [J]. 中国科学基金, 2020, 34(6): 776-785.

[11] BREWER N T, CHAPMAN G B, GIBBONS F X, et al. Meta-analysis of the relationship between risk perception and health behavior: the example of vaccination [J]. Health Psychology, 2007, 26(2): 136-145.

[12] CERVERO R. Built environments and mode choice: toward a normative framework [J]. Transportation Research Part D: Transport and Environment, 2002, 7(4): 265-284.

[13] HA J, LEE S, KO J. Unraveling the impact of travel time, cost, and transit burdens on commute mode choice for different income and age groups [J]. Transportation Research Part A: Policy and Practice, 2020, 141: 147-166.

[14] SWAIT J, BEN-AKIVA M. Empirical test of a constrained choice discrete model: mode choice in São Paulo, Brazil [J]. Transportation Research Part B: Methodological, 1987, 21(2): 103-115.

[15] SUN S, DUAN Z. Modeling passengers' loyalty to public transit in a two-dimensional framework: a case study in Xiamen, China [J]. Transportation Research Part A: Policy and Practice, 2019, 124: 295-309.

[16] KO J, LEE S, BYUN M. Exploring factors associated with commute mode choice: an application of city-level general social survey data [J]. Transport Policy, 2019, 75: 36-46.

[17] DARGAY J M. The effect of income on car ownership: evidence of asymmetry [J]. Transportation Research Part A: Policy and Practice, 2001, 35(9): 807-821.

[18] TAO S, HE S Y, THOGERSEN J. The role of car ownership in attitudes towards public transport: a comparative study of Guangzhou and Brisbane [J]. Transportation Research Part F: Traffic Psychology and Behaviour, 2019, 60: 685-699.

[19] TON D, BEKHOR S, CATS O, et al. The experienced mode choice set and its determinants: commuting trips in the Netherlands [J]. Transportation Research Part A: Policy and Practice, 2020, 132: 744-758.

[20] SWEET M, KANAROGLOU P. Gender differences: the role of travel and time use in subjective well-being [J]. Transportation Research Part F: Traffic Psychology & Behaviour, 2016, 40: 23-34.

[21] NING L, NIU J, BI X, et al. The impacts of knowledge, risk perception, emotion and information on citizens' protective behaviors during the outbreak of COVID-19: a cross-sectional study in China [J]. BMC Public Health, 2020, 20(1): 1751.

[22] CAHYANTO I, WIBLISHAUSER M, PENNINGTON-GRAY L, et al. the dynamics of travel avoidance: the case of Ebola in the U.S. [J]. Tourism Management Perspectives, 2016, 20: 195-203.

[23] MCKERCHER B, CHON K. The over-reaction to SARS and the collapse of Asian tourism [J]. Annals of Tourism Research, 2004, 31(3): 716-719.

第 8 章
城市突发公共卫生事件下小汽车运行管理

8.1 引言

重大突发传染病疫情后，道路交通系统在支持复工复产方面发挥着重要作用。居民受到传染病疫情风险感知影响，出行方式从公共交通转向私人小汽车，以降低感染风险。为了更好地管理重大突发传染病疫情期间的道路交通状况，识别城市路网的拥堵演变模式并针对小汽车运行进行管理是非常必要的。

传统应急交通对策研究主要集中在自然灾害或不利天气条件（如飓风、暴雨等）下的道路交通网络拥堵模式方面[1-3]，但对于突发公共卫生事件下城市路网和小汽车交通拥堵模式的研究较少。自然灾害与突发公共卫生事件之间有很大的区别：首先，自然灾害的影响持续时间相对较短，通常为数周或数月，而突发公共卫生事件的影响持续时间可达数月甚至数年之久。其次，自然灾害期间与突发公共卫生事件期间的交通需求也有很大不同。对于自然灾害，主要关注的是在短时间内从受灾地区疏散、转运人员。而突发公共卫生事件期间，首要的是通过暂停交通系统来达到控制病毒传播的目的，因此居民的出行行为会受各种因素影响而发生变化[4-6]。在多种因素的影响下，从交通应急管控状态，到城市社会经济活动恢复，城市交通状况经历了一个复杂的演变过程，这个过程中的小汽车交通管理也变得极为困难。

8.2 突发公共卫生事件下城市小汽车运行特征的时空变化模式

8.2.1 数据资源与基本特征参数

本研究分析了突发公共卫生事件下城市小汽车出行拥堵演化特征及规律。研究以上海市城市道路交通拥堵的时空变化特征为对象，应用百度地图2020年第一季度交通小区的小时平均车速数据，分析提取复杂因素影响下道路交通系统的状态变化特征，并对主要的时空变化模式进行识别[7]。

上海是中国最发达的城市之一，总面积 6 340.5 km^2，城市化率超过 80%。2019年，上海人口达到 2 428 万人，其中常住人口超过 976 万人。研究时段为 2020 年 1 月 1 日至 3 月 15 日。所使用数据为百度地图采集的 2020 年第一季度上海市 447 个交通小区的小时平均速度，数据资源属性如表 8-1 所列。考虑到深夜交通出行活动较少，因此去除了晚上 10 点至凌晨 5 点的数据。

表 8-1 数据资源属性

数据字段	数据案例	备注解释
TAZ ID	1	交通小区编号
Label of Days	Holiday	工作日/周末
Weekday Number	3	星期一为1，星期二为2……
Periods	Morning Peak	早高峰/晚高峰/平峰/其他
Timestamp	2020010107	时间戳，yyyyMMddHH
Congestion Index	0.954 017 67	交通小区拥堵指数
Congestion Mileage	3.495 2	交通小区拥堵道路长度（km）
Average Speed	35.043 479 6	交通小区平均速度（km/h）
Week Number	1	研究时段内周序号，2020 年 1 月 1 日所在周为第一周

在获得数据资源的基础上，计算平均速度变化率。以 2020 年 1 月 13 日至 1 月 17 日为基准周，计算基准周的早高峰、晚高峰、平峰各交通小区的平均速度。基于"百度迁徙"数据中的上海市人口恢复情况，选取 3 个时间段：复工第一周（春节假期后人口恢复率小于 25%）、复工第二周（春节假期后人口恢复率小于 50%）、复工第五周（春节假期后人口恢复率首次超过 50%），根据式（8-1）计算交通小区在对应周的速度变化率，从而得到道路交通系统的整体变化情况。

$$p = \frac{v_i - v_0}{v_0} \times 100\% \quad (8-1)$$

式中 v_i——所选取时段交通小区的平均速度；

v_0——基准周交通小区的平均速度。

8.2.2 小汽车运行交通状态整体变化

研究主要针对如下问题：从传染病疫情暴发到城市恢复正常运行可以划分为几个阶段？是否会随着管制取消造成或加剧交通拥堵？整个路网速度演化过程是否可以分解成几种模式的变化叠加？

研究首先对小汽车运行交通状态整体变化进行分析。将复工第一周、第二周和第五周不同时间段内交通小区的平均速度与设定的基准周速度进行比较，分别计算早高峰、晚高峰和平峰时段的速度变化率，如图8-1所示。在复工第一周，大部分交通小

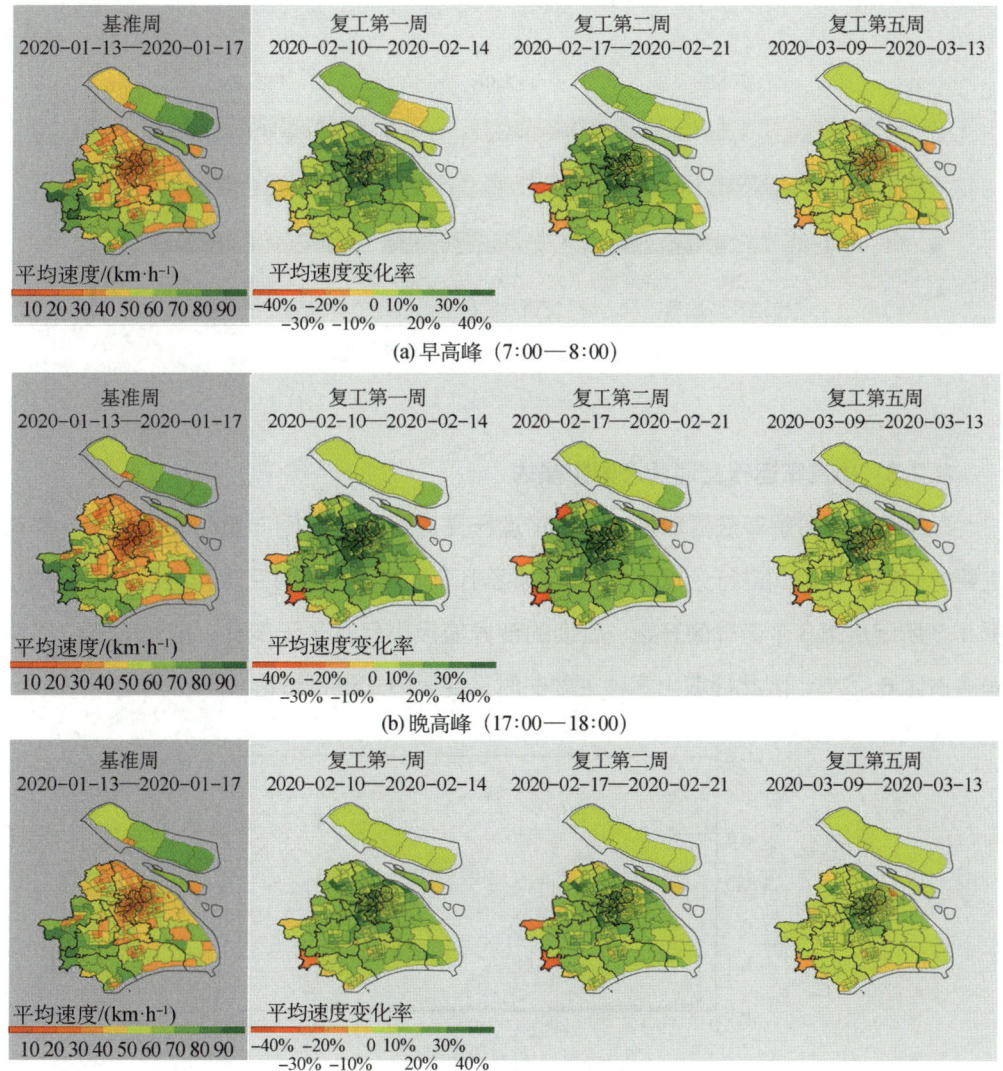

图8-1 各周各时段交通小区平均速度变化率

区的平均车速变化率为正值,说明在因传染病疫情而实施交通管控政策的影响下,整体交通状况有显著改善。然而,随着传染病疫情逐渐得到控制,政府推出相应政策措施以促进复工复产,经济和社会逐渐复苏,机动化出行也逐渐增加,这些因素导致路网平均速度逐渐下降到基准周水平。

如图8-1和图8-2所示,高峰时段的小汽车运行交通拥堵状态逐渐恢复到传染病疫情前的水平,相比于平峰时段更为明显。这表明传染病疫情改变了城市居民的出行行为,即除了必要的通勤出行外,许多人减少了非必要的交通出行活动,如购物、餐饮等,并且更多地选择私人交通方式出行以降低被病毒传染的风险。与基准周相比,远郊部分交通小区(图8-1中红色区域)的平均速度显著下降,这可能是由于对出入上海设置管控点关卡进行车辆检查的结果。

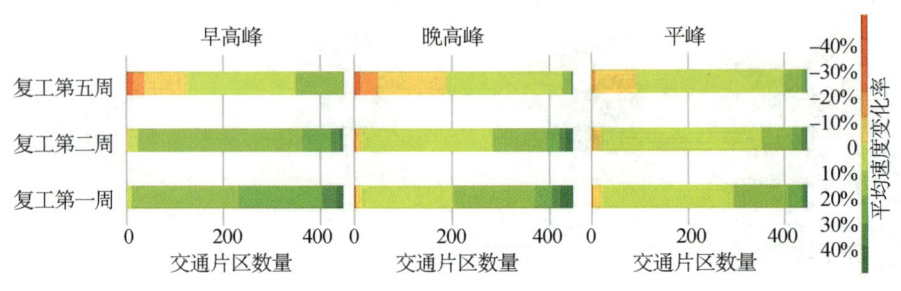

图 8-2 各变化率对应交通小区数量

8.2.3 小汽车运行交通状态时空模式

采用奇异值分解算法提取城市小汽车运行交通状态的时间向量和空间向量,并对主要的时空变化模式进行分析。对中心城区小汽车路网车速时空矩阵进行降维分解,图8-3所示从第3个奇异值开始,后续的奇异值极小且几乎无变化,排列前三位的奇异值占比60.2%,因此提取出3种主要的时空变化模式进行讨论。

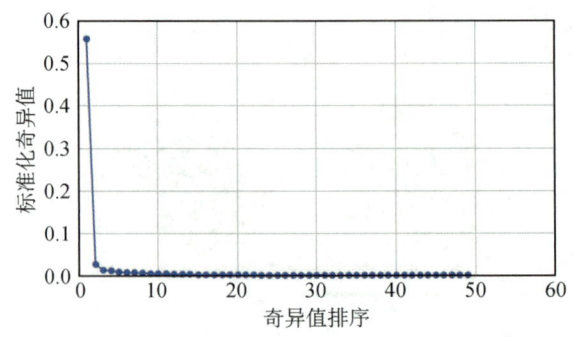

图 8-3 路网拥堵状态标准化奇异值排序

对于时间向量,关注其值的符号、波动幅度及变化方向;对于空间向量,关注其值的符号和大小。每一种模式都是时间向量与空间向量的乘积。若时间向量和对应的空间向量异号，则该时间段内对应交通小区的平均速度显著下降；反之，若时间向量和对应的空间向量同号，则该时间段内对应交通小区的平均速度显著提高。最终，得到3类模式的时间向量和空间向量分别如图8-4和图8-5所示。

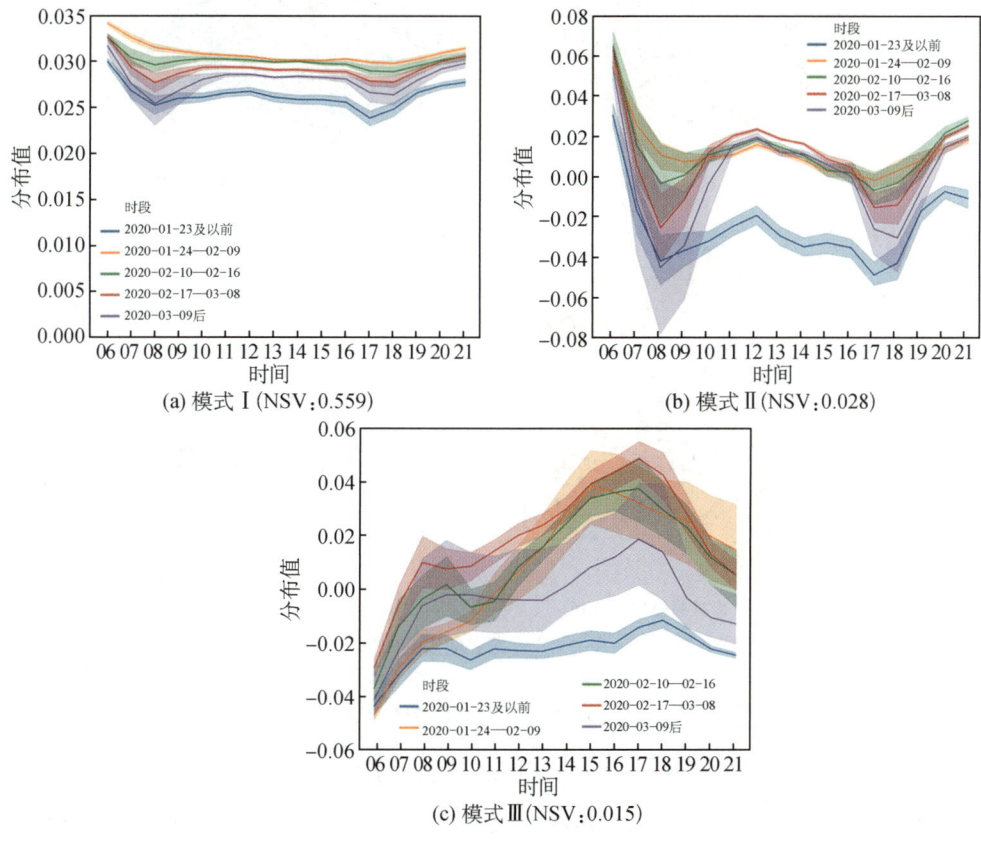

图8-4 三类模式的时间向量

时空模式Ⅰ代表了相对稳定的主体部分。传染病疫情期间，在出行政策和春节人口流出的共同影响下，春节假期开始后，平均速度呈现明显上升趋势。时间曲线没有明显的波峰或波谷。2020年2月9日后，曲线逐渐接近代表传染病疫情前的蓝色曲线。同时，时空模式Ⅰ在空间分布上没有显著差异。

时空模式Ⅱ代表了与通勤关联的变化部分。在通勤时间内，所有5条时间曲线都显示出明显的峰值。随着复工复产的逐步推进，高峰时段曲线逐渐接近蓝色曲线。然而，在平峰时段没有发生明显的变化。从6:00—8:00和12:00—17:00，城市中心区域较多的交通小区的空间向量为正值，时间曲线则出现负向波动，因此这些交通小区的平均速度显著下降，且分别在8:00左右（早高峰）和17:00左右（晚高峰）达到最低值。与此相反，在早、晚高峰时，郊区的平均速度却有所提高。时空模式Ⅱ反映出除必要的通勤需求以外，其他出行需求是减少的。

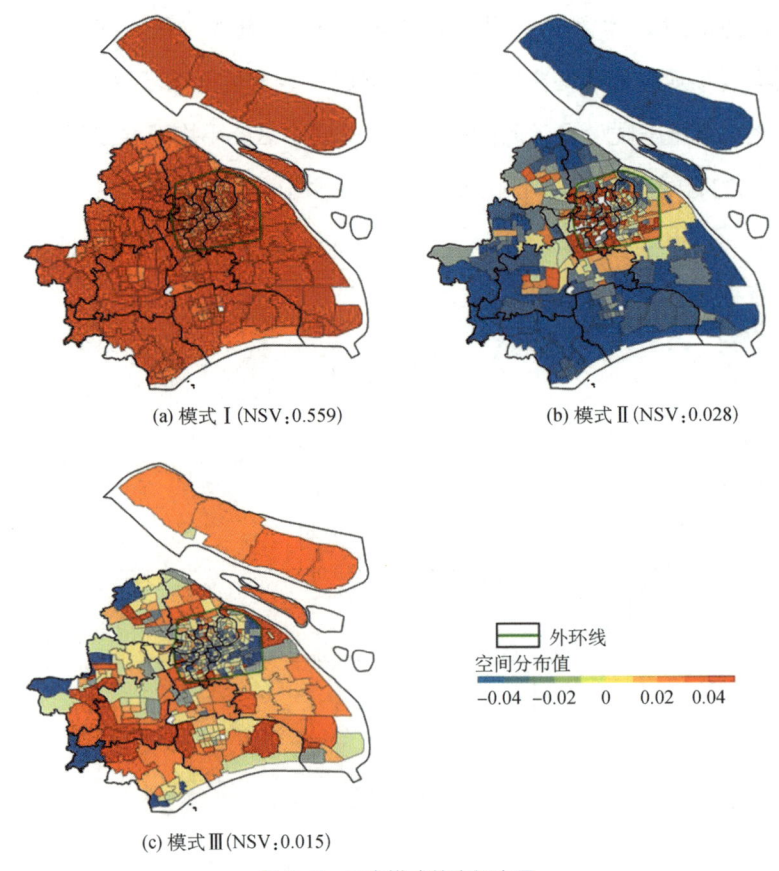

图 8-5 三类模式的空间向量

时空模式Ⅲ代表了受回流人口和复工影响的部分,主要出现在部分时段和部分交通小区。时间向量中作为参照的传染病疫情前蓝色曲线波动不明显。橙色、绿色和红色曲线的波动表明,这部分变化仅在 2020 年 1 月 24 日至 3 月 8 日的特定时段显著,且这部分变化出现在某些特定的片区中。例如,向量(蓝色曲线除外)在 11:00—17:00 之间有明显的正向波动,这意味着在空间分布值为冷色调的交通小区中,平均速度显著下降,并在 17:00 左右达到最低值。平均速度急剧下降的交通小区主要位于中心城区以及入沪通道附近。对于速度下降的原因存在多种可能,可根据时空分布针对相关假设作进一步验证。

8.3 突发公共卫生事件下城市小汽车运行特征解析

8.3.1 小汽车运行交通状态空间集聚

在获得突发公共卫生事件下城市小汽车运行演化特征及规律的基础上,研究针对不同时段的速度变化率空间分布,使用 Getis-Ord Gi* 识别具有统计显著性的高值(热点)和低值(冷点)的空间聚类[8]。如图 8-6 所示,暖色调区域表示速度变化率高值的空间聚类，相较于传染病疫情前，这类区域的交通运行状况有较为显著的改善。冷色调区域表示速度变化率低值的空间聚类，相较于传染病疫情前，这类区域的交通运行状况有较为显著的恶化。区域颜色越深，表示高值或低值聚集的程度越显著。

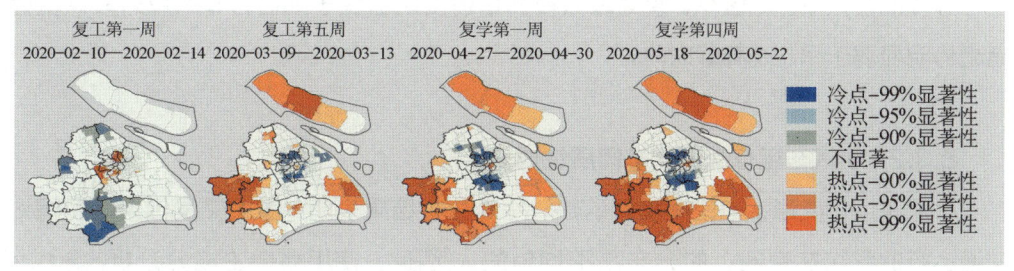

(a) 早高峰（7:00—8:00）

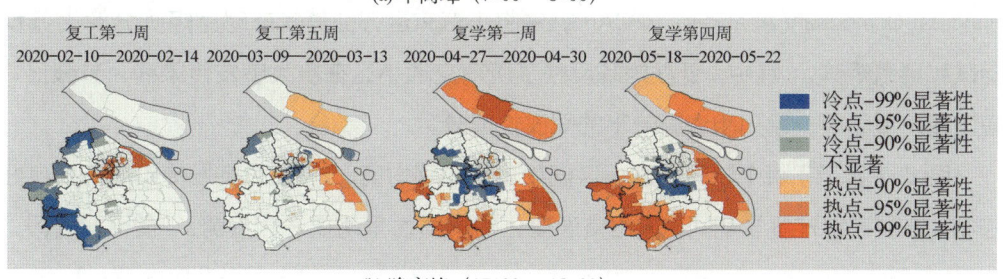

(b) 晚高峰（17:00—18:00）

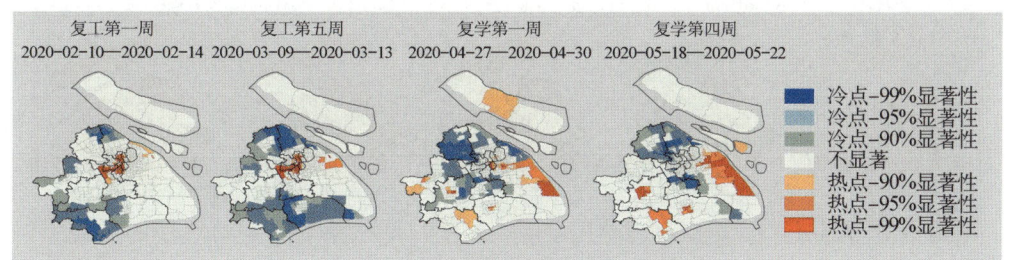

(c) 平峰（早、晚高峰以外的时段）

图 8-6 各周各时段交通小区冷、热点空间聚类

早高峰时段：复工第一周，中心城区的交通运行状况较疫情前显著改善，而郊区（包括高速公路省界道口周边以及部分郊区新城）的交通运行状况却有所恶化。随着复工复学的逐步推进，早高峰期间中央商务区（Central Business District，CBD）地区的交通运行状况仍优于传染病疫情发生前，但是中心城区外围区域的交通运行状况显著恶化，且恶化的范围不断扩大，而郊区的交通运行状况则逐渐恢复至疫情前水平。

晚高峰时段：复工第一周，中心城区（尤其是延安路高架和南北高架沿线）和外高桥港区的交通运行状况较疫情前得到显著改善，省界附近的交通运行状况却有所恶化。随着传染病疫情态势的改善，郊区的交通运行状况有所改善，但中心城区的交通运行状况明显恶化，且有向嘉定、松江等郊区新城蔓延的趋势。

平峰时段：复工第一周，中心城区（尤其是延安路高架和南北高架沿线）的交通运行状况较疫情前得到显著改善，省界附近的交通运行状况却有所恶化。随着复工复学的逐步推进，中心城区的交通运行状况仍优于传染病疫情前，但在进入第二季度后基本恢复至传染病疫情前的交通状况水平。整体来看，平峰时期郊区的交通运行状况明显恶化，但在进入第二季度后范围有所缩小。

总体而言，中心城区早、晚高峰恢复拥堵速度明显快于郊区，非高峰时段恢复拥堵趋势明显弱于早、晚高峰时段。

8.3.2 小汽车运行交通状态同质性成分

小汽车运行交通状态空间集聚的热、冷点分析结果表明，重大突发传染病疫情对交通运行的影响在空间上的分布是不均匀的。因此，使用鲁棒主成分分析（Robust Principal Component Analysis，RPCA）算法将小汽车运行交通状态时空矩阵分解为低秩矩阵和稀疏矩阵。其中，低秩矩阵反映了所有交通小区在重大突发传染病、节假日、复工复产复学等一系列因素影响下的同质性成分。

图 8-7 显示了每个阶段交通小区低秩矩阵的平均值。当重大突发传染病得到良好控制，在复工复产复学期间，道路交通变化的同质性呈明显恶化趋势。在平峰时段，

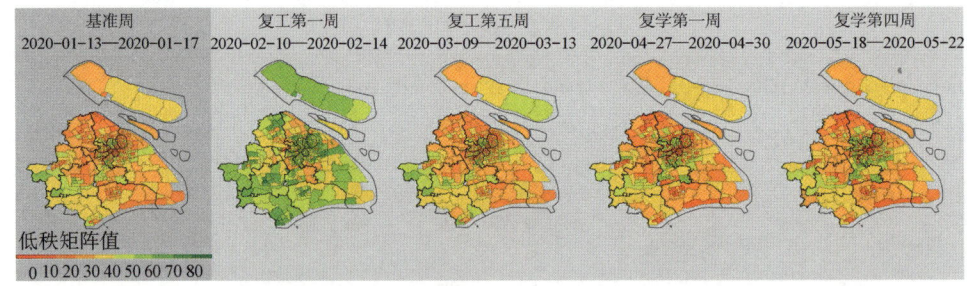

(a) 早高峰（7:00—8:00）

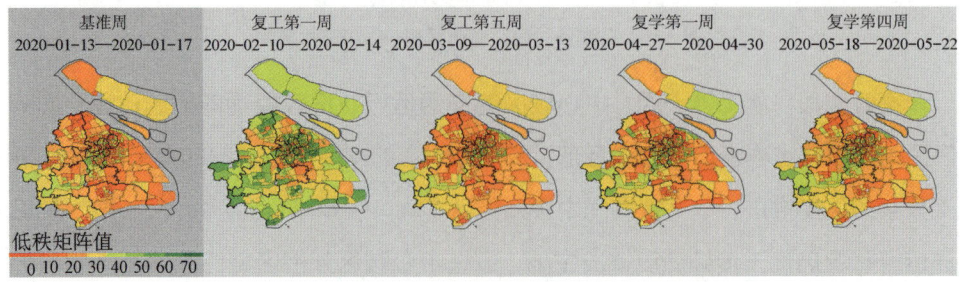

(b) 晚高峰（17:00—18:00）

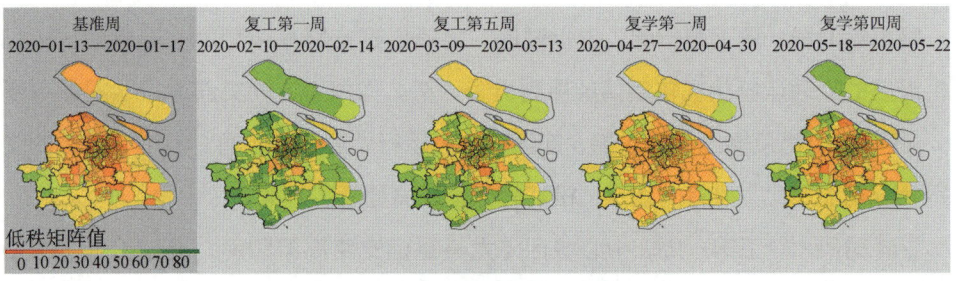

(c) 平峰（早、晚高峰以外的时段）

图 8-7　各周各时段交通小区低秩矩阵值

路网交通状态的恶化程度小于高峰时段。矩阵的秩反映了行或列之间的相关性。低秩矩阵中的行数为439，矩阵的秩为37，这意味着大多数交通小区路网状态的变化趋势是一致的。受重大突发传染病疫情影响，90%以上的交通小区在复工开始时平均速度有所提高，交通状况得以改善。但随着传染病疫情得到进一步控制以及经济逐步复苏，交通拥堵逐渐加剧到基线水平。

8.3.3 小汽车运行交通状态异质性识别和波动特征

同样地，使用 RPCA 算法将小汽车运行交通状态时空矩阵分解为低秩矩阵和稀疏矩阵。其中，稀疏矩阵反映了在多种因素影响下的时空异质性成分。稀疏矩阵中值的符号反映了对平均速度的影响方向：正号表示速度受到正向影响，负号表示速度受到负向影响，绝对值反映影响程度。

通过对稀疏矩阵行进行 K-means 聚类可以将具有相似异质性特征的交通小区集聚为多个类别，采用肘部法搜索最佳聚类数。图 8-8 表示 4 组时间序列，图 8-9 表示各类别交通小区相应的空间分布。图 8-8 中，黑色曲线表示以每小时为时间间隔的时间序列，即为每个簇中对应交通小区的稀疏矩阵行，红色曲线为簇中心。

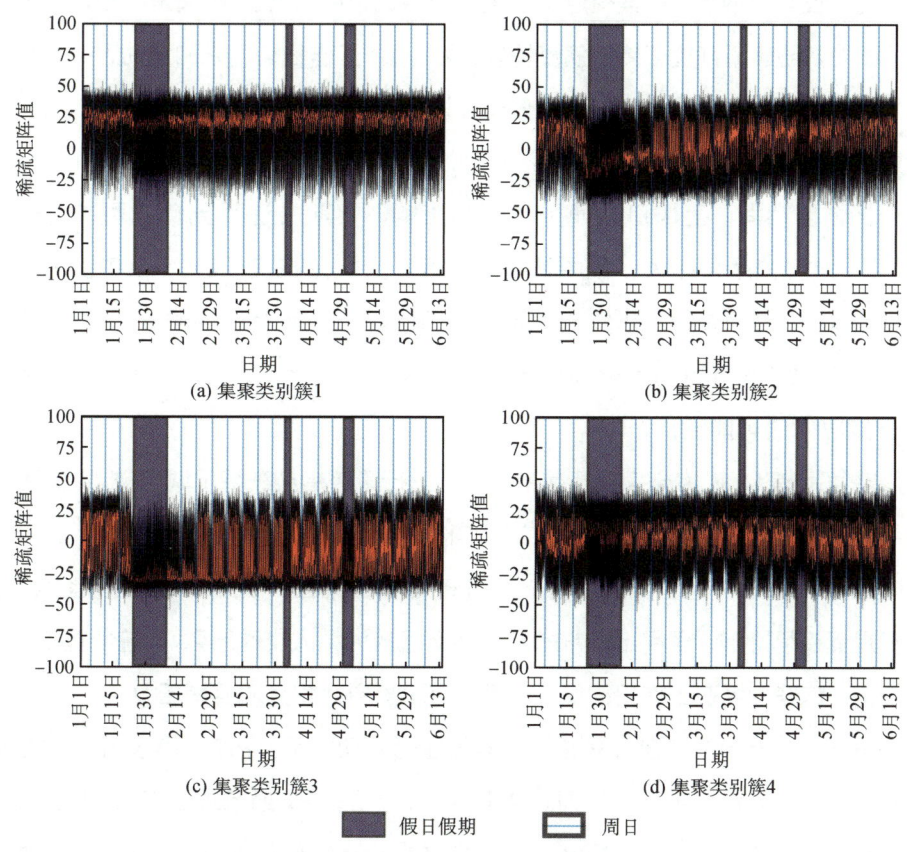

图 8-8 稀疏矩阵行序列聚类结果

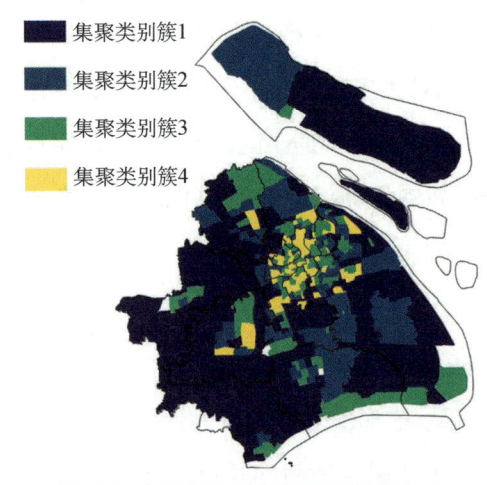

图 8-9 稀疏矩阵行序列聚类的空间分布

在重大突发传染病和节假日等因素的影响下，这 4 个集聚类别簇的分布存在一些异常波动，但随着复工复产的逐步推进，这些波动逐渐恢复至传染病疫情发生前的水平。从图 8-8 和图 8-9 中可以得到如下结论。

集聚类别簇 1：路网运行状况非常态波动较小，传染病疫情暴发期和之后的影响程度波动不大。这些交通小区位于郊区和外环沿线。与中心城区相比，日交通量较小，并且在外部区域缓冲和缓解了大量的出入交通，因此在传染病疫情暴发期间受到的影响最小。

集聚类别簇 2：在传染病疫情暴发期间，公共交通受到出行限制，更多的居民选择私人交通出行，这给春节假期前后的交通产生了负向影响。在传染病疫情恢复期间，工作日交通受到正向影响，假日交通受到负向影响，且负向影响持续减弱。从空间分布和波动特征可以推断，这些交通小区是办公用地集中区域。随着复工复产的逐步推进，异质性波动逐渐恢复至传染病疫情前的水平。工作日和周末的波动在 5 月中旬后规律性地减弱，表明这些地区的工作日交通拥堵仍有进一步恶化的可能性。

集聚类别簇 3：与集聚类别簇 2 类似，春节假期前后也存在负向影响。在传染病疫情恢复期间，工作日交通受到正向影响，假期交通受到负向影响，影响变化不大。这些交通小区大多集中在中心城区，少数分布在郊区。该集群主要与办公用地有关。由于通勤需求的刚性特征，因此异质性具有较强的周期性。工作日和周末的波动在 5 月中旬后规律性地减弱，表明这些地区的工作日交通拥堵仍存在进一步恶化的可能性。

集聚类别簇 4：在传染病疫情暴发阶段，出行管控措施缓解了城市交通路网拥堵。在传染病疫情恢复期，工作日交通受到负向影响，假期交通受到正向影响，工作日的负向影响持续增加。这些交通小区一般分布在中心城区。工作日交通拥堵的持续加剧可能是受疫情影响，居民出行方式从公共交通转为私人交通所致。随着复工复产的逐步推进，这些地区在工作日的早、晚高峰将承受更大的交通拥堵压力。

为进一步分析小汽车运行交通状态异质性的波动特征，在 4 个聚类中心分别使用迭代累积平方和算法发现时间序列的结构性变点。道路交通系统在不同时期呈现出不同的特征，如图 8-10 所示。虽然，不同集群中特定结构性变点的位置不同，但是，所有集群都有几个共享的结构性变点。其中，一些结构性变点是由周末和高峰时间的自然波动引起的，其他结构性变点则是由重大突发传染病疫情和春节假期等因素引起的，包括1月15日春节假期前，大量人口离开上海返回家乡，1月30日春节假期正常结束，大量流动人口返回上海，2月22日开始大规模复工复产。

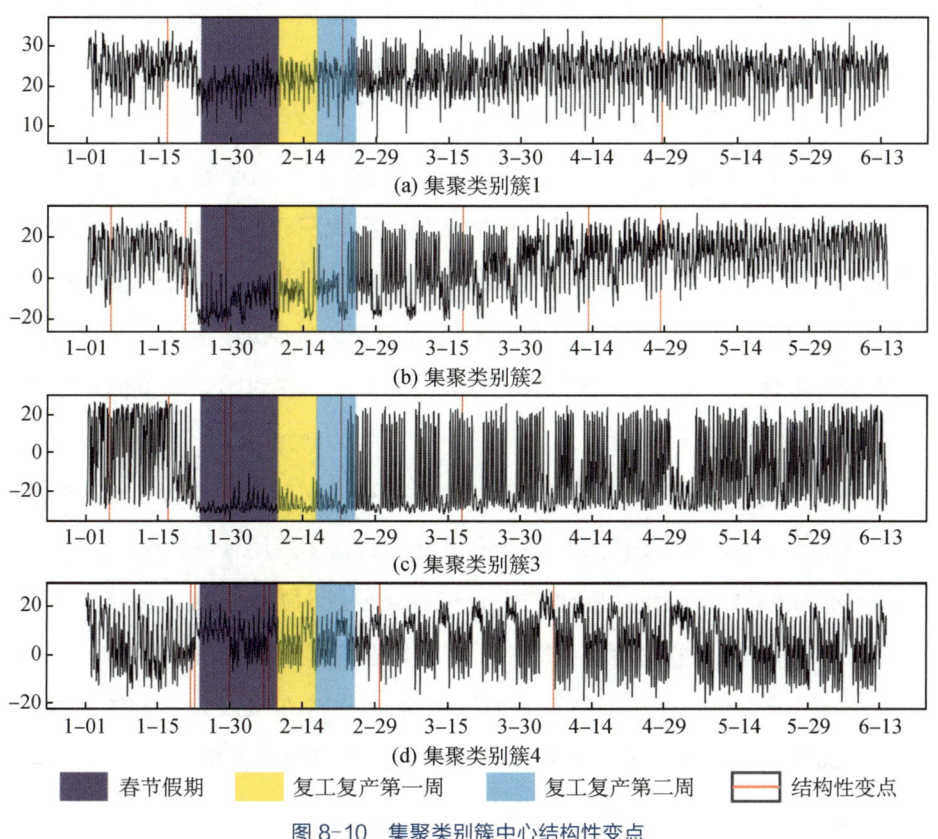

图 8-10 集聚类别簇中心结构性变点

此外，一些集群有自身独特的结构性变点。集聚类别簇1的结构性变点最少，这表明这些交通小区的路网状态在整个传染病疫情暴发期间波动很小。4月29日将集聚类别簇1的复工复产时期划分为两个阶段。在集聚类别簇2的结构性变点中，2月20日、3月18日、4月14日和4月29日是关键的几个节点，表明在这些地区，复工复产复学的逐步推进对工作日交通的正向影响和对假日交通的负向影响逐渐减弱。3月18日前，集聚类别簇3的结构性变点分布与集聚类别簇2的结构性变点分布基本一致。对于集聚类别簇4，交通小区主要位于中心城区，受通勤交通的影响很大。因此，春节假期前后该集群的结构性变点分布更为密集。春节假期期间的结构性变点恰好是正常春节假期和应对传染病疫情的延长春节假期之间的边界。复工复产复学的逐步推进对工作日交通的正向影响变得微弱。

8.4 突发公共卫生事件下城市小汽车运行管理策略建议

突发公共卫生事件下，远程办公政策以及向小汽车出行的转变极大地缓解了城市道路拥堵。具体而言，在传染病疫情恢复期间，中心城区高峰时段的小汽车运行状况逐渐恢复到传染病疫情前的水平。为了更好地管理和控制突发卫生公共事件下城市交通中小汽车的运行状况，建议实施以下策略：

（1）对突发公共卫生事件下小汽车运行模式进行详细调查是极其必要的。所收集的数据有利于策略制定的相关分析，即把宏观运行状况数据和微观行为意愿数据结合起来进行组合分析，这将有利于在突发公共卫生事件下进行科学的交通管理。

（2）制定相应策略避免道路交通拥堵。通过与公共交通相配合、错峰通勤、鼓励远程办公等策略可以减少行程时间和交通出行需求。在对传染病疫情防控的基础上，可以改善小汽车运行状况。

（3）实行差异化的道路交通管理措施。根据疫情风险等级和复工复产企业的分布状况，统筹重点区域的交通执法，适当开辟绿色通道和采用弹性执法。同时，按适应道路交通流量的原则，及时更新差异化的交通信号配时方案，结合道路周边单位复工复产情况，有针对性地加强大流量交叉口、路段的交通指挥与疏导。

（4）适当减少常态化小汽车运行管理措施。为应对突发公共卫生事件，减少"单双号""限牌"等常态化政策的执行力度，允许更多的私人机动车上路。延长路内停车位免收停车费时长，以便于车辆临时停放办事。

（5）发挥信息技术的重要作用。一方面，信息技术使得道路交通系统能够给道路使用者提供更多信息，例如道路拥堵状况；另一方面，发展 MaaS（移动即服务）可以了解小汽车出行特征的变化情况，从而提高出行效率，并为小汽车用户提供基于出行需求的移动解决方案。在集成多种交通方式的基础上，改善道路交通网络效率，从而减少城市道路网络拥堵。

8.5 本章小结

在重大突发传染病疫情暴发的背景下，居民对传染病疫情的风险感知存在差异，更多的居民选择从公共交通转向私人小汽车出行，以减少感染风险。为了更好地管理和控制重大突发传染病疫情期间的路网拥堵和小汽车交通状况，理解城市路网的拥堵演变模式并针对小汽车出行制定管控政策就显得尤为重要。

本章首先对突发公共卫生事件下城市小汽车运行演化特征及规律进行分析，采用奇异值分解算法提取城市小汽车运行交通状态的时间向量和空间向量，并对主要的时空变化模式进行分析。其次，对突发公共卫生事件下城市小汽车运行非常态状态进行判别，采用冷热点分析、RPCA算法和迭代累积平方和算法发现突发公共卫生事件下小汽车运行状态拥堵时间序列的结构性变点。基于研究结论，提出针对突发公共卫生事件下小汽车出行管控政策实施方案。

参考文献

[1] LI J, OZBAY K, BARTIN B. Effects of Hurricanes Irene and Sandy in New Jersey: traffic patterns and highway disruptions during evacuations [J]. Natural Hazards, 2015, 78 (3): 2081-2107.

[2] LI J, OZBAY K. Hurricane Irene evacuation traffic patterns in New Jersey [J]. Natural Hazards Review, 2015, 16 (2): 05014006.

[3] WOLSHON B, MCARDLE B. Temporospatial analysis of Hurricane Katrina regional evacuation traffic patterns [J]. Journal of Infrastructure Systems, 2009, 15 (1): 12-20.

[4] ARIMURA M, HA T V, OKUMURA K, et al. Changes in urban mobility in Sapporo city, Japan due to the COVID-19 emergency declarations [J]. Transportation Research Interdisciplinary Perspectives, 2020, 7: 100212.

[5] DE HAAS M, FABER R, HAMERSMA M. How COVID-19 and the Dutch 'intelligent lockdown' change activities, work and travel behaviour: evidence from longitudinal data in the Netherlands [J]. Transportation Research Interdisciplinary Perspectives, 2020: 100150.

[6] FATMI M R. COVID-19 impact on urban mobility [J]. Journal of Urban Management, 2020, 9 (3): 270-275.

[7] LI J, XU P, LI W. Urban road congestion patterns under the COVID-19 pandemic: a case study in Shanghai [J]. International Journal of Transportation Science and Technology, 2021, 10 (2): 212-222.

[8] XU P, LI W, HU X, et al. Spatiotemporal analysis of urban road congestion during and post COVID-19 pandemic in Shanghai, China [J]. Transportation Research Interdisciplinary Perspectives, 2022, 13 (9): 100555.

第 9 章
城市突发公共卫生事件下公共交通运行管理

9.1 引言

在突发公共卫生事件下传染病疫情防控过程中,公共交通承担着保障复工复产的功能,其在重大突发传染病疫情防控体系中的作用至关重要。在传染病疫情快速传播期,对重点地区采取严格的交通管控措施以限制人口流动,对传染病疫情控制起重要作用;在传染病持续防控期和稳定恢复期,需要防控传染病疫情与恢复经济社会秩序两手抓,防控要求也从"静态隔离"转向"动态防控",灵活复工、错峰出行等措施有效支撑了社会经济活力的稳步回升。为主动响应突发公共卫生事件下传染病疫情防控的决策需求,公共交通系统迫切需要融入现有的应急管理体系和联防联控机制。通过完善其信息管理系统和数据分析技术,提出科学系统的传染病防控策略,从而为传染病疫情防控期间的出行保障提供精细化的公交运行方案。

随着近年来监测技术和设施设备的不断完善,公共交通大数据在研究乘客出行方面得到广泛应用。但面向日常运营的数据分析方法并不完全适用于非常态下的公共交通运行管理。面对突发公共事件,一些学者研究了基于公共交通系统的客流应急疏散和运行调度的策略、模型与方案,包括常规公交分级疏散[1]、轨道交通引导疏散[2]、公交与轨道的协同疏散[3]和公交车辆应急救援[4]等,并设计了客流监管系统,但这些模型和系统主要面向乘客应急出行服务,缺少对于突发公共事件的响应反馈。然而,这些系统功能所覆盖的突发公共事件应急场景较少,无法应用于突发公共卫生事件下的应急防控。

针对突发公共卫生事件下城市公共交通运行管理决策需求，提出一种基于多源数据的公共交通运行管理决策支持系统框架，包括突发公共卫生事件案例库、多源数据融合库、公交数据分析技术库和公交防疫策略库。其中，突发公共卫生事件案例库用于存储案例知识经验，辅助政府进行传染病疫情态势研判和政策制定；多源数据融合库用于构建常规公交、快速公交系统（Bus Rapid Transit，BRT）和轨道交通三网融合的乘客公交出行链，并基于公交出行链融合相关的多源数据；公交数据分析技术库在多源数据融合的基础上，建立用于传染病疫情监测、预警、追溯、评估的数据分析指标和模型；公交防疫策略库包括面向疫情防控的动态监测、预防、控制和出行保障等策略。

在此基础上，采用系统框架中的相关模型算法结合厦门案例来说明公共交通应对传染病疫情的策略，包括潜伏初期的关联客流与预警疏散、快速传播期的感染者追溯与出行保障以及持续防控期的复工复产出行保障。在公共交通传染病接触者追溯中，进一步提出基于知识图谱的方法应用，通过模拟相关感染场景并计算追溯结果。

9.2 面向突发公共卫生事件的公共交通决策支持原型系统

9.2.1 公共交通运行管理决策支持系统框架

面向突发公共卫生事件动态变化下的精细化决策需求，设计面向传染病疫情防控的公共交通运行管理决策支持系统框架，如图9-1所示。该系统主要包括4个功能库：①突发公共卫生事件案例库，主要存储相关知识经验；②多源数据融合库，主要存储管理多源公交数据；③公交数据分析技术库，其中包含面向疫情防控的分析指标算法；④公交防疫策略库，主要用于配合政府政策设计公交策略。

突发公共卫生事件案例库由防疫相关部门和机构共同构建，为政府研判传染病疫情态势及制定政策提供参考。其数据采集存储过程如下：在突发公共卫生事件发生前通过归纳历史数据形成案例知识，在突发公共卫生事件发生后采集相关数据用于学习推理，在突发公共卫生事件结束后回顾总结知识经验，完成数据库更新。

多源数据融合库基于公交出行链结构，融合其他多源数据作为决策支持系统的数据分析基础。其中，公交出行链基于常规公交、快速公交（BRT）和轨道交通的结构化数据进行构建；其他多源数据既包括实名制乘车码数据、场所码数据等传染病疫情期间收集的公交运行数据，也包括来自公共卫生部门、应急管理部门等的相关数据。

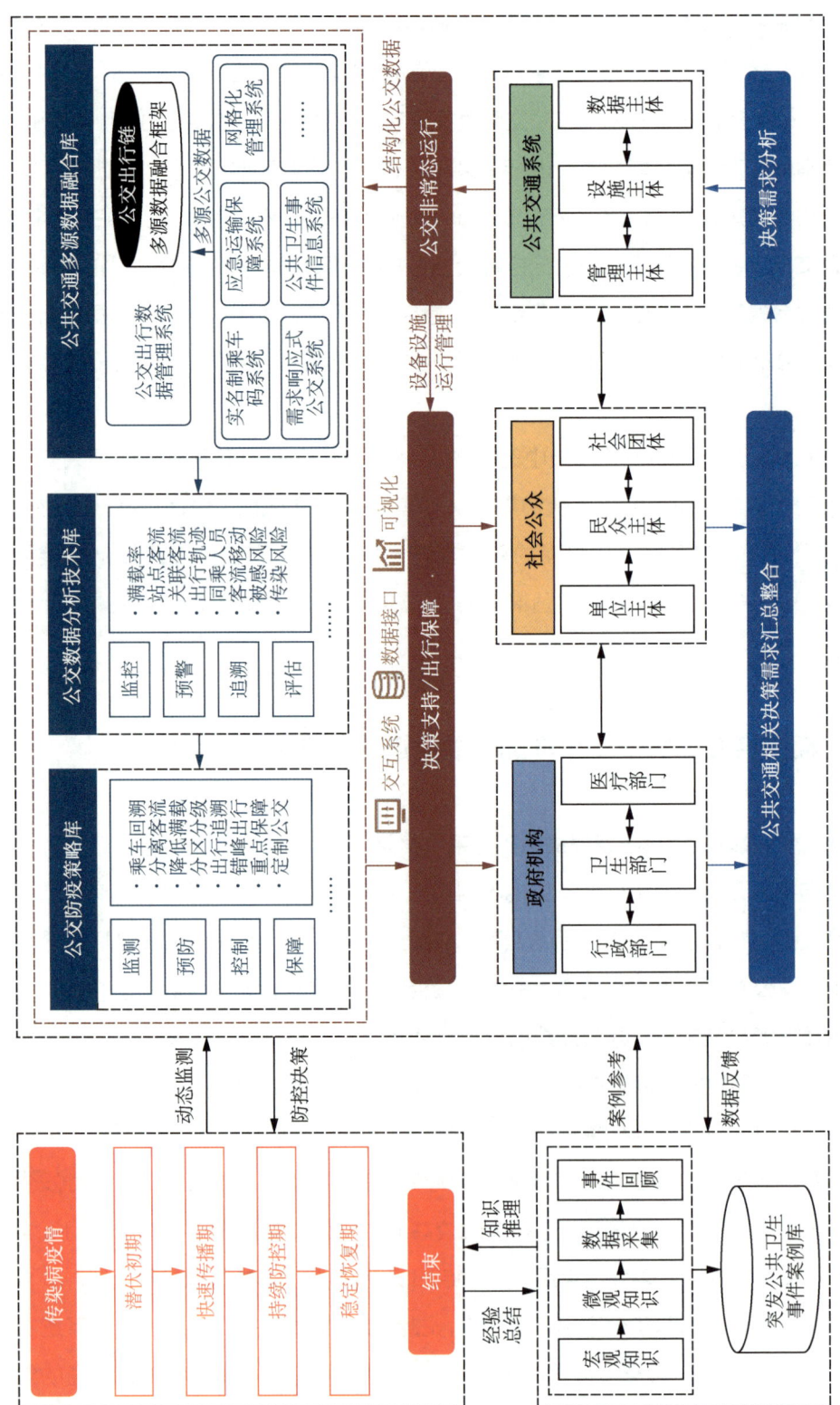

图 9-1 面向突发公共卫生事件的公交交通运行管理决策支持系统框架

公交数据分析技术库的目标是构建适用于多种传染病疫情防控场景的便捷技术储备库。技术库基于公交出行数据管理系统的出行链融合数据，建立数据分析指标体系和算法模型，应用一种或多种技术对客流的产生、移动、接触等场景进行分析追踪并提取出行特征，结果以多种形式发布给政府部门和医疗机构，实现面向传染病疫情防控的监测、预警、追溯、评估等功能。

公交防疫策略库与传染病疫情各阶段的政府决策需求相对应，实现传染病疫情期间的动态监测、预防、控制和出行保障。在潜伏初期以预防和准备为主，引导客流疏散；在快速传播期主要服务医护人员通勤、居民就医出行和辅助流行病学调查；在持续防控期面向复工复产人员提供灵活多样的出行保障；在稳定恢复期保持乘客社交距离。公交防控传染病疫情策略的制定和实施由各种数据分析技术、公交数据管理系统及其他应急系统等提供支持。

9.2.2　公共交通多源数据融合库

公共交通多源数据融合库主要应用多源数据构建基于公交出行链的多源数据融合框架。多源数据融合过程分为两步：①基于现有常规公交、快速公交（BRT）和轨道交通相关的刷卡数据、GPS数据、路单数据和线路站点数据，通过匹配算法构建公交出行链；②基于公交出行链数据，融合其他多源数据，以满足传染病疫情防控不同场景下的数据分析需求。

1. 乘客公共交通出行链构建方法

基于常规公交、BRT和轨道交通的乘客公共交通出行链数据匹配流程如图9-2所示。首先，匹配单次常规公交出行上车信息和BRT、轨道交通进/出站信息，并将其存

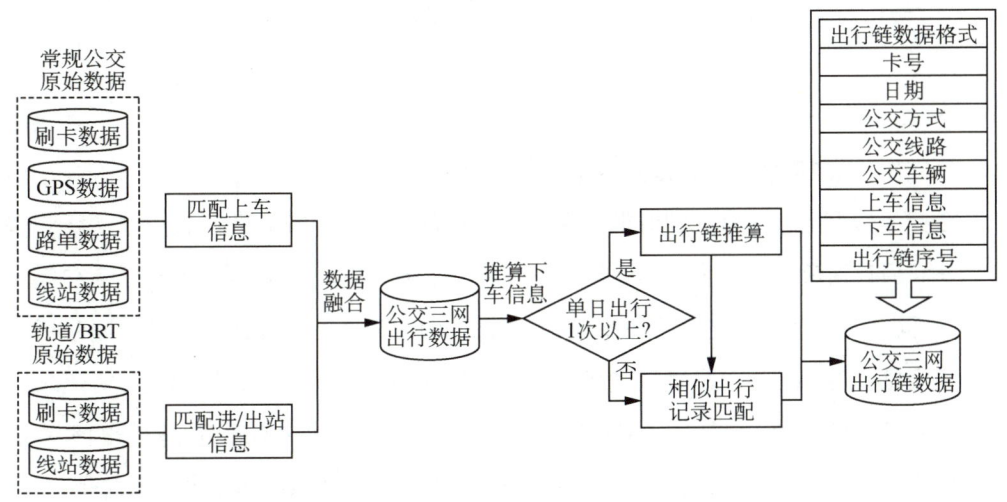

图9-2　基于出行链的公交数据匹配流程

储于统一的出行链数据结构；其次，基于融合得到公交三网出行数据，推断乘客公共交通出行的下车站点：①若乘客单日有多次出行则采用出行链模型，判断下车站点一般基于以下3个假设，即"下一次出行"（Next Trip）假设、"最后一次出行"（Last Trip）假设和"返程出行"（Return Trip）假设[5]，以此建立一天内前后两次出行的时空关联，用后一次出行的上车站点按最近距离推算前一次出行的下车站点和下车时间；②若乘客单日仅单次出行则采用相似出行匹配，基于前一步出行链模型推算结果寻找该乘客同一上车站点的相似出行记录，取最高频率下车站点进行匹配。

2. 基于公交出行链的多源数据融合框架

首先，基于结构化公交数据构建乘客出行链；其次，出行链所描述的基本乘客出行信息可以结合其他多源数据满足不同传染病疫情防控场景下的数据分析需求，例如采用车内监控视频数据判断感染者在公交车辆中与其他乘客的密切接触情况。基于公交出行链的多源数据融合框架如图9-3所示。首先，将公共交通多源数据传输至公交出行数据管理系统，使用相应的数据分析模型将半结构化、非结构化的数据转化为结构化数据；其次，采用知识融合方法，从结构化数据中进行知识抽取得到实体、关系和属性，以公交卡号作为主体将其他实体信息（人脸识别、手机号等）进行实体对齐并融合属性数据，从而利用多源数据完善原有公交出行链，得到多源数据融合出行链。

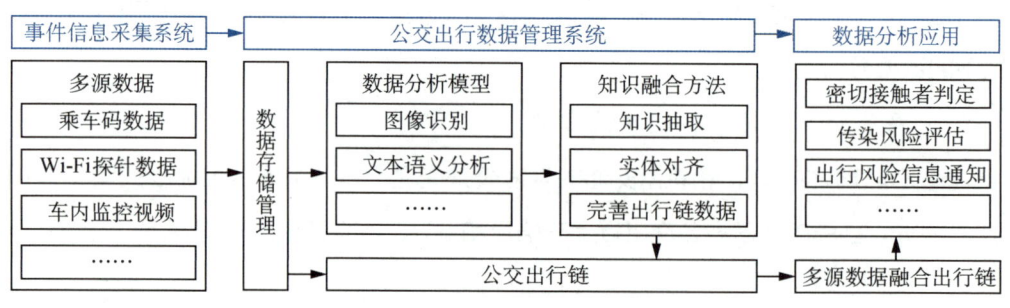

图9-3 基于公交出行链的多源数据融合框架

9.2.3 面向疫情防控的公交数据分析技术库

公交大数据蕴含从微观到宏观的乘客出行特征，相比传统的数据调查方法所获得的数据，具有易获取、覆盖广、多维度的特点，在传染病疫情防控应用方面存在巨大潜力。面向传染病疫情防控的决策支持需求，应用6种基础的公共交通数据分析技术，包括站点客流监控、车辆满载率监控、出行轨迹追溯、同乘人员追溯、客流来源追溯和客流流向追溯。其中，部分技术还可以通过组合形式来实现更加复杂的分析功能，如表9-1所列，而暂未实现组合的部分则保留空格，有待后续结合新数据和新技术实现新组合，从而不断完善表格。此外，上述分析方法可以结合乘客出行模式识别算法[6]，实现针对特定群体（如医护人员等）的精细化公交出行特征分析。

表 9-1　组合数据分析技术实现复杂功能

		监控		追溯			
		站点客流	满载率	出行轨迹	同乘人员	客流来源	客流流向
监控	站点客流					调整公交车辆运营方式	
	满载率	线路站点调整				线网调整优化	
追溯	出行轨迹	同乘/同候传播风险评估				公交走廊识别	
	同乘人员		同乘易感风险评估			辅助社区监督隔离	
	客流来源	换乘客流分析	定制公交				
	客流流向			关联客流分析	换乘衔接分析		

以与传染病疫情防控相关的数据分析技术为例，说明设计指标与算法。

1. 站点客流监控与车辆满载率监控

将车辆满载率定义为车上乘客数量与车型定员人数之比。基于乘客出行链数据统计站点上下客流实现客流量监控并计算车上乘客数量，以此实现车辆满载率监控。在日常情况下，客流监控的主要目标是提高公共交通的运营效益，服务尽可能多的乘客并保持较高的满载率；在传染病疫情防控期间，客流监控的主要目标转向控制客流量并引导乘客快速集散，从而避免乘客间的长时间密切接触，降低传染风险。

2. 感染者出行轨迹查询与同乘人员追溯

对公共交通客流进行传统的流行病学调查，存在工作量大、追踪难、周期长的问题，若结合公共交通大数据分析技术则可实现感染者轨迹和同乘人员的快速识别，还可以结合车内监控视频判断密切接触者。具体实施方法如下：首先，基于感染者公交卡号，在乘客出行链数据中查询匹配，得到感染者完整详细的公交出行轨迹；其次，基于出行轨迹和出行链数据使用匹配算法提取同乘车辆的人员信息。同乘乘客存在两种情况：一种是与感染者直接同乘经过至少一个区间；另一种是搭乘感染者乘坐过的车辆。已有研究表明，两类同乘人员均存在感染风险。

3. 客流来源追溯和客流流向追溯

客流来源追溯和客流流向追溯用于追踪传染病疫情防控期间与特定区域关联的客流移动分布情况，以便于后续采取相应的传染病疫情防控保障措施。以客流来源追溯为例，对于指定区域，其计算方法为：首先，通过空间分析搜索区域周边一定范围内的公交站点，将其作为出行结束站点在出行链数据中进行匹配，并得到相关乘客的出行链；其次，追溯出行链起始站点即为客流来源站点分布。客流流向追溯的计算过程与之相反，结果可以得到离开指定区域的客流及其去向分布。

4. 传播风险与易感风险评估

针对感染者在公交出行过程中与他人同候或同乘的场景，可以基于感染者追溯结果，结合传染病模型来评估感染者发生传播风险和接触者易感风险。以车内同乘场景为例，利用同乘人员追溯结果提取各同乘者与感染者的同乘类型、同乘时长、同乘客流密度（乘客数量或满载率），并结合车内监控视频判断车厢通风、防护等指标，作为易感度计算模型[7]的关键参数，根据模型计算结果来评估同乘乘客的易感风险。

5. 关联客流分析

关联客流分析是基于感染者出行轨迹来判别同乘乘客并采用客流流向追溯识别同乘客流的流向站点分布，主要用于传染病空间扩散风险评估。关联客流分析可以进行多层级分析，例如将与感染者直接关联的同乘乘客作为一级关联客流，二级关联客流则为一级关联客流的关联客流，以此类推。

6. 辅助社区监督隔离

对于同乘人员追溯识别到具有易感风险的同乘乘客，再通过客流来源或流向追溯获得同乘人员居住小区，并通过网格化管理平台通知相应街道和小区的工作人员，上门寻访并监督同乘人员居家隔离或前往医院隔离就诊。

9.2.4　基于公共交通的防疫策略

根据传染病疫情各阶段的政府决策需求和社会公众出行需求，制定公共交通防疫策略如表9-2所列。在潜伏初期，公共交通系统根据传染病疫情预警做好相关预案和数据准备，同时采取引导性措施避免客流聚集；在快速传播期，公共交通的首要服务对象是传染病防疫工作人员，同时利用数据分析技术辅助传染病疫情防控；在持续防控期，公共交通系统采取多样化、个性化的运营方式以满足复工复产人员的出行需求；在稳定恢复期要保持出行者安全距离。所提出的传染病防疫策略的实施时期并不局限于传染病疫情的某一阶段，应结合传染病疫情实际情况和防控需求综合考虑。

在潜伏初期，应结合公交客流数据分析，配合相关部门进行传染病疫情传播态势研判，并依据传染病传播特点完善相关应急管控和出行保障预案。当传染病疫情预警信息发布后，应在公共交通乘客出行链数据的基础上，完善乘车信息回溯预案；对于客流量较高的站点，应设置护栏引导乘客在排队过程中保持安全距离；对于满载率较高的线路，通过适当加密发车班次、开行大站车、区间车等方式来降低车辆满载率，提高乘客运输效率；通过关联客流监测，对客流关联类型和规模分布进行分析，从而识别传染病疫情扩散高风险要素，指导实施客流管控措施。

表 9-2　公共交通防疫策略与支持技术和支持系统

疫情阶段	公共交通防疫策略	支持技术	支持系统
潜伏初期	乘车信息回溯预案	公交多源数据融合	实名制乘车码系统
	构建公交乘客出行链数据	公交多源数据融合	公交出行数据管理系统
	引导分离站点客流	站点客流监控	
	降低车辆满载率	车辆满载率监控	
	关联客流监测与分析	关联客流分析	
快速传播期	分区分级管理	实时疫情数据采集更新	网格化管理系统
	保障必要交通出行	客流来源追溯	应急运输保障系统
	重点疫区出行监控追踪	客流流向追溯	公交出行数据管理系统
	感染者出行轨迹追溯	出行轨迹追溯	
	感染者同乘人员追溯	同乘人员追溯	
持续防控期	灵活开行生活性公交线路	站点客流监控	公交出行数据管理系统
	加强站点换乘衔接	站点客流监控	
	弹性错峰出行	车辆满载率监控	
	定制化公交	智能设计线路	需求响应式公交系统
稳定恢复期	保持出行者安全距离	站点客流监控	公交出行数据管理系统

进入快速传播期后，启用乘车信息回溯预案，所有公共交通方式都覆盖实名制乘车码或场所码系统，由乘务人员协助监督；基于现有网格化管理系统接入传染病疫情实时数据的采集更新，对区域传染病疫情风险进行评级，并制定区域差异化的防控策略，如高风险区域原则上不开行面向普通市民的公共交通，中风险区域考虑开行生活保障公交，低风险区域以区域内公交为主，通过接驳 BRT 和轨道交通满足跨区通行，同时做好公交线路时刻表调整的信息及时发布工作；对于政府机关、医院、防疫用品工厂等重点单位，识别通勤人员的分布，协调公交线路和接驳方式以保障正常通勤，对于居民就医公交线路则应考虑定点班车；及时监控追踪从重点区域离开的人员，通知途经场所进行检查防护以及到达区域进行接收隔离；协助对感染者进行流行病学调查，追溯感染者的出行轨迹、同乘人员、同乘信息并将其发布给卫生部门和医院，以便于判断密切接触者及传染风险，同时结合实名制乘车码、场所码精准通知相关接触乘客就医隔离。

进入持续防控期后，应以灵活性、短距离、分散化为原则，开行区域内生活出行公交线路；在主要的客源点和换乘站点间开通接驳公交，通过时刻表对接、设置共享单车网点等方式加强换乘衔接，还可以考虑将接驳公交升级为服务片区的微循环公交；鼓励各企业单位采用错峰出行，弹性调整早、晚高峰的运营班次，控制车辆50%的满载率；在传染病疫情控制稳定的低风险地区，对于有固定出行需求的企事业单位、园区、学校、小区等考虑采取收集需求以形成定制公交线路的方式。

9.3 公共交通应对传染病疫情的策略应用

9.3.1 研究区域

以厦门为例进行应用分析，验证本章所提出的决策支持框架和模型算法的合理性。厦门全市下辖6个区，从地理区划上可分为岛内和岛外，其中岛内的两个区为厦门市中心，人口设施更加密集，与岛外通过"四桥一隧"连接。厦门的常住人口为429万人，约50%的人口居住在岛内。

案例应用所使用的数据采集自2018年的厦门常规公交（340条公交线路）、BRT（3条）和轨道交通（1条）。其中，常规公交的基础数据包括刷卡数据、行驶GPS数据、路单数据和线路站点数据。GPS数据记录公交车辆行驶的时空信息，路单数据记录每一班公交车辆的到发时刻表，线路站点数据记录当月公交线路及途经站点位置信息。BRT和轨道交通数据只包含刷卡数据和线路站点数据。公交卡可以在常规公交、BRT和轨道交通等不同公共交通方式间通用。

9.3.2 潜伏初期的关联客流分析与预警疏散

根据厦门分为岛内和岛外的地理特点，基于出行次数统计发现三类代表性乘客：Ⅰ类为岛外出行为主，出行次数较少；Ⅱ类为来往于岛外与岛内市中心，出行次数中等；Ⅲ类为主要在岛内市中心范围出行且次数较多。分别选取一位代表性乘客，其出行站点和一、二级关联客流分布核密度图如图9-4所示。其中，Ⅰ类乘客的关联客流较少，部分关联乘客通过长距离BRT进入岛内，沿公交线路呈带状分布。Ⅱ类乘客通过公交换乘进入岛内，出现两个明显的换乘中心，岛外为公交换乘站，岛内为地铁吕厝站；另外，岛内关联客流围绕单换乘中心离散分布。Ⅲ类乘客在岛内沿BRT公交走廊出行，其关联客流呈围绕多个换乘中心团状分布，客流密集，覆盖范围最大。

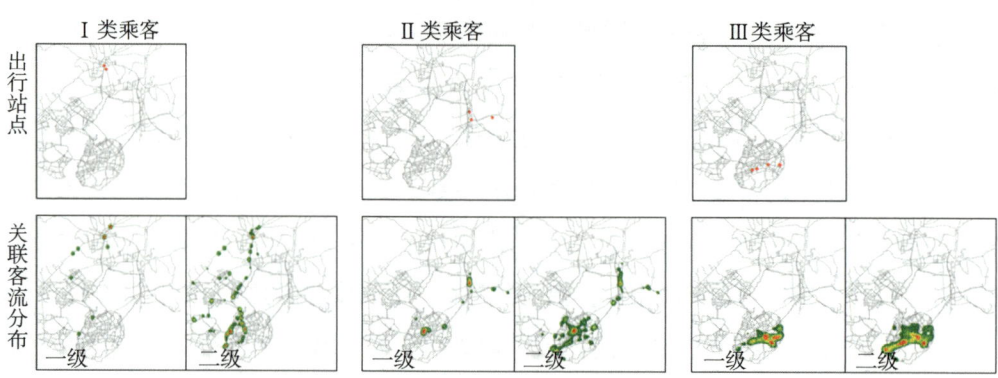

图 9-4 出行站点及关联客流分布核密度图

根据分析结果可知，厦门客流关联扩散的 3 个主要要素是长距离、高频次出行和换乘量大的站点。当出现疫情预警后，针对这 3 个要素采取以下措施可减少客流间的接触：①建议居民减少非通勤的长距离出行；②建议控制岛内非通勤出行，减少或避免换乘；③在换乘站对客流进行物理分离，控制公交车辆满载率，从而减少乘客间的密切接触；④对公交车辆、站台、候车厅等场所进行定时消毒。

9.3.3　快速传播期的感染者追溯与出行保障

1. 感染者出行轨迹与同乘人员追溯

以某公交卡号的乘客为例，假设其于 2018 年 7 月 16 日确诊，我们使用乘客出行链数据查询其 2018 年 7 月 15 日的出行记录，如表 9-3 所列。由于数据限制，缺少 BRT 和轨道线路的车辆与班次信息，故需要进一步接入乘车码数据进行融合完善。假设传染病病毒毒株潜伏期最长为 14 天，则可进行 14 天的出行追溯，其余 13 天的出行追溯记录同表 9-3。

表 9-3　某公交卡号乘客 2018 年 7 月 15 日的出行记录

编号	上车时间	下车时间	车辆编号	班次号	线路	上车站点	下车站点
1	8:23:05	8:73:33	—	—	地铁 1 号线	厦门北	集美软件园
2	10:48:45	11:16:29	—	—	地铁 1 号线	集美软件园	乌石浦
3	15:37:57	15:42:53	089××	11	46 路	湖里万达广场站	金山站
4	15:46:50	16:01:00	—	—	快 1 路	金山站	莲坂站
5	18:08:50	18:17:41	—	—	快 3 路	莲坂站	洪文站

由于公交司乘人员与感染者在车厢中的同乘时间较长，感染风险较大，故应由公交公司负责及时通知并安排司乘人员进行医学诊断。基于表 9-3 的数据，将相应发车班次信息递交给公交公司后台，通过查询当日排班信息即可寻找到相应的司乘人员。

以编号 3 的常规公交出行记录为例，该名感染者的同乘人员情况如图 9-5 所示，有 33 名乘客乘坐了该辆车，除感染者本身以外，有 19 人为直接同乘，还有 13 人为间接同乘。感染者上车站点客流量较大，故同时段站台候车乘客也应纳入传染风险评估参考。同乘区间发生在 46 路最高断面客流处，且感染者下车后一段时间车辆内部也处于一个较高的客流水平。因此，该名感染者可能具有较大的传播风险。

将感染者、直接同乘人员和间接同乘人员的信息作为数据接口发布给卫生部门用于辅助流行病学调查。同时，经过简单计算即可得到直接同乘时长和间接同乘时长，将其与断面客流数据相结合同时发布给卫生部门，应用传染病模型进行风险计算评估，可作为判断密切接触者的参考。再者，通过与乘客码、场所码数据的融合可获得

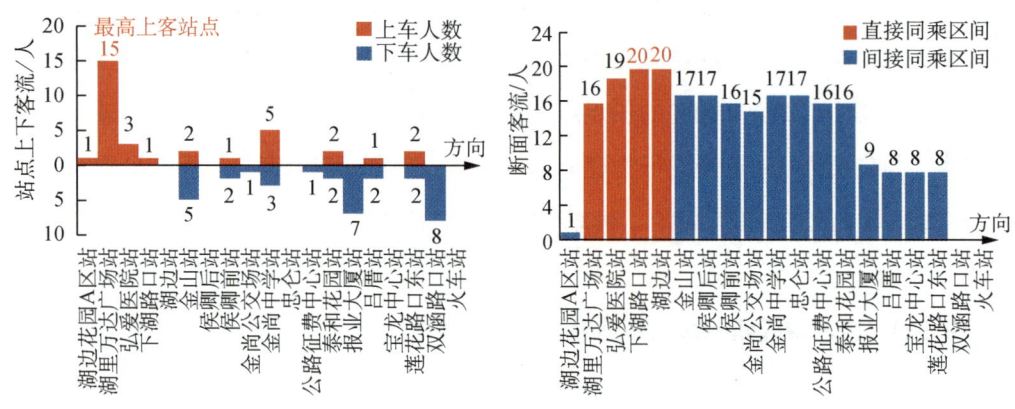

图 9-5 46 路公交站点上下客流和断面客流统计

个人身份信息，从而及时寻访密切接触者。另外，还可通过手机或 App 精准发布信息给相关乘客，以便其做好自我隔离观察或尽快就医。表 9-4 为发布的同乘人员数据接口示例，以出行链数据形式存储，从 3 类乘客中分别选择一位进行展示。

表 9-4 同乘人员数据接口

字段	示例		
乘客类别	感染者	直接同乘人员	间接同乘人员
卡号	801201303272××××	001543××××	042194××××
线路名称	46 路	46 路	46 路
车辆编号	089××	089××	089××
班次号	11	11	11
上车时间	15:37:57	15:37:16	15:50:09
上车站点名	湖里万达广场站	湖里万达广场站	金尚中学站
下车时间	15:42:53	15:49:44	15:58:59
下车站点名	金山站	金尚中学站	报业大厦站

2. 医护人员出行保障

传染病疫情防控期间应全力保障医护人员的出行，通过对医护人员的来源进行追溯，安排合适的公交通勤方式。以厦门大学附属第一医院为例，通过空间关系分析，获取医院周边 500 m 范围内的站点，以这些站点作为医护人员公交出行的备选下车站点。利用三网融合数据及乘客出行模式识别算法，寻找以备选下车站点为出行最终目的站点（非中间换乘站点）的乘客，这些乘客被视为医护人员。乘客出行模式识别聚类结果见表 9-5，1 类乘客平均一周出行 5 次，且出行规律性强，因此可以被认为是通勤出行的医护人员；其余三类乘客被标识为非通勤。最终，共 470 位乘客被标记为医护人员。

表 9-5 乘客出行模式识别聚类结果

聚类指标	1类	2类	3类	4类
出行天数	21.1	7.6	9.4	1.9
标准差	0.49	4.65	1.59	0.04
出行模式识别	通勤	非通勤		

分别对无换乘出行和有换乘出行进行客流来源追溯，结果如图 9-6 所示，医护人员来源分布以岛内为主，极小部分在岛外；绝大部分医护人员采用一次公交出行直达医院，少部分岛内医护人员换乘一次也可到达医院，换乘出行仅占总出行的 2.9%。

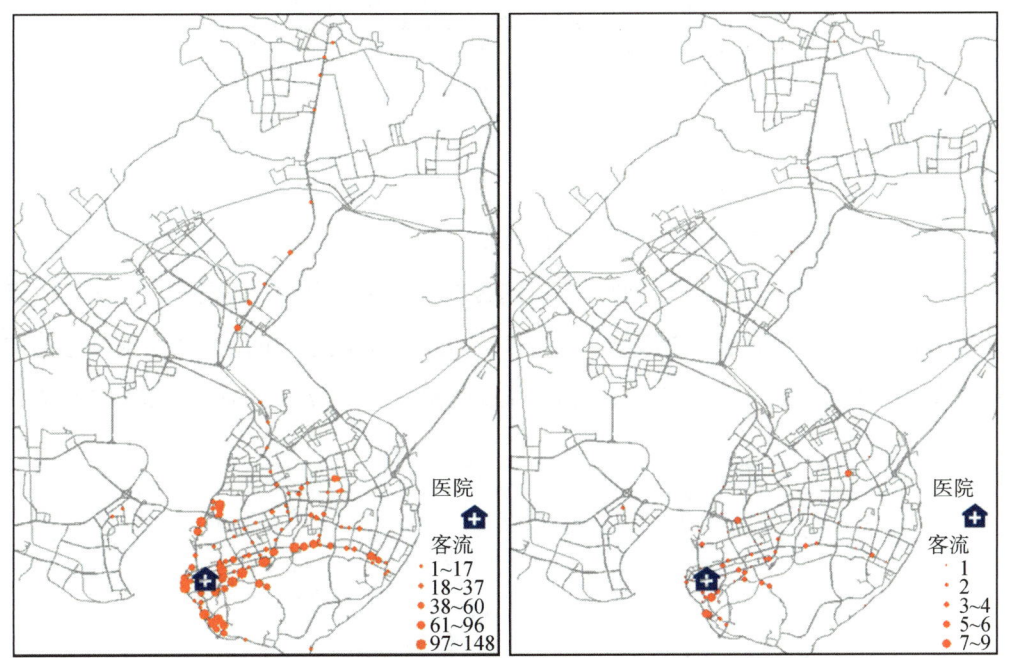

图 9-6 无换乘和有换乘医护人员客流来源追溯结果

医护人员的直达公交线路客流分担情况如图 9-7 所示，19 路公交分担的客流最多，8 路和 32 路公交相对较少。为了保障传染病疫情期间医护人员的正常通勤和居民就医，可从以下几方面采取措施：

（1）重点保障医院直达线路在传染病疫情期间的运营。对于高客流线路，视传染病疫情情况调整发车间隔，严格限制车辆满载率；对于中客流线路，定点开行；对于低客流线路，考虑调整或延长以覆盖更多客源点，减少换乘等待。

（2）公交车辆可以面向医院和公众分开设置，以免医护人员和公众发生交叉感染。服务医护人员的公交车辆主要在医院换班时按需开行。

（3）医院周边及换乘站点设置共享单车网点，每天动态调度。

（4）对于较大的医护人员客源点，可定制专用"一站式"直达公交。

（5）针对出行距离较长或换乘不便的医护人员以及其他特殊情况，可调配网约车、出租车进行专职接送。

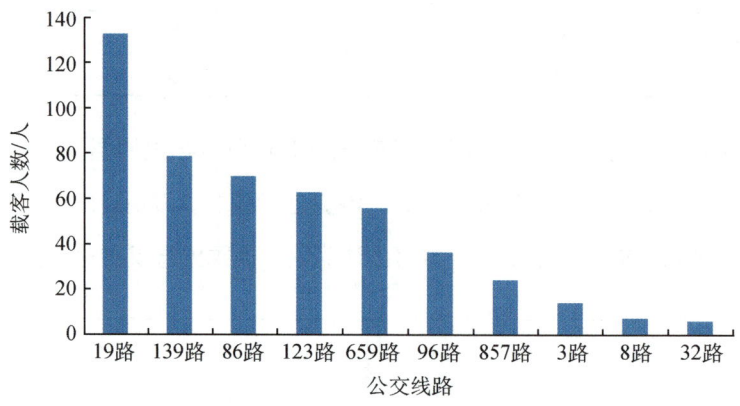

图 9-7　各直达公交线路通勤客流分担情况

9.3.4　持续防控期的复工复产出行保障

在复工复产阶段，对于恢复通勤上班的区域放开交通限制，但仍需控制车辆的满载率，保持乘客间的安全社交距离。基于站点上下客流监控数据，从高客流断面监控和高客流时段监控两个方面调控公交运营来保障出行。以图 9-8 所示的 659 路公交早

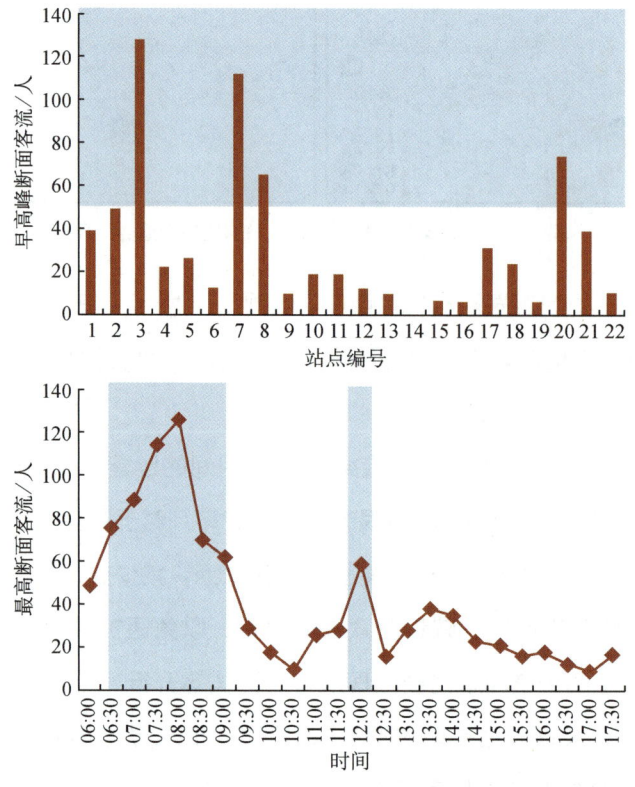

图 9-8　659 路公交早高峰站点断面客流和全天最高断面客流分布

高峰站点断面客流和全天最高断面客流监控为例，假设车型定员人数约 100 人，客流满载率超过 50% 部分以阴影标出，则该公交在早高峰客流超载较多，晚高峰后客流较少。对此可采取两种措施：

（1）根据客流时段调整发车频次。在早高峰期间缩小发车间隔，在晚高峰期间增大发车间隔。

（2）调整车辆运营方式。在早高峰期间根据主要上下客流站点穿插大站车，在晚高峰后开行夜间班车或小区间车。

9.4 基于知识图谱的公共交通传染病接触者追溯

在公共交通传染病接触者追溯过程中，在面向突发公共卫生事件的公共交通决策支持框架基础上，提出基于知识图谱的方法，试图从更快的检索速度、更准确的推理精度方面模拟相关感染场景并计算追溯结果，以验证知识图谱方法相较于一般结构性数据推断过程的优越性。

9.4.1 接触子图谱提取

由于轻量级网络结构更有利于模拟传染病疫情传播和实现传染病接触者追溯，因此结合公交车辆内的传染病传播情况，采用简化的乘客及公交车辆接触网络进行传染病接触者追溯。子图谱中的一个节点表示一位乘客或一种公交场景（车辆或车站），一条有指向关系的边将一位乘客与一种公交场景连接起来以表示一种公交出行活动（乘车或候车），如图 9-9 所示。

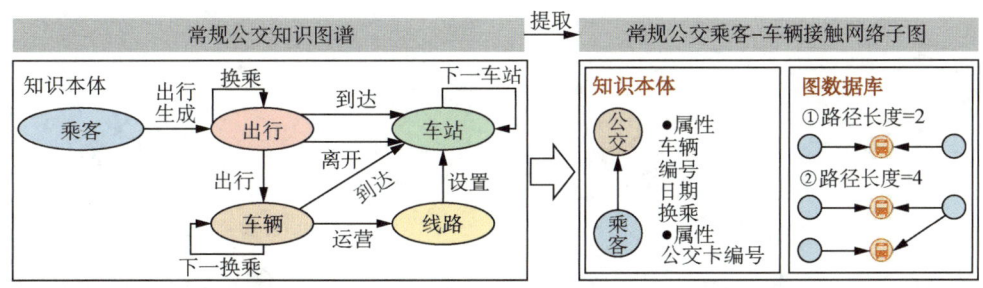

图 9-9　基于知识图谱的常规公交乘客-车辆接触网络子图提取

子图谱的实体及属性关系如表 9-6 所列，该图谱增加了与传染病传播有关的属性特征，用于追溯传染病接触者。乘客节点的感染状态属性表示该乘客是否被感染，乘车关系中的感染时长属性表示该乘客在某一天乘坐公交出行时的感染天数，用以判断该乘客是否具有感染性。

表 9-6 常规公交乘客-车辆接触子图谱实体与关系属性

类型	标签	属性
实体	乘客（Passenger）	卡号、感染状态、感染日期
	车辆（Vehicle）	车牌号、出车日期
关系	乘车（TAKEBUS）	乘车时长、感染时长

9.4.2 接触者追溯算法

感染者分散在整个公交系统中，病毒的传播会发生在不同的车辆内，但由于医疗资源有限以及对症状的感知被动且存在潜伏期或无症状的可能，因此无法对接触网络中的每个节点进行检测，仅有少数感染病例被发现。接触者追溯算法是基于这些已检测到的少数感染病例，输出参考人群，其中包含其余未检测到的感染者。该算法能够协助医疗措施或者政策制定，防止病毒扩散。

1. 接触者追溯算法介绍

接触者追溯算法是一种广度优先算法，如图 9-10 所示。该算法的思想是通过追溯已确诊病例的所有可能传播路径来确定潜在感染者。感染数据来自传染病传播的模

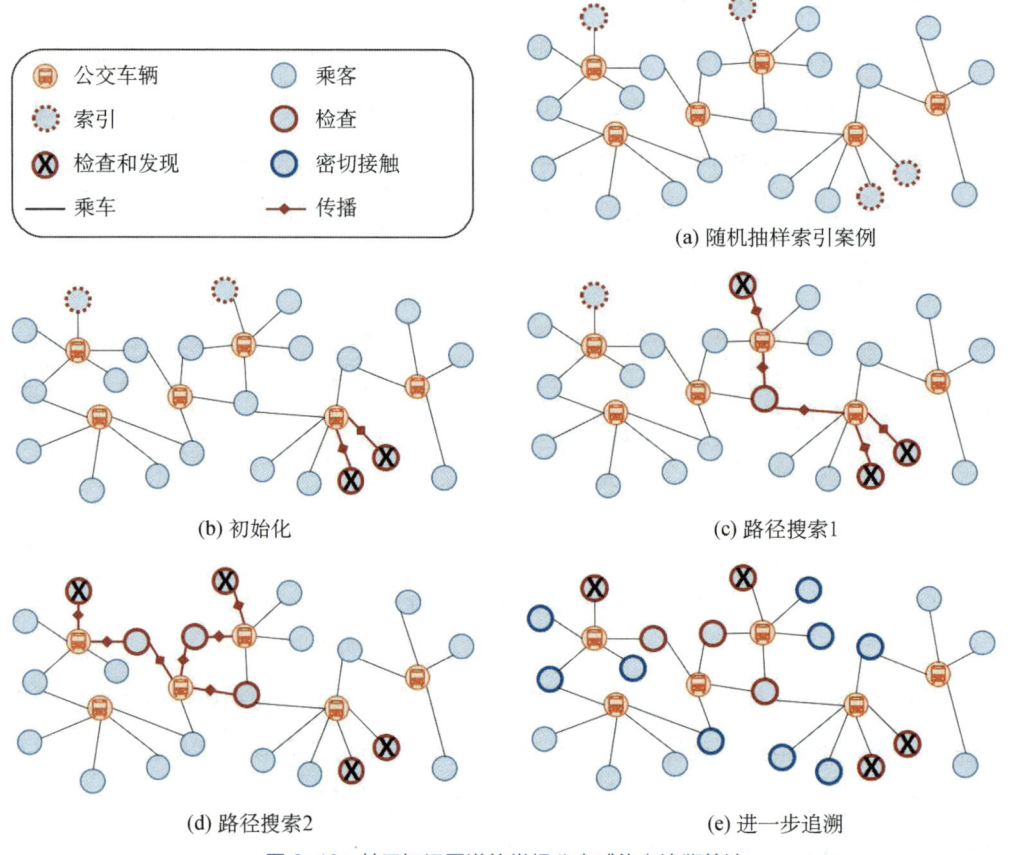

图 9-10 基于知识图谱的常规公交感染者追溯算法

拟结果。最初，所有感染者都被标记为"感染"，其中有一部分随机抽取的病例被标记为"索引"。算法运行过程中，乘客实体的节点属性会被实时更新为："检查"或者"发现"。标记规则如下：追溯算法遍历到的所有节点均被标记为"检查"。如果一个"索引"节点被标记为"检查"，那么它会被进一步标记为"发现"。整体算法将从"索引"节点开始，搜索其到另外"索引"节点的潜在路径，长度不断增加，直到所有"索引"节点被标记为"发现"，并且没有新的节点再被"检查"。

算法1为所提出方法的具体过程。第0步：将初始路径长度设置为2，这是连接两名乘客所需的最短路径长度。搜索路径长度为2的"索引"节点之间的所有路径，并根据标记规则将"索引"节点标记为"检查"和"发现"，病毒可能在这些节点之间通过相互直接接触传播。第1步：路径长度增加2，如果所有"索引"节点被标记为"发现"，跳转至第4步，或者转至第2步和第3步。第2步：搜索"检查"节点和"索引"节点之间满足路径长度要求的所有路径，该路径的中间节点应满足未被标记的条件；然后，将中间节点标记为"检查"，并更新中心节点的感染日期。第3步：如果在第2步中发现新路径，则重新跳转到第2步，否则返回第1步。第4步：搜索与"检查"节点的联系路径长度为2的未标记节点及路径，将未标记节点标记为"检查"。一次完整的算法结束。

在此追溯算法中，第2步中的"检查"节点是主要接触者，这些节点连接了两个以上的感染节点，因此很可能是潜在的病毒传播介质。而在第4步中输出的"检查"节点是密切接触者，这些节点只与一个感染节点接触。一般来说，密切接触者的数量远远大于主要接触者的数量。

算法1　基于知识图谱的传染病接触者追溯算法

输入： 包含"索引"节点的公交乘客车辆接触子图谱

第0步：初始化
1. 设置 path_length=2
2. 搜索：path1 = V_{node1}（index）$\xleftarrow{E_c}$ V_{node2}（index），path1 的路径长度= path_length；
3. 根据标记规则将 path1 中的节点标记为"checked"和"found"；

第1步：循环判断
4. 设置 path_length= path_length+2；
5. if "index"节点均被标记为 "found"：
6. 　　跳至 step 4；
7. else：
8. 　　跳至 step 2；

第2步：路径搜索
9. 搜索：path2 = V_{node1}（index）$\xleftarrow{E_c}$ V_{node2}（checked）
10. path2 的路径长度= path_length，并且中间节点没有"checked"标记；
11. 将 path2 中的媒介节点标记为"checked"（if "index" then "found"）；
12. 更新媒介节点的"感染日期"；

第3步：反复判断
13. if count（path2）> 0：
14.   跳至 step 2；
15. else：
16.   跳至 step 1；
第4步：进一步追溯方法
17. 搜索：path3= V_{node1}（checked）$\xleftrightarrow{E_C}$ V_{node2}（unchecked）where length（path3）= 2
18. end
输出：不同标记状态的节点，包含"感染""索引""检查""发现"。

2. 算法效果评估

接触者追溯算法的有效性通过以下指标进行评估。FPR 表示预测为阳性的阴性病例率，TPR 表示预测为阳性的阳性病例率，PPR 表示疑似感染者中的所有阳性病例率，MTPR 表示包含主要接触者与密切接触者的最高阳性病例率。

$$FPR = FP/(FP + TN) \tag{9-1}$$

$$TPR = TP/(TP + FN) \tag{9-2}$$

$$PPR = (IP + TP)/C \tag{9-3}$$

$$MTPR = MTP/(MTP + FN) \tag{9-4}$$

上式中　　FP——假阳性病例（阴性但预测为阳性）；

    TN——真阴性病例（阴性且预测为阴性）；

    FN——假阴性病例（阳性但预测为阴性）；

    TP——真阳性病例（阳性且预测为阳性）；

    MTP——所有接触者中真阳性病例数最大值；

    IP——检测为阳性的病例数；

    C——算法输出的所有疑似感染者人数。

根据传染病疫情防控需求，算法应尽可能识别出更多的感染者，因此重点关注 TPR 和 MTPR 这两个指标。

3. 时空复杂度分析

基于知识图谱的算法在时间和空间上相较于关系型数据都具有明显的优势。

关系型数据库中的一行记录对应知识图谱中一个带标签的节点。在关系型数据库中，通过外键约束实现两表或多表之间某些记录相互连接的关系，对于深层次关系查询就需要大量的关联操作，但这种多表操作是"计算密集型"的，也是"内存密集型"的，并且计算次数为表中记录的指数倍，所以基于关系型数据库的计算需要消耗大量的系统资源[8]。

从执行一般性任务角度，假如执行的任务为：查询乘客 A 的联系人。在关系型数据库中，由于需要遍历所有记录，直接查询的时间成本可能是 $O(N)$，N 表示数据表的行数，如果执行索引查询，则时间成本为 $O(\log N)$。如果更进一步需要对数据的记录进行排序，则时间成本会增加至 $O(N^2)$，在有索引的情况下时间成本为 $O(N \log N)$。而在知识图谱中，联系人的查询成本与乘客关联的车辆 v 成正比，该车辆可利用图结构直接映射到同一辆车上的其他所有乘客（记为 Kv，$\forall v \in V$），因此联系人搜索的时间成本为 $O(NVkv)$，其中 $VKv \ll N$。可以说，在大规模关联查询方面，关系型数据库与知识图谱存在显著的性能差距。

从执行传染病接触者追溯任务角度，假如执行乘客车辆接触路径查询，查询路径长度越长，关系型数据库的操作难度越大。当路径长度为 2 时，关系型数据库需要进行 1 次关联操作；当路径长度为 4 时，关系型数据库需要进行至少 3 次关联操作，涉及 4 层嵌套查询操作。而知识图谱由于其网络化的图结构优势，仅需一行搜索语句。对于感染状态的更新，知识图谱也较关系型数据库有很大的便利。对于每一个新增的属性状态，关系型数据库均需要重新设计数据表结构并构建新的属性表，如果考虑到外部约束条件，算法的复杂性会进一步增加；而知识图谱可基于节点实体直接增添属性、更改属性，动态性好，有利于网络的扩展和更新。另外，对于根据索引案例执行的追溯，如果用 S 表示索引案例的数量，基于关系型数据库追溯的时间成本为 $O(SN)$，而基于知识图谱追溯的时间成本为 $O(SVkv)$，消耗资源较少。

因此，知识图谱技术在分析大规模公交系统中的接触动态特征以及进行传染病接触者追溯方面有显著优势。

9.4.3　场景设计和感染数据模拟

采用厦门常规公交数据验证接触者追溯算法。由于难以获得真实的流行病学调查数据，因此使用感染风险预测模型生成基础数据。仿真模型选取一定比例的样本作为初始感染者，在子接触网络中的感染时间持续 14 天。另外，设计 3 组对比实验证明所提方法的优势。

第 1 组实验用于比较基于知识图谱的方法和基于关系数据库的方法的性能。基于知识图谱的模型采用接触子图谱，基于关系型数据的模型通过包含乘客卡号、车牌号、出行日期、感染日期（初始值为 0）和感染天数（初始值为 0）的融合数据表构建。

第 2 组实验用于验证当约束条件变化时，接触者追溯算法的鲁棒性。由于可能存在调查对象的回忆偏差和病毒病理学的个体差异,在第 2 组实验中补充了两个具有不同约束条件的新案例,第 1 个案例放宽了对病毒潜伏期的约束,第 2 个案例放松了对医疗记录日期的限制。

第 3 组实验用于验证当感染过程持续更长时间时,接触者追溯算法的效果。 由于算法运行时间与感染路径长度及数量呈正相关,第 3 组实验中补充了具有更长感染过程的新案例,感染过程分别持续 15 天、16 天和 17 天。

由于缺乏实际的大规模传染病调查数据,利用感染风险预测模型模拟个体水平的疫情传播情况。 以往有研究通过经典的数学模型或者统计模型进行类似的传染病传播场景模拟[9],其中 Wells-Riley 模型是用于基于个体接触场景的感染风险预测的经典模型之一。 根据以往研究[7, 10]对模型进行修改,修改后的 Wells-Riley 模型可以实现公共交通场景下感染风险的预测,模型如下:

$$P_i = \frac{C}{S} = 1 - \exp\left(-\frac{\beta \theta Iqpt}{\alpha Q}\right) \tag{9-5}$$

式中 P_i——感染的概率(感染风险);

C——感染者的数量;

S——易感者的数量;

I——感染者的初始数量;

p——一个人的肺通气率,m^3/h;

q——一个感染者产生的量子生成率,量子/s;

t——暴露时间,s;

Q——公交车辆通气率,m^3/s;

β——公交车辆满载率,即乘客与额定载客量的比值(范围从 0 到 1),反映公交车内乘客间距大小;

θ——戴口罩提供的保护系数,如果乘客没有戴口罩,设置为 1;

α——通风效率,其值在 0.8~1。

对公交场景下感染模型的参数进行设定,Wells-Riley 模型参数设置如下:假设公交乘客在车内坐着或进行轻度活动,q、p 分别取 0.238 量子/s、0.3 m^3/h;t 取计算得到的感染者同乘时间;Q 根据公交车辆设计标准取 5 000 m^3/s;研究期间为传染病疫情暴发初期,很少有乘客意识到传染病的传播而采取防护措施,并且公交车辆的发车班次也没有变化,因此 θ 和 α 分别取 1 和 0.8。 除特殊实验情景之外,传染病病毒的潜伏期默认为 3 天,这意味着乘客在被感染后 3 天会具有传染性,成为新的传染源。

为了更加直观地运用该算法，通过 3 个假设来简化模型：①接触性传染病感染只发生在公共交通车辆上；②传染病感染不会导致乘客出行行为的改变；③病毒的传播特性没有个体差异，其感染性对于所有乘客保持一致。通过模型计算将赋予每位与感染者同乘的乘客一个评估风险水平的值，根据该值更新同乘乘客的感染状态（从健康到感染）。考虑到构建知识图谱的出行链模型结果可能存在匹配误差，因此为感染者同乘乘客设定了 1% 的随机概率，用以模拟出行链的匹配误差。

根据修改后的 Wells-Riley 模型，乘坐公交车的实际感染风险大致为 1%～6%，与调查数据报告的 2.5%～4.2% 接近[10]。根据构建的接触子网络，在 2018 年 7 月 1 日随机抽取不同比例的样本作为初始感染种子，抽样比例分别为 0.000 3%（1 名乘客）、0.01%（34 名乘客）、0.05%（171 名乘客）和 0.1%（343 名乘客），并且病毒将在满足 3 天的潜伏期后持续性传播。

感染模拟结果如图 9-11 所示，以 0.5 h 为单位统计新增感染病例，周末背景突出为蓝色。新增感染病例在公交车运行时间范围内波动，呈现出两个高峰。这两个高峰与早晚通勤高峰一致。而周末的峰值与本周工作日的峰值相比有所下降。根据 Wells-Riley 模型，感染风险与同乘时间和满载率正相关，因此新增感染病例的数量应与客流同步变化。结果证明了所选择的感染仿真模型在接触子网络中的时间敏感性和有效性。

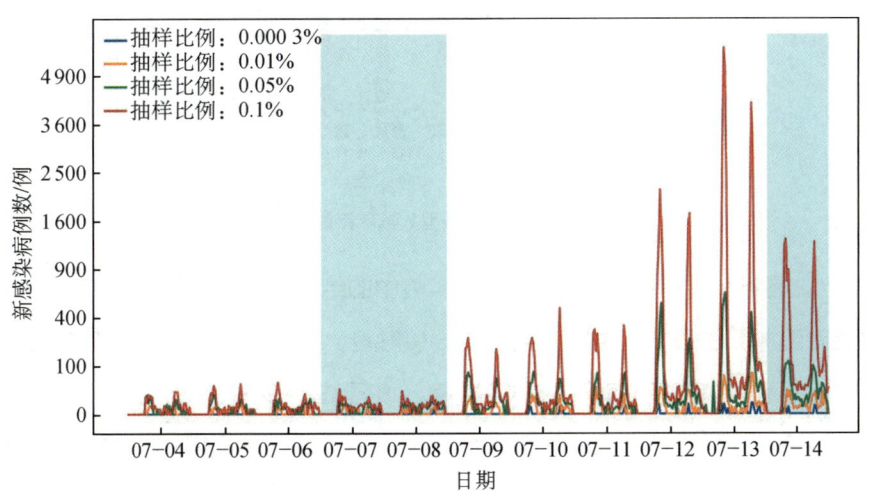

图 9-11 不同初始感染比例的新增感染病例

9.4.4 公共交通传染病接触者追溯结果

1. 追溯算法结果分析

考虑到实验可行性和感染者规模，采用 0.05% 作为初始感染比例。初始随机挑选 0.05%（171 名乘客）样本，14 天后共发现感染乘客 9 288 名。尽管在大规模追溯上数字化算法比人工更加有效，但仍需要人工流行病学调查来补充索引病例的感染日期和其他特征。实验过程中认为有可靠的医疗数据并且时间约束严格。可靠的医疗数据主要是指通过人工调查得到的感染者感染日期是准确的。时间约束严格是指感染者的感染时长严格满足 3 天的潜伏期后才具有感染性。

追溯实验中发现，随着抽样率的增加，路径长度为 2 时可追溯到越来越多的传播路径。当路径长度为 4 时，超过 99% 的索引案例均能被发现，而仅有极少数索引案例需要更进一步通过路径长度为 6 进行追溯。在兼顾算法的运行时间和运行效果的前提下，设置最大搜索路径长度为 4。

结果表明基于知识图谱数据库的算法运行时间显著低于基于关系型数据库的模型。图 9-12 显示，在知识图谱中每种抽样率的运行时间远低于在关系型数据库中的运行时间，基于图模型的接触者追溯算法的总体运行耗时仅为基于关系模型的 11%。这表明基于图模型的算法能够在检测和追踪感染者方面作出更快的响应。换言之，相关部门有更充分的时间采取措施，制定应对政策。

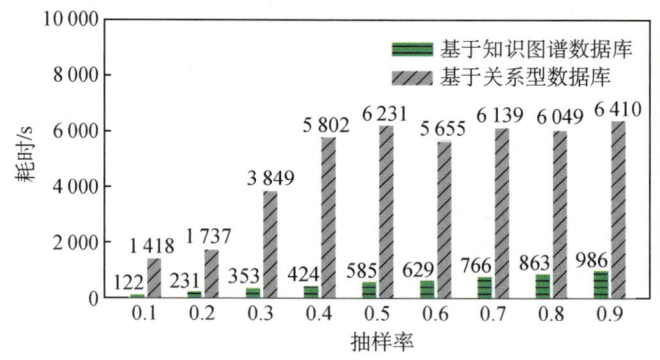

图 9-12 知识图谱数据库与关系型数据库接触者追溯实验耗时比较

图 9-13 是各个评价指标在 10 次随机实验中的结果分布。图 9-13（a）—（c）反映了接触者追溯算法第 2 步中搜索到的主要接触者，图 9-13（d）反映了整个算法中的所有接触者，包括主要接触者和密切接触者。由于主要接触者与至少两个感染案例接触，因此被感染的可能性更大，在医疗资源有限的情况下，可以依据这些结果确定资源分配的优先次序。

由图 9-13（a）可知，当抽样率为 0.1 时，平均 TPR 水平约为 47%，表明追溯算法能够追溯到 47% 的未标记感染者。TPR 值随着抽样率的增加而逐渐升高，当抽样率为 0.9 时，TPR 超过 80%。

图 9-13（b）中的 FPR 反映了医疗资源的消耗情况。对于所有的抽样情况，平均 FPR 为 95%，表明每 25 个被检测者中能够检测出 1 例感染病例。然而，接触者

追溯算法仅采用感染日期作为时间约束条件，如果有更充分的调查数据，并在接触子网络中补充完善流行病学判断标准以及更加详细的约束条件，那么 FPR 将会降低。

图 9-13（c）中的 PPR 表示整个疑似感染人群中的总阳性病例率，包括索引病例和算法识别结果。随着抽样率的增加，PPR 呈现线性增长趋势，当抽样率为 0.9 时，达到 98%。随着抽样率的增加，索引病例在检出结果中的比例逐渐升高，算法的效用也逐渐降低。因此，为了在索引病例有限的情况下识别出更多的感染者，需要将疑似感染者的搜索范围扩大至密切接触者，执行算法第 4 步。

图 9-13（d）显示当抽样率为 0.1 时，平均 MTPR 达到 94% 以上，最高达到 96%，表明几乎所有接触网络中的感染者都被找到。总体来说，尽管结果受到随机选择样本的影响，但本章所提出的算法能够追溯到常规公交系统中几乎所有的感染者。

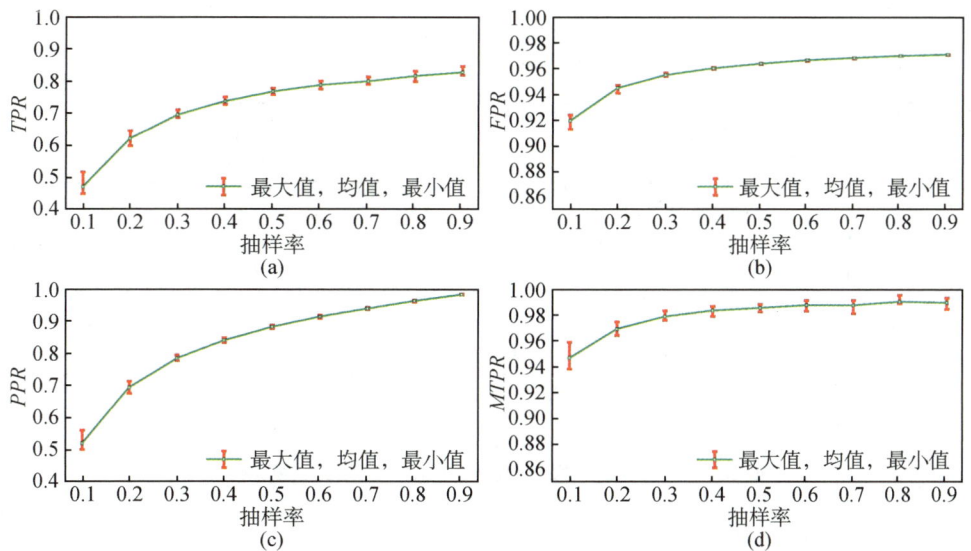

图 9-13　可靠的医疗数据和严格的时间约束下的接触者追溯结果

图 9-13 显示了 10 次随机试验中评估指标的波动情况。总体来看，虽然各个指标结果有波动，但整体表现较好。当抽样率较小时，TPR 和 PPR 产生的结果波动相对较大，但波动仍只有 7%，而 MTPR 产生的结果波动次之，仅 2%。随着抽样率的增加，结果的波动程度降低。因为当抽样率小时，样本选择存在较大的变异性，算法搜索结果受到样本出行频率的影响，如果索引样本中恰好有一个非常活跃的公交用户，那么通过该用户追溯将会得到更多的感染路径。

为了对模型的预测精度进行对比评价，将基于知识图谱的接触者追溯算法与 Kojaku 等[11]提出的向后追溯方法进行比较。向后追溯方法是根据已识别的感染病例追踪随后的感染者。与基于知识图谱的接触者追溯方法相比，向后追溯方法更加类似于一种广度优先的暴力搜索，对感染路径的考虑较少。

两种追溯算法基于相同的接触子网络、相同的感染群体和相同的索引感染样本展开。图 9-14 显示了两种方法的对比结果。本章所提出方法的性能整体来说优于向后追溯方法。向后追溯方法的 FPR 结果仅在高抽样率的情况下才优于本章所提出的方法，原因是与基于知识图谱的方法相比，向后追溯方法没有考虑基于索引案例的感染路径。当样本量相对较大时（例如抽样比例为 70% 或更高），通过向后追溯方法只进行密切接触者追溯就可以获得大部分感染病例，从而可以获得较高的 TPR。然而，在现实情况中，很难知晓感染者的比例，所以基于知识图谱的方法更实用，且效果更好。

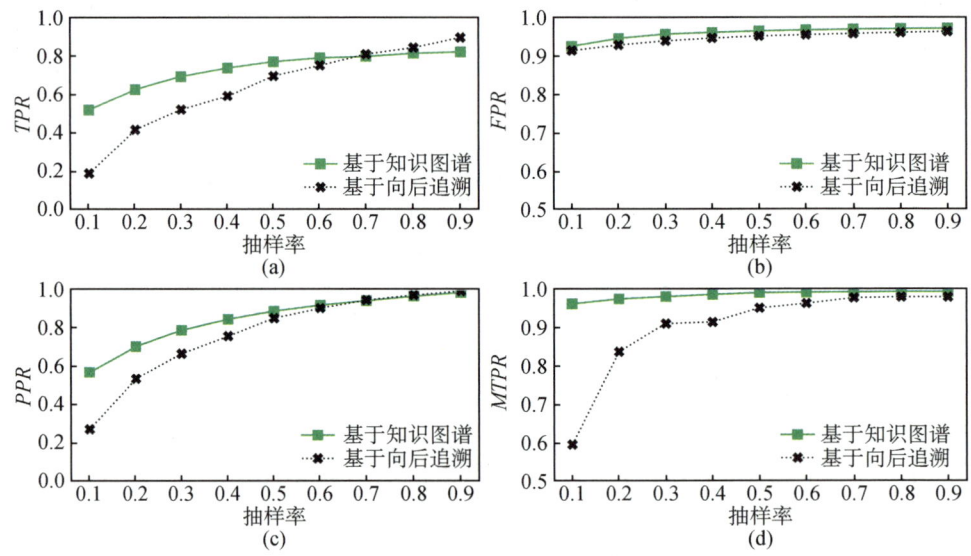

图 9-14 基于知识图谱方法与向后追溯方法的结果比较

2. 约束条件鲁棒性分析

由于存在病毒的病理特征个体差异和医疗数据的回忆偏差，因此通过采访病人获得的医疗数据或许并不可靠。考虑到基于调查的医疗数据有一定的时间限制偏差，故在已有案例场景 1 的前提下再补充两个约束条件发生变化的案例场景。

（1）案例 1：可靠的医疗数据，严格的时间约束。

（2）案例 2：可靠的医疗数据，略微放松的时间约束。

（3）案例 3：不是很可靠的医疗数据，放松的时间约束。

医疗数据可靠主要指患者被感染的日期准确，反之不可靠的日期表明患者可能在该日期之前几天或之后几天才被感染。时间约束严格指感染者的感染时长严格满足病毒潜伏期后才具有感染性。场景设计为案例 1，表示感染者的感染日期准确，潜伏期为3天。案例2有与案例1相同的可靠医疗数据，但由于可能存在感染者个体差异[12]，考虑最坏的情况，将病毒潜伏期缩短为2天。对于案例3，由于人工调查中可能存在记忆偏差，感染者的感染日期设置有前后1天的偏差。不同的时间约束反映了搜索算法对约束条件的容错程度。如图9-15所示，(a)—(c)图分别代表案例1、案例2和案例3，图9-15(d)代表路径长度为2时被标记为"发现"的索引案例比例[13, 14]。

图9-15(a)—(c)表明，在不同案例情况下，当路径长度为4时，均能发现99%以上的索引案例，因此对于不同案例设置最大搜索路径长度为4。图9-15(d)显示，由于放宽了约束条件，案例2和案例3在路径长度为2时发现了更多的传播路线与索引案例。但实际上与案例1相比，案例2和案例3的结果可能包含部分错误的传播路线。

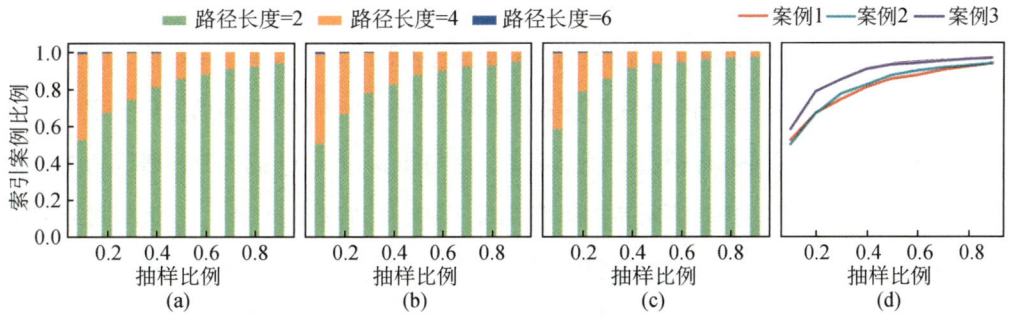

图9-15 接触者追溯算法中标记索引案例的过程

在所有案例中，算法完成抽样率从0.1~0.9的一组实验耗时1.5~3.8 h，约束条件越严格，算法收敛的速度越快。完成一个抽样率的实验最短耗时为100 s，最长耗时为1500 s，其中，路径长度为4的追溯过程耗费了算法99%以上的时间。

图9-16为案例1—案例3各个评价指标的结果。图9-16显示除了 FPR 指标，案例2和案例3在其他指标上的表现均优于案例1，这是由于时间约束放宽使得算法能够识别出更多的传染路径。案例2和案例3的 FPR 比案例1高是因为当医疗数据和时间约束稍微放宽时，更多的健康乘客被识别为疑似感染病例。相比之下，案例3的 FPR 略高于案例2，因为案例3中识别出更多由于放宽时间约束而找到的错误传染路径。

图9-16(d)表明，通过搜索主要接触者和密切接触者，所有的案例场景均能获得较好的 MTPR 表现，阳性病例检测率超过96%。实际应用时，应考虑医疗资源容量和核酸检测成本情况来平衡算法效果与资源分配安排。

图9-17为接触者追溯算法输出的主要接触者与密切接触者分布情况。

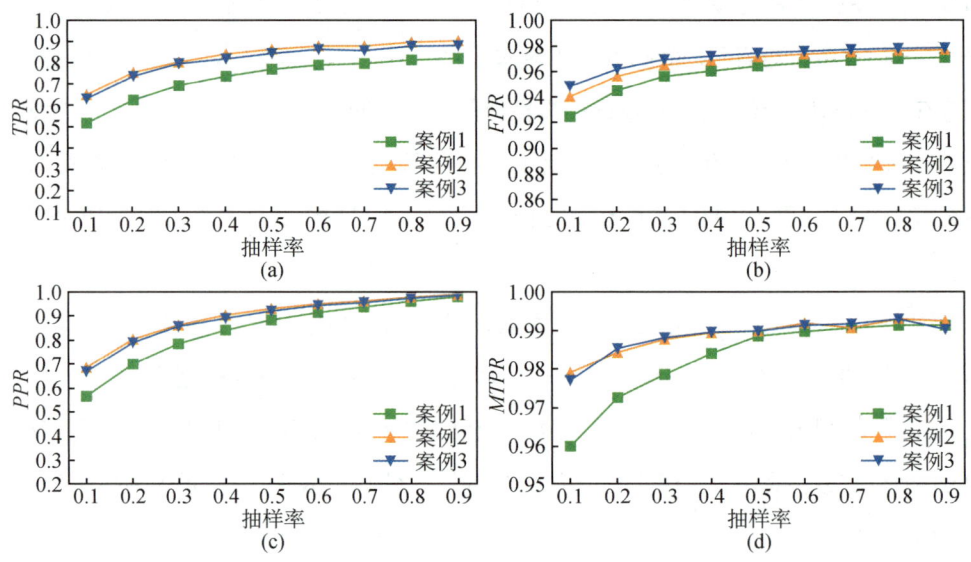

图 9-16 对案例 1 至案例 3 的接触者追溯结果的评估

图 9-17（a）显示主要接触者数量随着抽样率的增加而逐渐增加，其中案例 3 由于搜索产生更多的错误路径，输出更多主要接触者病例。图 9-17（b）表明案例 1—案例 3 所有接触者总数对于每种抽样情况的差别不大，这与图 9-16（d）的 MTPR 表现有关，由于 MTPR 在案例 1 至案例 3 的所有抽样率情况下均保持较高的水平，因此搜索结果中的接触者数量差别不大。同时，图 9-17（b）显示，当抽样率较小时，案例 2 可以搜索出更多的接触者。这是由于抽样率较小时，索引样本更加分散，在案例 2 场景下，宽松的医疗数据约束则可搜索到更多的接触节点。

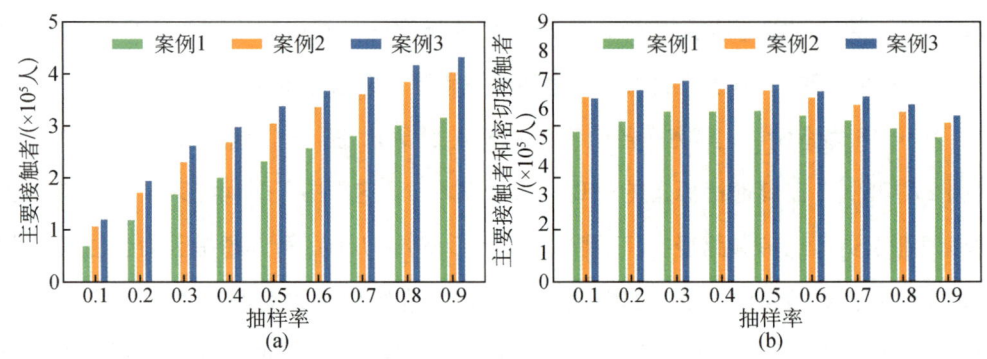

图 9-17 接触者追溯算法的主要接触者和密切接触者

在 14 天内，接触网络中共有 130 万个乘客节点，当抽样率为 0.1 时，如图 9-17（b）所示，需要检测 50 万～60 万人，意味着检测 35%～41% 的乘客就能找到 96% 以上的感染者。相比于检测全体乘客，应用接触者追溯算法结果能够有效降低检测成本。

3. 感染时长敏感性分析

搜索方法的耗时可能与传染路径的数量和长度有关，更长、更多的传染路径可能会影响算法的效率。针对此问题，将传染病无干预传播的时间延长至 17 天。在 15 天、16 天和 17 天后，感染者总数分别为 11 879 人、53 541 人和 86 231 人。图 9-18 显示，在没有任何干预的情况下，模拟的感染过程持续到 17 天时，一天内有超过 4 万个新的感染病例，累计感染病例数量呈指数分布。

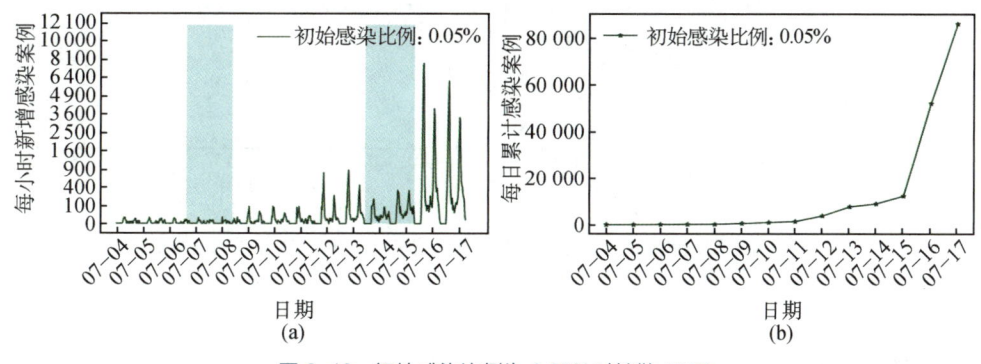

图 9-18 初始感染比例为 0.05% 时扩散 17 天

针对不同传染时长的实验均进行了 10 次随机试验。对于持续 14 天，完成 0.1～0.9 的抽样率大约需要 1.2 h，持续 15 天完成抽样率总耗时大约需要 1.4 h，持续 16 天完成抽样率总耗时需要 4 h，持续 17 天完成抽样率总耗时需要 7 h。图 9-19 所示实验结果表明，由于追溯者接触算法是根据传染路径进行搜索的，更多、更长的感染路径将耗费更多的计算时间。时间消耗与感染人数的增长趋势相似，均呈现指数型增长。

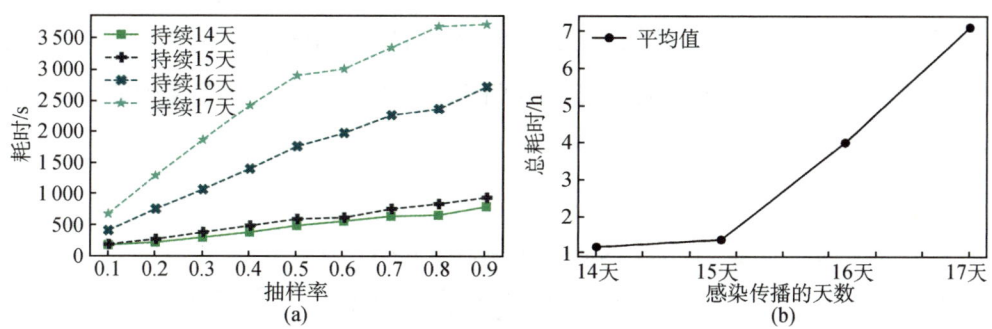

图 9-19 基于知识图谱的接触者追溯算法在不同时长感染过程中的搜索时间

图 9-20 表明接触者追溯算法针对较长感染过程的追溯也有较好的表现。当抽样率为 0.1 时，TPR 甚至增加了约 100%，但与此同时 FPR 有所降低，这是由于当感染过程增长时，阳性病例在公交车辆中的数量增加，使得感染风险增加，更多的接触路径成为感染路径，所以 TPR 值升高而 FPR 值下降。

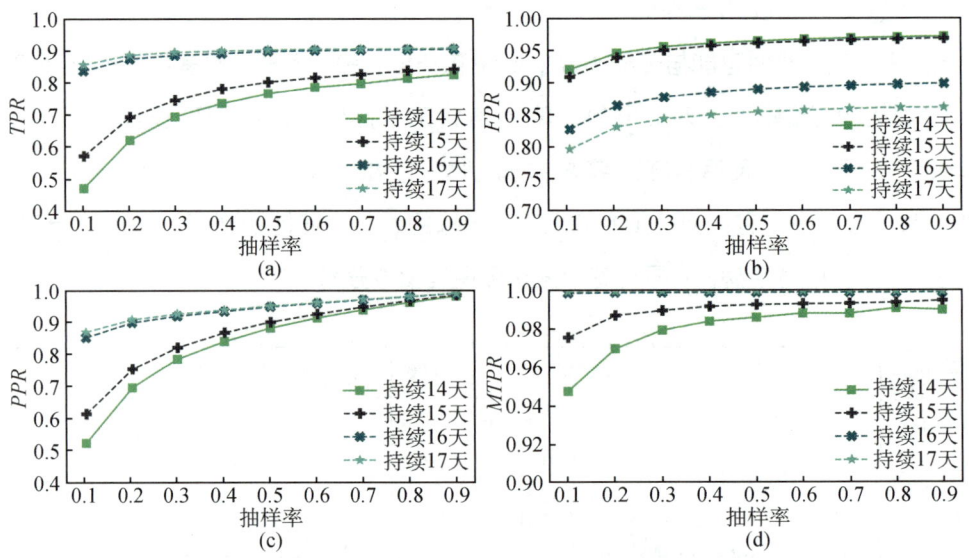

图 9-20　基于知识图谱的接触者追溯算法在不同时长的感染过程中的搜索结果

9.5　本章小结

在突发公共卫生事件下传染病疫情防控过程中，公共交通承担着保障复工复产的功能，其在重大突发传染病疫情防控体系中的作用至关重要。本章针对突发公共卫生事件下城市公共交通运行管理决策需求，提出一种基于多源数据的公共交通运行管理决策支持系统框架，包括突发公共卫生事件案例库、多源数据融合库、公交数据分析技术库和公交防疫策略库。在此基础上，采用系统框架中的相关模型算法结合厦门案例来说明公共交通应对传染病疫情的策略，包括潜伏初期的关联客流与预警疏散、快速传播期的感染者追溯与出行保障以及持续防控期的复工复产出行保障。在公共交通传染病接触者追溯中，进一步提出基于知识图谱的方法应用，通过模拟相关感染场景并计算追溯结果。

参考文献

[1] 段婷婷.基于公共交通的分步应急疏散组织策略与模型[D].南京：东南大学，2018.

[2] 庞梦圆，杜彦君，厉超吉，等.基于图像采集技术的地铁站台客流引导系统研究[J].都市快轨交通，2017，30(2)：37-41.

[3] 何亚翠.基于城市轨道交通列车运行计划调整的公交应急联动方案生成[D].北京：北京交通大学，2019.

[4] 张擎.公交车辆应急救援服务点布局研究[D].成都：西南交通大学，2017.

[5] MOSALLANEJAD M, SOMENAHALLI S, MILLS D. Origin-destination estimation of bus users by smart card data [M] // GEERTMAN S, ZHAN Q, ALLAN A, et al. Computational Urban Planning and Management for Smart Cities. [S.l.]：Springer, 2019, 305-320.

[6] 张懿木，黄永燊，李健，等.基于二阶聚类算法的常规公交乘客出行特征分析：以厦门为例[J].综合运输，2020，42(3)：120-126.

[7] 张毅, 王雪成, 毕清华. 基于新型冠状病毒传播机理的交通出行易感度研究[J]. 交通标准化, 2020, 6 (1): 73-80.

[8] 张帜. Neo4j权威指南: 图数据库——大数据时代的新利器[M]. 北京: 清华大学出版社, 2017.

[9] LI J, XIANG T, HE L. Modeling epidemic spread in transportation networks: a review[J]. Journal of Traffic and Transportation Engineering (English Edition), 2021, 8 (2): 139-152.

[10] SUN C, ZHAI Z. The efficacy of social distance and ventilation effectiveness in preventing COVID-19 transmission[J]. Sustainable Cities and Society, 2020, 62: 102390.

[11] KOJAKU S, HÉBERT-DUFRESNE L, MONES E, et al. The effectiveness of backward contact tracing in networks[J]. Nature Physics, 2021, 17 (5), 652-658.

[12] HE X, LAU E, WU P, et al. Temporal dynamics in viral shedding and transmissibility of COVID-19[J]. Nature Medicine, 2020, 26: 672-675.

[13] 李健, 陈田, 张懿木. 面向传染病疫情防控的公共交通运行管理决策支持研究[J]. 中国公路学报, 2020, 33 (11): 30-42.

[14] CHEN T, ZHANG Y, QIAN X, et al. A knowledge graph-based method for epidemic contact tracing in public transportation[J]. Transportation Research Part C: Emerging Technologies, 2022, 137: 103587. 1-103587.22.

第 10 章
城市突发公共卫生事件下定制公交运营优化

10.1 引言

在重大突发传染病疫情防控期间,受病毒和出行限制措施的双重影响,城市居民的出行行为会发生变化,尤其在公共交通方面。一方面,突发公共卫生事件下由于城市交通出行管控措施的实施,一些必要和非必要的出行均会得到抑制,必要出行(例如医护人员的通勤出行)可能也无法得到满足和保障;另一方面,乘坐公共交通工具会增加感染病毒的风险,这便导致私人小汽车使用的增加,从而加剧了城市交通拥堵;同时,一些原本乘坐公共交通工具通勤的出行者也转变为采用私人小汽车通勤[1-3]。私人化机动交通的增加可能会对城市交通、环境和居民生活产生负面影响。因此,有必要探讨突发公共卫生事件下,在预防和控制疫情传播的同时,如何保障必要出行且避免私人交通的不断增加。

10.2 城市客运交通保障与定制公交通勤

突发公共卫生事件下,为了能够尽快复工复产、社会复苏,许多城市推出了特殊时期的定制公交,一方面保障城市居民必要的通勤需求,另一方面防止通勤途中病毒的交叉感染[4]。定制公交并不是一个全新的交通概念,自 20 世纪 70 年代以来,它已出现在欧洲和美国,主要在高峰时间提供市区和郊区之间的通勤服务[5]。2013 年,中国首条定制公交线路在青岛正式开通[6]。日常,定制公交是一种需求响应式公共交通服务，使用类似公交车或大型客运车辆进行运输，主要服务于居住距离较近、出行目的地相似、通勤时间相近的人群[7]。虽然经过多年发展，但定制公交的出行量仍然较低，而且许多城市的居民对定制公交并不完全了解。

突发公共卫生事件下，定制公交的服务对象是同一辆车上的人群，并采取了"一人一座、间隔乘坐"的方式，政府和运营商将车辆载客率限制在50%以下。具体来说，定制公交是一种以定人、定点、定时、定价、定车等为特点，严格保证一人一座、间隔乘坐，满足复工复产需使用公共交通工具的公众对公共交通出行"点对点"的需求[8]；同时，定制公交车辆内的司机和乘客必须佩戴口罩，在每次上车前运营商都会提前测量司机和乘客的体温，定制公交的服务介绍如图10-1所示。与步行、自行车或其他形式的公共交通出行方式相比，定制公交可以满足重大突发传染病疫情期间长距离通勤的需求，同时由于其乘客人群相对固定等，因而也降低了交叉感染的风险，这对于高密度人口的城市来说显得尤为重要。

服务于居住距离较近、出行目的地相似、通勤时间相近的人群
价格介于地铁/常规公交和出租车/网约车服务之间

每次上车前测量乘客和司机的体温

启动公共卫生事件一级响应时，乘客必须佩戴口罩，同时须间隔乘坐

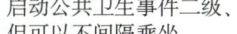
启动公共卫生事件二级、三级响应时，乘客必须佩戴口罩，但可以不间隔乘坐

定制公交

优势	● **一人一座**，无须换乘，保证座位的前提下从出发地直达目的地 ● **环境友好且出行成本低** ● **专用车道**：高峰时刻行驶于公交专用道 ● **票价便宜**：远低于私人小汽车和出租车的出行花费 ● **折扣**：重大突发传染病疫情期间给予折扣优惠和票价补贴
价格	● **不同的票价形式** 例如： (1) 小于10 km：每人每次6元； (2) 10~15 km：每人每次8元； (3) 15~20 km：每人每次10元； (4) 大于20 km：基础票价10元，每人每次多增加5公里则增加3元
预约	● **选择通勤路线**：通过互联网或移动App预约和选择座位 ● **多样化的验票方式** (1) 季付、月付或单程票； (2) 下载二维码作为乘车依据； (3) 扫描手机上的二维码或打印纸质二维码进行验票

图10-1 重大突发传染病疫情期间的定制公交服务介绍

为保障重大突发传染病疫情期间城市客运交通的运行，有必要对城市居民在特殊时期的定制公交通勤意愿进行分析。首先，挖掘定制公交通勤意愿的影响因素；其次，对各类因素之间的影响路径进行分析；再次，挖掘不同人群组别之间意愿的差异性；最后，对城市客运交通运行的策略提出优化建议。

10.3 定制公交通勤意愿影响因素

对重大突发传染病疫情期间定制公交通勤意愿的影响因素进行分析，从定制公交的服务视角关注疫情期间如何保障城市必要的出行并促进可持续出行行为。共有 664 名受访者参与了这项研究，提供了重大突发传染病疫情期间与定制公交服务相关的 RP 调查数据和 SP 调查数据。建立基于假设场景的离散选择模型，用以估计通勤者转移至定制公交服务的意愿，以确定不同群体的出行模式偏好。

10.3.1 度量设计和实施

通过 2021 年 7 月 3 日至 7 月 10 日的一项网络调查，对上海地区用户在重大突发传染病疫情期间使用定制公交服务的转移通勤意愿及其影响因素进行调查并收集研究数据。调查开始前向受访者描述了重大突发传染病疫情时期定制公交服务的主要特征（图 10-1）。调查内容主要包括：

（1）RP 数据调查，即全面完整的通勤出行信息，包括重大突发传染病疫情前后的主要通勤模式和同伴数量。调查对象的居住地和工作地信息（通过两条道路的交叉口获得）。

（2）SP 数据调查：在 4 种假设场景下受访者可能向定制公交服务模式转移的信息，以不同的组合对定制公交相关的 3 个属性（表 10-1）进行正交设计。

表 10-1 定制公交出行假设场景

场景	出行票价	付款种类	车速/(km·h^{-1})
1	6 元（固定费用）	只有月票	20
2	小于 10 km：6 元，10~20 km：8 元，大于 20 km：10 元（分级费用）	月票或单程票	30
3	6 元（固定费用）	只有月票	30
4	小于 10 km：6 元，10~20 km：8 元，大于 20 km：10 元（分级费用）	月票或单程票	20

（3）通勤者的个人社会经济特征，包括性别、年龄、职业、学历、收入和汽车/自行车拥有数量。

10.3.2 通勤出行属性变量

通过两条道路交叉口获得的位置信息确定受访者的居住地和工作地。如图10-2所示，受访者中24.51%的人居住在浦东新区，8.89%的人居住在杨浦区，8.10%的人居住在闵行区；23.52%的人在浦东新区工作，10.47%的人在徐汇区工作，8.70%的人在静安区工作。

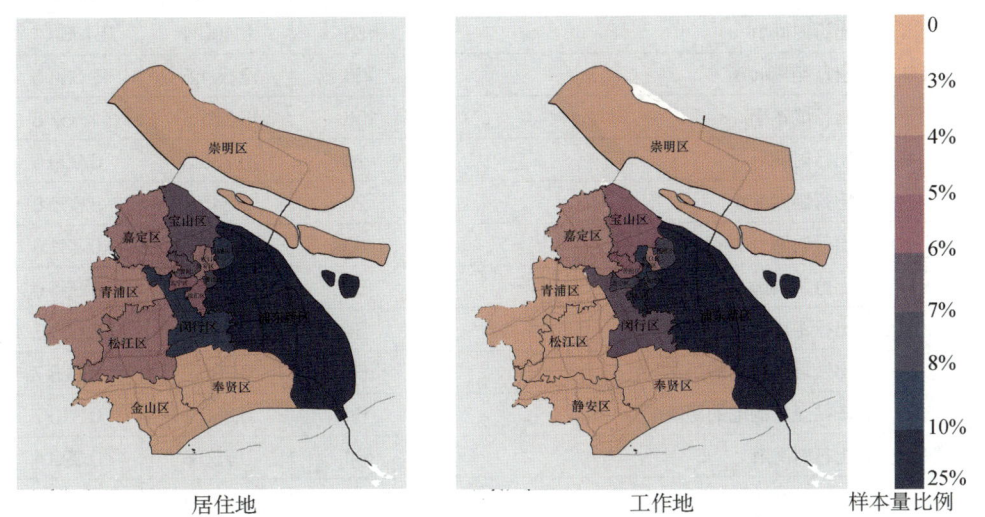

图10-2 受访者居住地和工作地

根据受访者的通勤出发地和目的地获得通勤出行信息。利用地图提供的路径规划服务，即方向应用程序编程接口（Direction API），获取通勤出行属性变量。Direction API是一组具有代表性状态转移（REST）架构风格的web服务API，以HTTP/HTTPS的形式提供路径规划服务。

表10-2列出了相关通勤出行属性变量。在RP数据部分，出行距离变量被用作常规公交与地铁到达和离开车站的标准。使用距离变量作为出行变量减少了偏差，因为通勤者可以使用具有不同出行速度的不同出行模式到达或离开车站，例如步行或骑自行车。步行的平均出行距离为2.85 km，自行车的平均出行距离为4.37 km，非机动化出行模式的平均出行距离为3.99 km。就平均出行时间而言，汽车出行时间小于30 min，常规公交出行时间接近于地铁（45~50 min）。由于上海的公交车站分布比地铁车站更为密集，因此地铁出行模式的到达或离开车站的距离比公交出行模式的长。地铁出行模式的换乘距离和步行时间比常规公交出行模式的长，这与上海的车站和线路数量有关。在SP数据部分，根据单程票价、收费类型和运行速度设置定制公交服

务的属性变量。由于定制公交直接从出发地（起点）行驶至目的地（终点），因此定制公交服务的出行距离等于小汽车的出行距离。由此可以为每个受访者计算定制公交服务的出行时间。在场景 2 和场景 3 中，定制公交服务的出行时间（25.1 min 和 24.2 min）接近小汽车出行模式的出行时间（24.4 min）。在场景 1 和场景 4 中，定制公交服务的出行时间比小汽车出行模式的长，但略短于常规公交和地铁出行模式的出行时间。

表 10-2 出行变量属性描述

出行模式	变量		样本数量	平均值	标准差
小汽车	出行时间/h		156	0.406 4	0.406 41
	出行距离/km		156	12.591 5	12.356 6
	出行成本/元		156	45.371 8	41.557 8
步行	出行时间/h		26	0.735 3	0.909 0
	出行距离/km		26	2.845 4	3.606 8
自行车	出行时间/h		80	0.388 3	0.331 6
	出行距离/km		80	4.373 9	3.854 0
常规公交	出行距离/km		64	8.135 9	5.631 3
	出发地至车站的距离/km		64	0.285 9	0.263 7
	车站至目的地的距离/km		64	0.369 1	0.310 7
	出行时间/h		64	0.750 8	0.399 1
	换乘次数/次		64	0.234 4	0.462 6
	换乘步行距离/km		64	0.033 5	0.110 9
	出行成本/元		64	2.421 9	1.138 2
地铁	出行距离/km		180	14.946 1	11.301 5
	出发地至车站的距离/km		180	0.568 3	0.485 9
	车站至目的地的距离/km		180	0.491 9	0.375 3
	出行时间/h		180	0.885 6	0.949 8
	换乘次数/次		180	0.838 9	0.846 7
	换乘步行距离/km		180	0.162 8	0.216 9
	出行成本/元		180	4.038 9	1.909 6
定制公交	单程票价/元	场景 1	240	6.000 0	0.000 0
		场景 2	248	7.266 1	1.481 9
		场景 3	301	6.000 0	0.000 0
		场景 4	209	7.148 3	1.461 7
	出行时间/h	场景 1	240	0.580 0	0.504 6
		场景 2	248	0.417 5	0.387 3
		场景 3	301	0.403 3	0.377 4
		场景 4	209	0.567 4	0.529 4

RP 数据中 5 种出行模式以及 SP 数据中定制公交出行模式的转移意愿结果如表 10-3 所列。RP 数据中的出行模式包括重大突发传染病疫情前后的通勤模式。病毒传播感染风险较低的小汽车出行比例明显增加，而感染风险较高的公交出行比例有所下降。出行模式选择在重大突发传染病疫情暴发 6 个月后仍然受到传染病疫情的影响。在转移至定制公交出行的意愿方面，在 4 个假设场景中，采取小汽车通勤的用户最愿意转移至定制公交通勤，可能的原因如下：①定制公交代表了相对较低的感染风险；②出行时间变化较小；③相对较低的成本。相比之下，采取步行和自行车出行的通勤者最不愿意转移至使用定制公交通勤，因为非机动化通勤模式的感染风险相对较低，而定制公交在短途通勤方面没有优势。这些结论有部分不同于之前的研究，在文献 [7] 的研究中，使用地铁和常规公交的通勤者最愿意转移至定制公交通勤，而使用非机动化通勤的人群最不愿意转移至定制公交服务。这表明，定制公交服务在重大突发传染病疫情暴发后吸引了小汽车通勤者，而在日常生活中，定制公交则对公共交通通勤者更有吸引力。这种差异可能是因为通勤者在使用小汽车通勤期间感染病毒的风险小于使用公共交通通勤。此外，通勤者主要关注出行时间和速度。在场景 2 和场景 3 中，出行速度相同但高于其他两种场景，表明定制公交服务吸引了更多使用传统出行模式的通勤者。

表 10-3 出行模式划分和定制公交服务转移

出行模式	传染病疫情前模式比例	传染病疫情后模式比例	转移至定制公交的比例			
			场景 1	场景 2	场景 3	场景 4
小汽车	21.15%	30.83%	54.49%	61.54%	66.67%	52.56%
步行	4.55%	5.14%	34.62%	26.92%	42.31%	23.08%
自行车	12.05%	15.81%	40.00%	32.50%	50.00%	35.00%
常规公交	15.81%	12.65%	43.75%	46.88%	57.81%	42.19%
地铁	46.44%	35.57%	47.78%	49.44%	60.56%	36.67%

10.3.3 定制公交通勤意愿影响因素

构建多项 logit 模型（MNL）和巢式 logit 模型（NL）分析定制公交通勤意愿的影响因素。在巢式 logit 模型中，定制公交分别嵌套在小汽车、常规公交和地铁中，以此检验定制公交服务是否具有与这些传统通勤出行方式相似的特征。模型的嵌套结构如图 10-3 所示。

模型拟合优度指标汇总统计结果如表 10-4 所列。基于 μ 的 t 值统计，巢式 logit 模型的 μ 值均接近于 1，且在 95% 置信度下不显著；同时，NL×小汽车模型和 NL×地

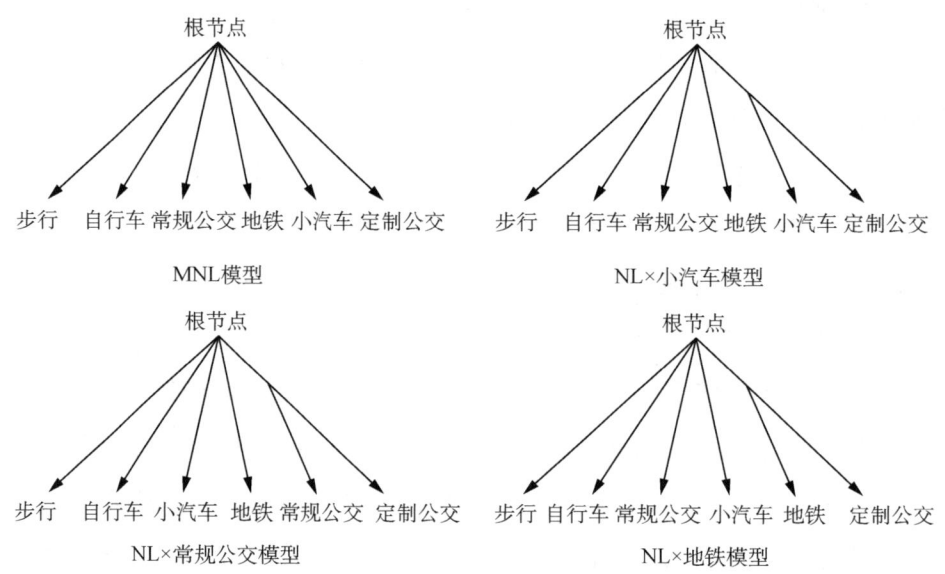

图 10-3 模型的嵌套结构

铁模型的似然比检验小于自由度为1时的临界值3.84，NL×常规公交模型的似然比检验结果的绝对值大于临界值。由此认为，巢式 logit 模型不适合用于分析定制公交通勤出行的转移意愿，并且该模型几乎具有多项 logit 模型的结构[9]。同时，定制公交出行模式在出行时间、出行距离和其他变量方面与传统出行模式不同。因此，应用多项 logit 模型的参数估计结果于后续分析中。

表 10-4 模型拟合优度指标

参数	MNL 模型	NL×小汽车模型	NL×常规公交模型	NL×地铁模型
μ 值	1.000	1.047	1.045	1.012
t 值	—	1.705	1.807	0.874
P 值	—	0.088	0.071	0.382
初始似然对数	−4 227.259	−4 441.118	−4 428.082	−4 425.414
终止似然对数	−3 295.451	−3 293.608	−3 298.553	−3 295.540
似然比	—	3.686	−6.204	−0.178
伪 R^2	0.220	0.256	0.255	0.255
平均伪 R^2	0.216	0.250	0.250	0.250

在多项 logit 模型中，6 种出行模式的效用函数中都包含了不同的出行变量属性，如出发地或目的地至车站的距离、出行时间、出行距离以及与方式转移相关的属性。但是，并非所有设计的出行变量属性都是显著的，因此从模型中删除了不显著的变量属性。变量属性对通勤出行模式选择有显著影响，参数估计的符号表示正效应或负效应，如表 10-5 所列。除地铁出行模式的出行时间以外，大多数系数都是统计学意义

上显著的负号。由于地铁出行模式具有长距离出行优势,因此可能造成了变量属性的影响是正向的。

表 10-5 MNL 模型参数估计结果

出行模式	变量	参数估计	标准差	t 检验
小汽车	常数项	-2.755 8	0.266	-10.354
	出行时间/h	-3.045 1	0.343	-8.873
步行	常数项	-3.120 5	0.302	-10.339
	出行时间/h	-1.265 7	0.128	-9.872
自行车	常数项	-2.329 3	0.279	-8.358
	出行距离/km	-0.271 6	0.019	-13.939
常规公交	常数项	-2.554 0	0.275	-9.272
	出发地至车站的距离/km	-0.332 1	0.190	-1.752
	出行时间/h	-1.409 2	0.147	-9.603
地铁	车站至目的地的距离/km	-1.822 8	0.192	-9.473
	出行时间/h	0.304 6	0.120	2.533
	换乘步行距离/km	-1.124 3	0.338	-3.331
	出行成本/元	-0.671 7	0.074	-9.097
定制公交	常数项	-1.186 5	0.391	-3.036
	单程票价/元	-0.114 1	0.056	-2.033
	出行时间/h	-1.396 6	0.181	-7.711
	单程票可用性	-0.244 5	0.111	-2.205

根据多项 logit 模型的结果分析,定制公交服务中的定制公交单程票价系数为负(-0.114 1),表明当票价增加时,通勤者不倾向于选择定制公交。可能的原因是,在某些情况下,单程票价是固定的,不会随行程距离而变化。作为引入市场机制的一种通勤方式,定制公交的票价会高于普通公交,接近甚至高于地铁。因此,更高的票价阻碍了通勤者选择定制公交。另外,通勤者更愿意支付包月费用,可能是因为这比不断地重复购票更为方便。定制公交的出行时间对通勤者的模式选择概率产生负面影响(-1.396 6);且与其他因素相比,这一因素对定制公交通勤意愿的负面影响更大。此外,通勤者对定制公交的出行时间也很敏感,类似于常规公交模式(-1.409 2)。

在传统出行模式中,大多数出行模式的出行时间系数为负值,其中小汽车的出行时间系数分别是步行和常规公交的 2.41 倍和 2.16 倍。小汽车出行时间的忍耐度显著低于常规公交或步行。可能的原因是,驾驶员需要集中精力驾驶,并倾向于出行时间较短。值得注意的是,地铁的出行时间系数为正值(0.304 6),但并不显著,这表明对于那些没有采用小汽车通勤的人来说,在更长的出行时间方面地铁显示出其优势。同时,调查结果表明,出发地和目的地与车站的进出距离对于通勤者乘坐公共交通有较大影响，受访者对出发地至公交车站的距离以及地铁车站至目的地的距离很敏感。可能的原因是，在上海有就业岗位和办公用地较多的地区，公共车站数量比地铁车站数量多。地铁换乘步行距离以及地铁车站至目的地的距离的影响大于出行时间的影响。不舒适的换乘环境可能会使通勤者产生焦虑和易怒，这些变量也可能容易导致通勤者转移至私人机动车出行模式。

10.3.4 群体通勤出行偏好异质性

在多项 logit 模型参数估计的各出行方式效用函数中，常数项（Alternative Specific Constant，ASC）代表对不同出行模式的固有偏好[9-11]。将地铁通勤出行模式的 ASC 归一化为零，并比较地铁与其他出行模式在 ASC 方面的差异。

基于社会经济属性的通勤出行模式 ASC 结果如图 10-4 所示，变量包括年龄、收入、教育和性别。在图 10-4（a）中，青年人更愿意选择地铁和常规公交通勤。他们乘坐定制公交的意愿相对积极，但小于地铁，这可能是因为定制公交的票价高于地铁。在所有年龄组中，中年人更喜欢乘坐定制公交通勤，他们是最有可能使用定制公交服务通勤的一类人群。图 10-4（b）展示了不同收入水平群体的偏好。中等收入人群不愿意步行通勤，他们更喜欢乘坐公共交通。高收入人群对小汽车出行模式表现出

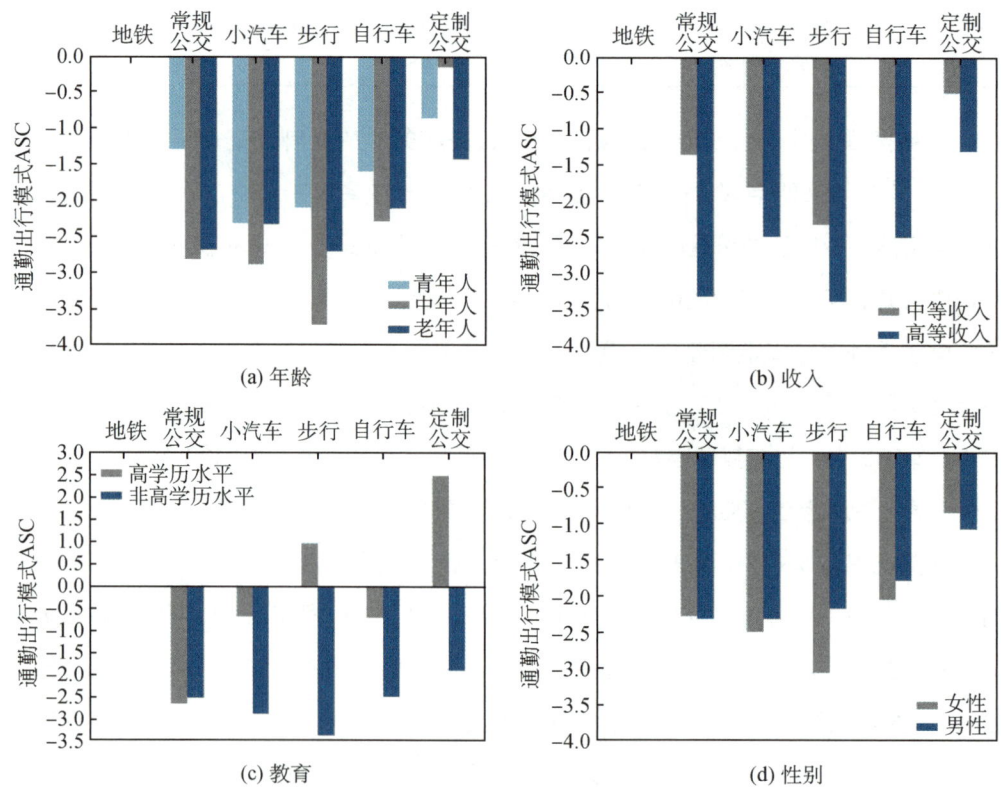

图 10-4 基于社会经济属性的通勤方式选择偏好

更大的偏好。与中等收入人群相比，高收入人群选择定制公交通勤的意愿要弱很多。图 10-4（c）为按学历水平划分的偏好系数，结果反映出使用定制公交服务的偏好与学历水平相关。高学历人群对使用定制公交表现出强烈的偏好。图 10-4（d）显示了性别的影响。女性比男性更倾向于使用定制公交服务。男性对于不同的通勤方式的偏好没有显著差异，但女性与男性相比，她们更不愿意采用步行和自行车通勤。

基于出行特征的通勤出行模式 ASC 结果如图 10-5 所示，变量包括驾照、拥有小汽车、拥有自行车和通勤途中陪伴人数。图 10-5（a）表明有驾照和无驾照人群的偏好。无驾照人群更倾向于使用定制公交，他们对小汽车通勤出行模式的偏好是显著负向的。有驾照人群愿意选择定制公交通勤，但他们同时也倾向于自驾通勤。图 10-5（b）说明了按小汽车拥有情况划分的偏好。有小汽车的人群愿意自驾通勤，但他们比无小汽车的人群更愿意转移至定制公交通勤。这可能是因为选择定制公交通勤可以减少单独驾驶的精力消耗，也大大降低了出行成本，同时还能确保防疫安全。没有车辆的人群不会驾车通勤。此外，步行或自行车通勤也不是他们的预期选择。图 10-5（c）显示了自行车拥有者的通勤方式偏好。有自行车的人群更愿意选择自行车通勤，但定制公交对他们也有一定的吸引力。没有自行车的人群不喜欢非机动化的通勤方式。图 10-5（d）显示了基于同伴数量的偏好。有同伴的通勤者会优先选择小汽车通勤，因为通勤者之间可以分担出行成本。没有同伴的通勤者比有同伴的通勤者更有可能使用定制公交。

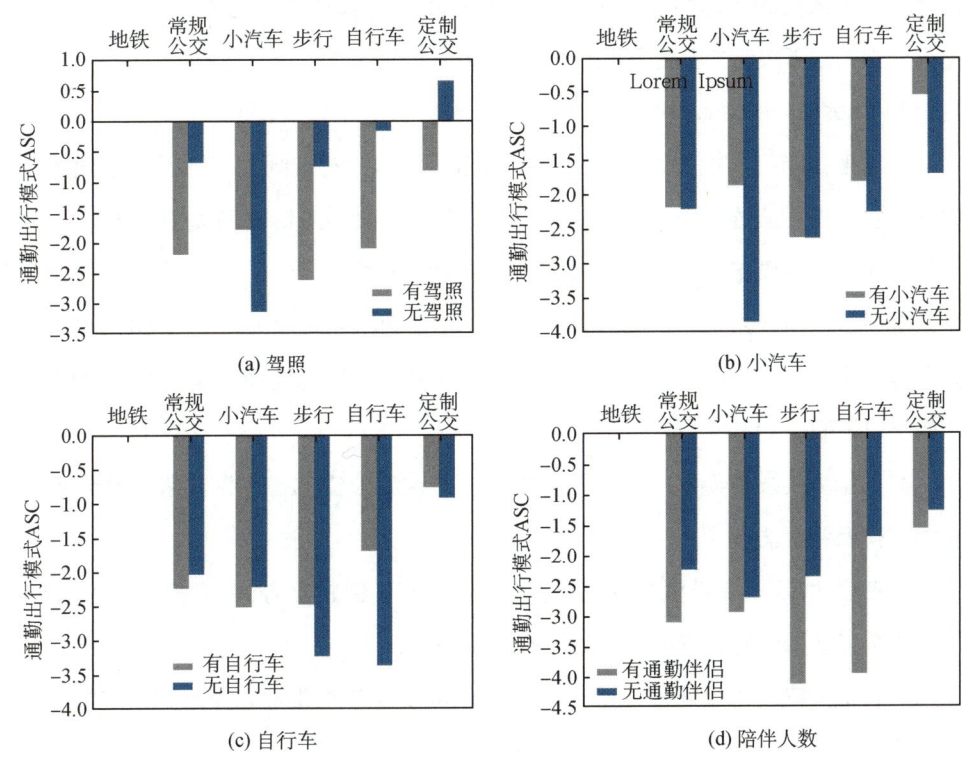

图 10-5 基于出行特征的通勤方式选择偏好

总体而言，在重大突发传染病疫情发生后，没有一组人群倾向于自行车或步行通勤。在大多数群体中，地铁是最受欢迎的通勤出行模式，可能是因为它是一种相对廉价且适合长距离通勤的出行模式。此外，大多数群体选择小汽车通勤作为传统出行模式的第二选择。除在日常生活中更偏爱小汽车通勤模式以外，公众或许出于可减少感染风险这一原因故表现出对小汽车通勤的明显偏好。在大多数群体中，与传统出行方式相比，许多人群愿意使用定制公交作为通勤出行方式，这有利于政策制定和策略实施。

10.4 定制公交通勤意愿影响路径

在定制公交通勤意愿影响因素的分析中，假设场景涉及定制公交出行时间、票价和购票形式等变量，仍需要更多的变量来厘清定制公交通勤意愿影响因素。同时，各因素之间的影响路径对于政策制定和策略实施也更具实际意义。因此，基于结构方程模型对定制公交通勤意愿影响路径进行分析。

10.4.1 模型假设和变量设计

基于计划行为理论（Theory of Planned Behavior，TPB）构建模型初始框架。计划行为理论认为人类的行为意向（behavioral intention）直接影响行为（behavior），行为意向由3个相关因素决定，包括个人态度（attitudes）、主观规范（subjective norms）和知觉行为控制（perceived behavior control）[12]。

个人态度是与行为相关的积极或消极情绪[13, 14]。对定制公交通勤的态度不仅应考虑通勤者对这种交通出行方式的认同，还应考虑重大突发传染病疫情的影响。主观规范代表了外部因素推动个人发生主观行为的社会压力[12, 13]。知觉行为控制展示了对个人的挑战以及个人拥有的资源，这些挑战和资源限制了个人发生行为的能力[12]。行为意向表示个人发生行为的可能性，在此被描述为通勤者接受定制公交的意愿。因此，提出以下假设。

H1：在重大突发传染病疫情期间，通勤者对定制公交的态度对于其选择定制公交的行为意向有积极影响。

H2：在重大突发传染病疫情期间，主观规范（包括医学专家和政府政策的影响）对通勤者选择定制公交的行为意向有积极影响。

H3：在重大突发传染病疫情期间，知觉行为控制对通勤者选择定制公交的行为意向有积极影响。

除了计划行为理论的基本概念框架外,服务质量(service quality)与行为意向也存在相关关系[14]。在此将服务质量视为对定制公交服务的综合整体认知,并认为服务质量也是影响行为意向的因素[15]。因此,增加以下与定制公交服务质量相关的假设。

H4:考虑重大突发传染病疫情的影响,主观规范对定制公交服务质量有积极影响。

H5:考虑重大突发传染病疫情的影响,知觉行为控制对定制公交服务质量有积极影响。

H6:考虑重大突发传染病疫情的影响,定制公交服务质量(包括公共卫生健康方面)对个人选择定制公交的态度有积极影响。

图 10-6 展示了定制公交通勤出行意愿的概念模型,模型中包含了上述所有假设。

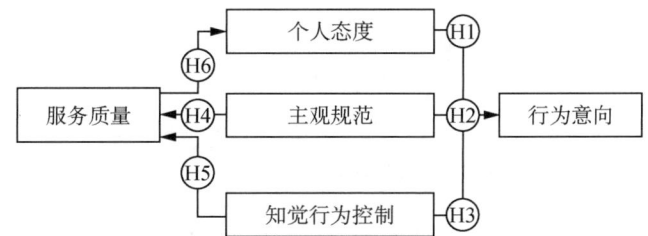

图 10-6　定制公交通勤出行意愿概念模型

基于定制公交通勤出行意愿影响的模型假设,考虑 5 个潜变量,即服务质量(SERV)、个人态度(ATTI)、主观规范(SUBJ)、知觉行为控制(PERC)和行为意向(BEHA)。潜变量需要通过一系列的指标进行衡量。作为度量设计的第一步,如何选择度量的观测变量尤为重要。各潜变量所对应的显变量(观测变量)设计如表 10-6 所列,29 个指标构成了与 5 个潜变量相关的显变量。

1. 服务质量(SERV)

从用户角度衡量服务质量,服务质量量表包含多个测量指标[16],涵盖了定制公交的可用性、路线特征、发车频率、可靠性、拥挤度、整洁度、花费、信息和安全等方面。在此基础上,确定 13 个测量指标(SQ1—SQ13)来衡量服务质量。除公共交通的一般服务质量属性以外,还将公共卫生健康方面的内容纳入其中,例如与地铁或常规公交相比,定制公交是否可以降低病毒感染的风险。详细信息见表 10-6。

2. 个人态度(ATTI)

个人态度反映了乘客对定制公交的整体认同情况,观测变量从两个角度进行设置:一是对定制公交服务本身的态度;二是与其他通勤方式相比,对定制公交的态度。因此,应用两个观测变量(AT1、AT2)来测量该潜变量,如表 10-6 所列。

3. 主观规范(SUBJ)

朋友、家人、新闻媒体等施加的社会压力对主观规范有显著影响[15]。除这些变量以外，还增加了来自医学专家和政府政策的社会压力，故采用 5 个观测变量（SU1—SU5）来测量主观规范，如表 10-6 所列。

表 10-6　模型测量的潜变量和显变量

潜变量	符号	显变量	符号
服务质量	SERV	定制公交车辆比常规公交车辆行驶速度快	SQ1
		乘坐定制公交可以减少出行时间	SQ2
		乘坐定制公交可以减少平均等待时间	SQ3
		乘坐定制公交可以减少可能遇到故障和事故的概率	SQ4
		与常规公交相比，乘坐定制公交可以降低感染病毒的风险	SQ5
		定制公交的环境更干净整洁	SQ6
		定制公交车内温度和气味更适宜	SQ7
		定制公交可以配备更个性化的设备，如 Wi-Fi、充电设备等	SQ8
		与单独驾驶小汽车相比，乘坐定制公交可以减少精力消耗	SQ9
		乘坐定制公交到达目的地更方便	SQ10
		步行至定制公交等候车站更方便	SQ11
		乘坐定制公交可以减少换乘次数	SQ12
		移动互联网技术可以改善定制公交的通勤便利性，包括预约、取消、车辆位置通知和通过移动应用程序付款	SQ13
个人态度	ATTI	如果条件允许，我将在传染病疫情后乘坐定制公交通勤	AT1
		我认为在传染病疫情后选择定制公交的通勤方式优于其他通勤方式	AT2
主观规范	SUBJ	新媒体（如微博、微信）对我在传染病疫情后选择定制公交有很大影响	SU1
		家人、朋友、公司领导、老板和其他人的意见对我在传染病疫情后选择定制公交有很大影响	SU2
		报纸、电视、广播等传统媒体对我在传染病疫情后选择定制公交有很大影响	SU3
		医学专家的意见和建议对我在传染病疫情后选择定制公交有很大影响	SU4
		政府和运营商推出的政策（如折扣优惠）对我在传染病疫情后选择定制公交有很大影响	SU5
知觉行为控制	PERC	使用移动应用程序预约或取消预约、查看时间信息等条件对我来说是很容易实现的	PE1
		传染病疫情后的城市建成环境适合我乘坐定制公交上下班	PE2
		虽然定制公交的价格高于地铁和常规公交的价格，但我的经济状况仍然允许我在传染病疫情后选择定制公交通勤	PE3
		传染病疫情后周通勤天数适合我乘坐定制公交通勤	PE4
		交通管控措施适合我在重大突发传染病期间乘坐定制公交上下班	PE5

续表

潜变量	符号	显变量	符号
行为意向	BEHA	我愿意办理月付、季付公交卡,以便在传染病疫情后乘坐定制公交通勤	BE1
		我愿意在传染病疫情后选择定制公交通勤	BE2
		我愿意在未来潜在的传染病疫情期间选择定制公交通勤	BE3
		我愿意鼓励其他人,如家人、朋友、同事,在未来潜在的传染病疫情期间选择定制公交通勤	BE4

4. 知觉行为控制(PERC)

当通勤者面临的挑战和所拥有的资源限制他们选择定制公交时,会影响他们的行为意向,主要包括个人生活环境、经济条件等[17]。鉴于重大突发传染病疫情的影响,将周通勤天数以及重大突发传染病疫情期间的出行管控措施添加到测量变量中,故采用 5 个测量变量(PE1—PE5)来测量知觉行为控制,如表 10-6 所列。

5. 行为意向(BEHA)

如果个人对态度、主观规范和知觉行为控制做出反应,行为意向被视为最有效的行为预测因素。除了衡量目前和未来选择定制公交的意愿[18],同时加入提供月付、季付等购票形式和其他因素,故采用 4 个观测变量(BE1—BE4)来测量行为意向,如表 10-6 所列。

10.4.2 度量设计和实施

为衡量模型中的 29 个测量变量,设计度量调查,于 2020 年 2 月 26 日至 3 月 3 日(阶段 1)和 2021 年 7 月 6 日至 7 月 15 日(阶段 2)在中国上海进行调查。阶段 1 调查是在累计报告病例数量达到峰值并在传染病疫情稳定后进行的,阶段 2 调查是在传染病疫情暴发较长时间后但仍然出现零星散发病例时进行的,如图 10-7 所示。在两个不同阶段进行的调查可用于确定人群定制公交服务的意愿、影响因素和影响路径是否会随着传染病疫情的发展而发生变化。度量通过"问卷星"在线平台进行,总计发放 1 285 份问卷。最终,在两个阶段分别收集了 407 份和 605 份回应完整且有效的问卷。

调查开始时,向受访者展示图 10-1,介绍了在传染病疫情防控期间推广的定制公交服务。问卷由三部分组成:①基本信息问题,包括居住和工作地点、传染病疫情前后的通勤出行模式和通勤天数;②表 10-6 所示的 29 个观测变量问题。受访者根据五级李克特量表反馈对每个问题的认同或意愿,从"强烈不同意或不愿意"到"强烈同意或愿意";③社会经济信息的问题,包括个人的性别、年龄、职业、年收入以及汽车/自行车拥有情况。

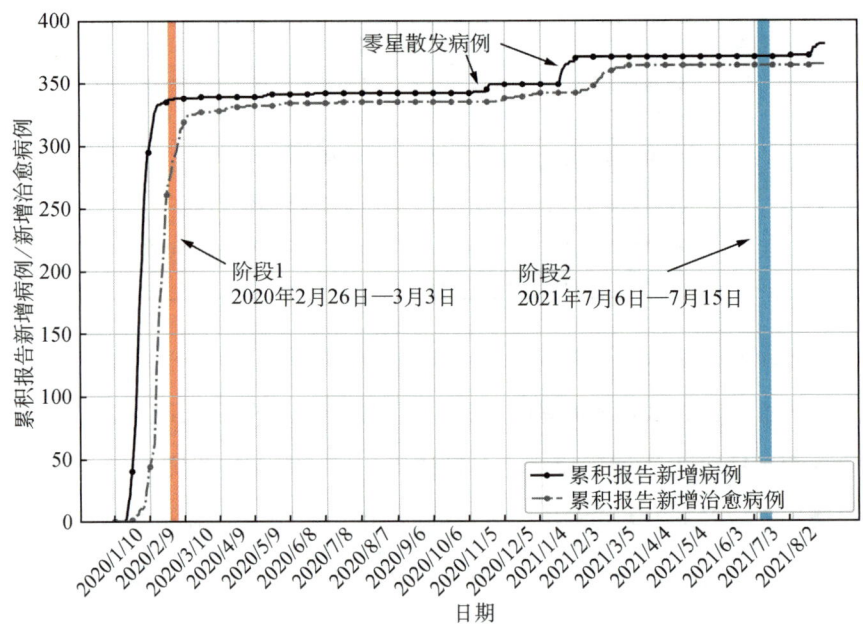

图 10-7　度量实施时间和传染病疫情发展态势

10.4.3　通勤意愿属性变量

根据度量设计和实施结果，图 10-8 展示了不同阶段人群通勤出行模式的变化。在传染病疫情期间，大多数个体保持了原来的通勤出行模式，但也有部分人群改变了通勤出行模式。图 10-8 的横坐标为人群在传染病疫情发生后的通勤出行模式，纵坐标为人群在传染病疫情发生前的通勤方式。阶段 1 的地铁和常规公交转移的人群数量

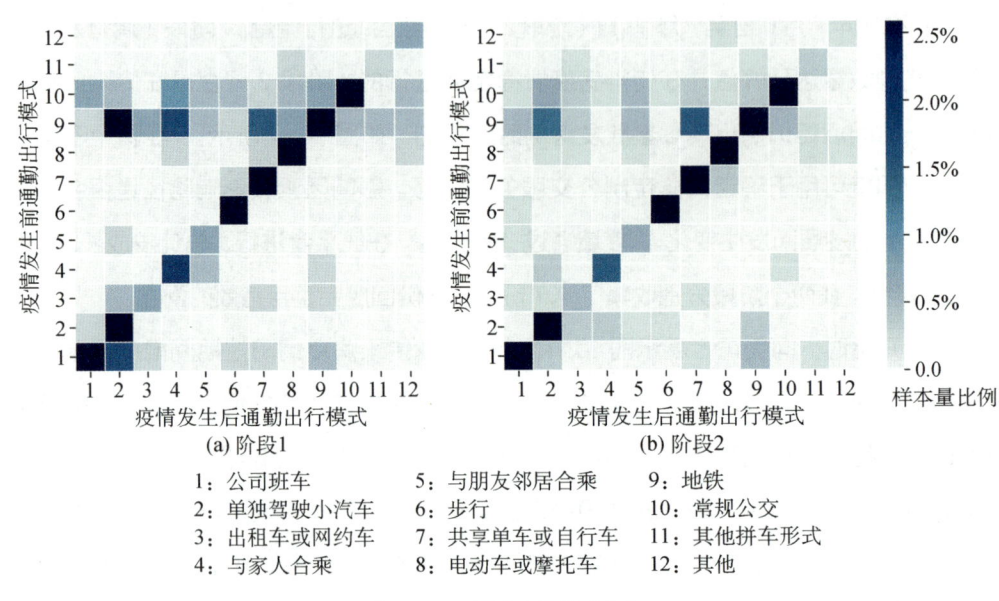

图 10-8　通勤出行模式变化

明显多于阶段2。图10-8中的对角线位置,经过计算可以得到在阶段1和阶段2,分别有78.13%和86.94%的人群没有改变他们的通勤出行模式。采用单独驾驶小汽车、地铁、常规公交通勤的人群数量最多。较少人群采用出租车、网约车、拼车或与朋友邻居合乘的通勤方式。图10-8的其余部分显示,21.87%和13.06%的人群分别在阶段1和阶段2改变了通勤出行模式。数量最多的模式转移情况是人们的通勤模式转移至单独驾驶小汽车通勤,随后是共享单车或自行车。从地铁或常规公交转移至单独驾驶小汽车,从地铁转移至共享单车或自行车的人群数量很多。人们更倾向于使用私人交通通勤模式,这可以使他们减少与他人接触的机会,但在传染病疫情态势显著改善后,又逐渐返回公共交通通勤。

表10-7分析了人群采用定制公交通勤意愿的变量。观测变量的平均得分在3.1~4.2之间。阶段1几乎每个变量的得分都高于阶段2。公众认可定制公交可以提供便捷的服务,但不认为定制公交可以比常规公交行驶速度更快、减少交通事故或满足个性化设备需求。选择定制公交通勤更容易受到医学专家和政府政策的影响。

表10-7 定制公交通勤观测变量的基本统计

潜变量	显变量	阶段1		阶段2	
		平均值	标准差	平均值	标准差
服务质量（SERV）	SQ1	3.658	0.735	3.471	0.875
	SQ2	3.887	0.843	3.648	0.924
	SQ3	4.047	0.874	3.818	0.953
	SQ4	3.590	0.863	3.379	0.941
	SQ5	3.845	0.943	3.608	0.905
	SQ6	3.902	0.753	3.835	0.745
	SQ7	3.713	0.715	3.724	0.782
	SQ8	3.491	0.965	3.628	0.929
	SQ9	4.044	0.728	4.033	0.778
	SQ10	4.084	0.817	3.977	0.841
	SQ11	3.943	0.842	3.891	0.858
	SQ12	4.005	0.885	3.830	0.911
	SQ13	4.123	0.788	4.045	0.757
个人态度（ATTI）	AT1	3.993	0.817	3.818	0.852
	AT2	3.892	0.892	3.739	0.920
主观规范（SUBJ）	SU1	3.469	0.943	3.296	0.968
	SU2	3.469	0.982	3.188	0.985
	SU3	3.570	0.851	3.250	0.971
	SU4	3.929	0.867	3.514	0.972
	SU5	3.978	0.849	3.752	0.911

续表

潜变量	显变量	阶段 1		阶段 2	
		平均值	标准差	平均值	标准差
知觉行为控制（PERC）	PE1	4.025	0.809	3.906	0.789
	PE2	3.806	0.859	3.631	0.888
	PE3	3.725	0.881	3.550	0.928
	PE4	3.749	0.908	3.696	0.910
	PE5	3.867	0.892	3.759	0.894
行为意向（BEHA）	BE1	3.916	0.853	3.754	0.914
	BE2	3.897	0.850	3.719	0.912
	BE3	3.904	0.870	3.759	0.923
	BE4	3.823	0.864	3.744	0.893

10.4.4 探索性因子分析和验证性因子分析

在构建定制公交通勤意愿影响基线模型前，进行探索性因子分析（Exploratory Factor Analysis, EFA）和验证性因子分析（CFA），以检验初始结构的信度和效度，并确定显变量与潜变量之间的对应关系。

首先，检验显变量之间的相关关系，发现代表服务质量的显变量之间似乎相关性较小，并且其中包含不同的成分。因此，进行主成分分析（Principal Component Analysis, PCA），以发现服务质量的准确潜在结构，如表 10-8 所列。所使用的检验标准是各成分中的因子载荷应大于 0.4[19]。表 10-8 的结果表明，衡量服务质量的指标可以被分配到不同的部分。除 SQ4 以外，因子载荷值均大于 0.4，因此 SQ4 被移除。由于不同成分中没有同时大于 0.4 的因子载荷，因此不存在交叉载荷。基于因子载荷的结果，可以识别 3 个不同的因子成分。因子 1 由 6 个指标（SQ8—SQ13，阶段 1）和 5 个指标（SQ9—SQ13，阶段 2）组成。因子 2 由 3 个指标组成（SQ1—SQ3，阶段 1 和阶段 2）。因子 3 由 3 个指标组成（SQ5—SQ7，阶段 1）和 4 个指标（SQ5—SQ8，阶段 2）组成。

表 10-8 服务质量探索性因子分析结果

指标	阶段 1			阶段 2		
	因子 1	因子 2	因子 3	因子 1	因子 2	因子 3
SQ1	−0.370	**0.795**	0.262		**0.545**	0.161
SQ2	0.153	**0.784**	−0.124		**0.976**	−0.132
SQ3	0.231	**0.648**		0.356	**0.463**	
SQ4	−0.142	0.325	0.373		0.318	0.310
SQ5	0.104	0.199	**0.533**		0.140	**0.457**
SQ6			**0.758**			**0.673**

续表

指标	阶段1			阶段2		
	因子1	因子2	因子3	因子1	因子2	因子3
SQ7	0.166		0.676			0.750
SQ8	0.534	−0.321	0.235		−0.131	0.507
SQ9	0.761			0.474		0.242
SQ10	0.641	0.332		0.848		
SQ11	0.661	0.247		0.824		
SQ12	0.441	0.297	0.128	0.505	0.103	
SQ13	0.507		0.258	0.447		0.122

其次,分析数据可靠性以评估变量的一致性,通常由克龙巴赫 α 系数(Cronbach's alpha)进行评估。如果该系数值大于 0.7,则认为数据的内部一致性较高[20]。表 10-9 的结果表明,每个潜变量中的克龙巴赫 α 系数的值大多大于 0.7,因子 3 的克龙巴赫 α 系数的值与 0.7 接近。同时,表 10-9 还展示了验证性因子分析(CFA)的结果。标准参数表示观测变量的一个标准差的变化对相对应潜变量的影响,当其值大于 0.5 时,测量模型被认为是可接受的,当其值大于 0.6 时,被视为良好[19]。由于阶段 1 的因子 1 中 SQ8(0.307)和 PERC 中 PE1(0.481)的标准参数以及阶段 2 因子 3 中的 SQ8(0.418)未达到 0.5,因此将这些变量移除。另外,阶段 2 的 PERC 中的 PE1(0.567)也因为相对较差的标准参数而被移除。

表 10-9 潜变量内在一致性参数和验证性因子分析

阶段1				阶段2			
潜变量	显变量	克龙巴赫 α 系数	标准参数	潜变量	显变量	克龙巴赫 α 系数	标准参数
因子2	SQ1	0.722	0.529	因子2	SQ1	0.737	0.592
	SQ2		0.757		SQ2		0.810
	SQ3		0.752		SQ3		0.717
因子3	SQ5	0.655	0.674	因子3	SQ5	0.697	0.600
	SQ6		0.635		SQ6		0.742
	SQ7		0.580		SQ7		0.735
因子1	SQ8	0.756	0.307	因子1	SQ8	0.805	0.418
	SQ9		0.541		SQ9		0.648
	SQ10		0.790		SQ10		0.783
	SQ11		0.710		SQ11		0.733
	SQ12		0.692		SQ12		0.633
	SQ13		0.526		SQ13		0.585

续表

阶段 1				阶段 2			
潜变量	显变量	克龙巴赫 α 系数	标准参数	潜变量	显变量	克龙巴赫 α 系数	标准参数
ATTI	AT1	0.716	0.751	ATTI	AT1	0.766	0.794
	AT2		0.745		AT2		0.784
SUBJ	SU1	0.796	0.610	SUBJ	SU1	0.844	0.786
	SU2		0.777		SU2		0.670
	SU3		0.712		SU3		0.799
	SU4		0.636		SU4		0.729
	SU5		0.600		SU5		0.630
PERC	PE1	0.732	0.481	PERC	PE1	0.807	0.567
	PE2		0.608		PE2		0.695
	PE3		0.636		PE3		0.727
	PE4		0.690		PE4		0.741
	PE5		0.574		PE5		0.657
BEHA	BE1	0.834	0.784	BEHA	BE1	0.874	0.785
	BE2		0.775		BE2		0.832
	BE3		0.680		BE3		0.796
	BE4		0.743		BE4		0.766

验证性因子分析（CFA）结果如表 10-10 和表 10-11 所列，说明测量模型经过调整后展现出良好的拟合效果。最后，根据指标的实际含义和内容对每个因子变量进行命名。因子 1 由 5 个指标（SQ9—SQ13）组成，称其为舒适便利（COMF）。因子 2 由 3 个指标（SQ1—SQ3）组成，称其为运营效率（OPER）。因子 3 由 3 个指标（SQ5—SQ7）组成，称其为健康安全（SAFE）。

表 10-10 阶段 1 验证性因子分析（CFA）

显变量	标准参数	R^2	$1-R^2$	组合信度	平均提取方差	累积方差贡献率
SQ1	0.527	0.278	0.722	0.724	0.473	64.385%
SQ2	0.756	0.572	0.428			
SQ3	0.754	0.569	0.431			
SQ5	0.675	0.456	0.544	0.664	0.398	59.936%
SQ6	0.634	0.402	0.598			
SQ7	0.579	0.335	0.665			

续表

显变量	标准参数	R^2	$1-R^2$	组合信度	平均提取方差	累积方差贡献率
SQ9	0.537	0.288	0.712	0.790	0.435	53.930%
SQ10	0.793	0.629	0.371			
SQ11	0.710	0.504	0.496			
SQ12	0.695	0.483	0.517			
SQ13	0.522	0.272	0.728			
AT1	0.752	0.566	0.434	0.718	0.560	77.990%
AT2	0.744	0.554	0.446			
SU1	0.610	0.372	0.628	0.801	0.449	55.472%
SU2	0.778	0.605	0.395			
SU3	0.714	0.510	0.490			
SU4	0.635	0.403	0.597			
SU5	0.597	0.356	0.644			
PE2	0.606	0.367	0.633	0.724	0.397	54.579%
PE3	0.632	0.399	0.601			
PE4	0.692	0.479	0.521			
PE5	0.584	0.341	0.659			
BE1	0.786	0.618	0.382	0.834	0.557	66.834%
BE2	0.773	0.598	0.402			
BE3	0.680	0.462	0.538			
BE4	0.742	0.551	0.449			

表 10-11 阶段 2 验证性因子分析（CFA）

显变量	标准参数	R^2	$1-R^2$	组合信度	平均提取方差	累积方差贡献率
SQ1	0.593	0.352	0.648	0.753	0.507	65.714%
SQ2	0.810	0.656	0.344			
SQ3	0.717	0.514	0.486			
SQ5	0.608	0.370	0.630	0.735	0.482	64.722%
SQ6	0.752	0.566	0.434			
SQ7	0.715	0.511	0.489			
SQ9	0.647	0.419	0.581	0.810	0.462	56.424%
SQ10	0.784	0.615	0.385			
SQ11	0.731	0.534	0.466			
SQ12	0.635	0.403	0.597			
SQ13	0.584	0.341	0.659			

续表

显变量	标准参数	R^2	$1-R^2$	组合信度	平均提取方差	累积方差贡献率
AT1	0.795	0.632	0.368	0.767	0.622	81.109%
AT2	0.782	0.612	0.388			
SU1	0.788	0.621	0.379	0.847	0.527	61.685%
SU2	0.672	0.452	0.548			
SU3	0.800	0.640	0.360			
SU4	0.727	0.529	0.471			
SU5	0.626	0.392	0.608			
PE2	0.689	0.475	0.525	0.800	0.500	62.286%
PE3	0.728	0.530	0.470			
PE4	0.742	0.551	0.449			
PE5	0.668	0.446	0.554			
BE1	0.786	0.618	0.382	0.873	0.633	72.643%
BE2	0.83	0.689	0.311			
BE3	0.796	0.634	0.366			
BE4	0.768	0.590	0.410			

10.4.5 定制公交通勤意愿影响路径结果

根据改进的计划行为理论构建定制公交通勤意向初始模型，分析定制公交通勤意义影响路径。首先，评估初始模型的参数拟合优度，使用极大似然估计法计算参数，并使用若干指标评估模型拟合优度。如表 10-12 所列，大多数参数符合文献[21]提出的标准，但仍有改进的余地，因此调整初始模型。一些潜变量之间的影响关系不显著，包括"主观规范（SUBJ）"对"运营效率（OPER）""健康安全（SAFE）"和"舒适便利（COMF）"的影响，因此从模型中将它们删除。此外，"主观规范（SUBJ）"和"知觉行为控制（PERC）"之间存在显著的协变量关系，因此可以设置协方差，同时基于修正指数调整测量误差之间的协变量关系。为比较阶段 1 和阶段 2 的模型结果，在满足模型拟合优度条件下，使测量模型和结构模型尽可能一致。调整后的模型估计结果如表 10-12 所列，所有参数均满足要求。

表 10-12 模型拟合优度参数

参数	阶段 1		阶段 2		推荐参数值
	初始模型	调整模型	初始模型	调整模型	
CMIN/DF	2.347	1.734	4.220	2.269	1~3
RMSEA	0.058	0.043	0.073	0.046	< 0.08

续表

参数	阶段1		阶段2		推荐参数值
	初始模型	调整模型	初始模型	调整模型	
GFI	0.886	0.915	0.865	0.927	> 0.9
CFI	0.902	0.948	0.878	0.954	> 0.9
IFI	0.903	0.948	0.879	0.954	> 0.9

观察图 10-9 所示的结构方程模型的结果。首先，基于潜变量之间的关系测试计划行为理论的假设。虽然一些假设条件并不显著，但仍保留了部分影响路径，以确保模型的完整性和验证假设的能力。如图 10-9（a）所示，"个人态度（ATTI）"是传染病疫情暴发初期选择乘坐定制公交通勤的主要影响因素（0.785，$p<0.001$）。"知觉行为控制（PERC）"对"行为意向（BEHA）"没有直接影响（$p>0.05$）。然而，随着传染病疫情态势的改善，3 个潜变量对"行为意向（BEHA）"的影响发生了显著变化。如图 10-9（b）所示，"个人态度（ATTI）"的影响降至 0.303（$p<0.001$），而"主观规范（SUBJ）"的影响甚至不显著。相反，"知觉行为控制（PERC）"的作用上升至 0.691（$p<0.001$）。这些结论不同于先前的一些研究（如文献［15］、［22］）所提出的在计划行为理论模型中，"个人态度（ATTI）"和"主观规范（SUBJ）"分别对"行为意向（BEHA）"的影响最大和最小。

其次，讨论代表服务质量的 3 个潜变量。如图 10-9（a）所示，"舒适便利（COMF）"和"健康安全（SAFE）"对"个人态度（ATTI）"有显著的正向影响。"运营效率（OPER）"对"个人态度（ATTI）"的影响虽是负面的，但并不显著，因此在统计学上不具备讨论的价值。如图 10-9（b）所示，"运营效率（OPER）"以及"舒适便利（COMF）"对"个人态度（ATTI）"有显著的正向影响，而"健康安全（SAFE）"对"个人态度（ATTI）"的影响并不显著。这一结果表明，在传染病疫情暴发初期，个人的行为意向选择依赖于定制公交舒适和方便的服务，而不是其运营效率。随着传染病疫情逐渐得到控制，公共卫生健康安全的影响迅速减弱，通勤人群开始关注其运营效率。

10.4.6　定制公交通勤意愿影响路径多组分析

对定制公交通勤意愿影响路径进行测量一致性检验和多组分析，以确定不同人群分组之间定制公交通勤意向的异质性。首先，在两个阶段分别对基于社会经济和通勤出行特征的不同人群分组进行测量一致性检验。一旦 ΔCFI 或累积 ΔCFI 超过阈值，则进行多组分析以获悉各组之间的差异。

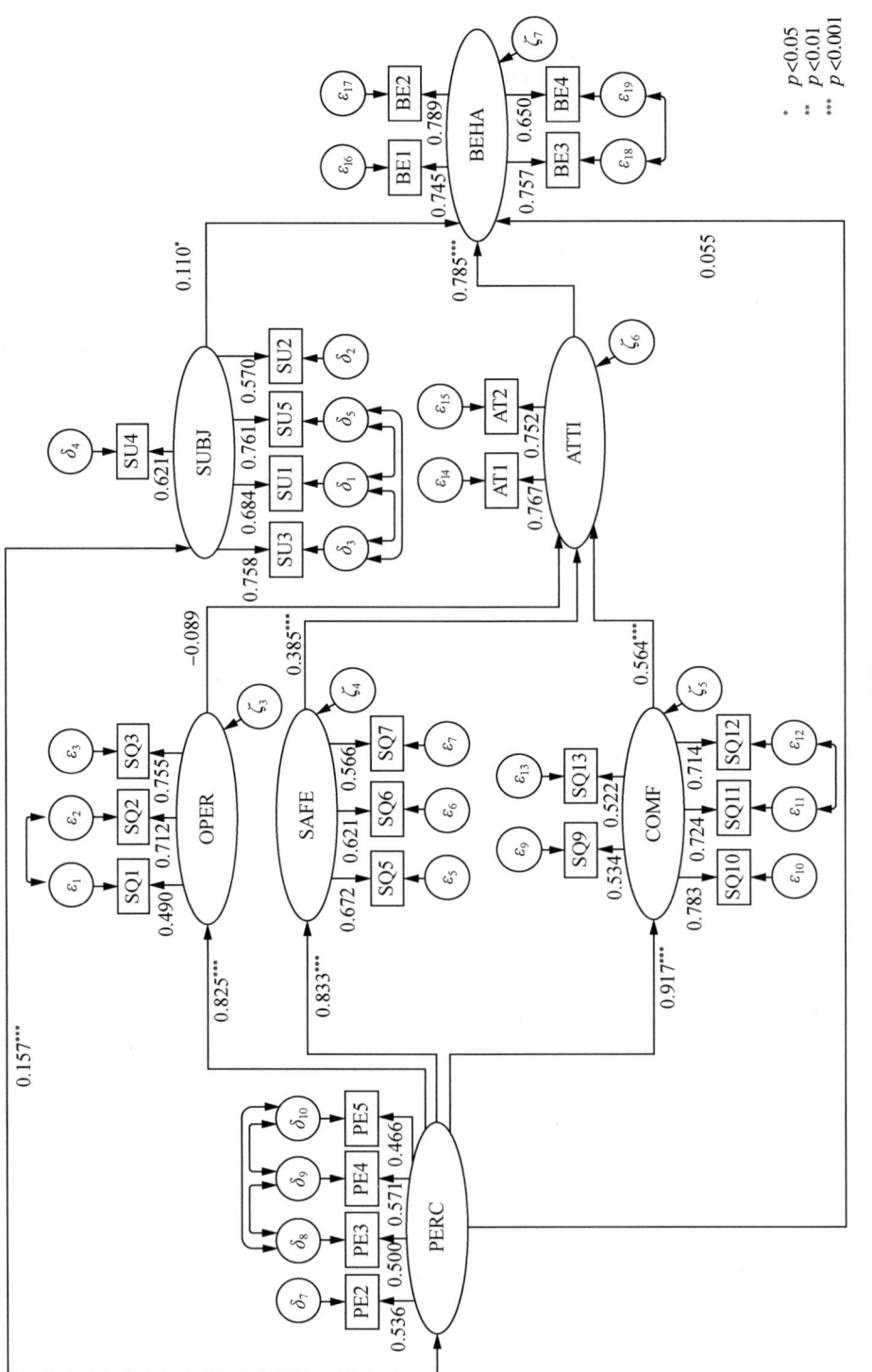

(a) 阶段1

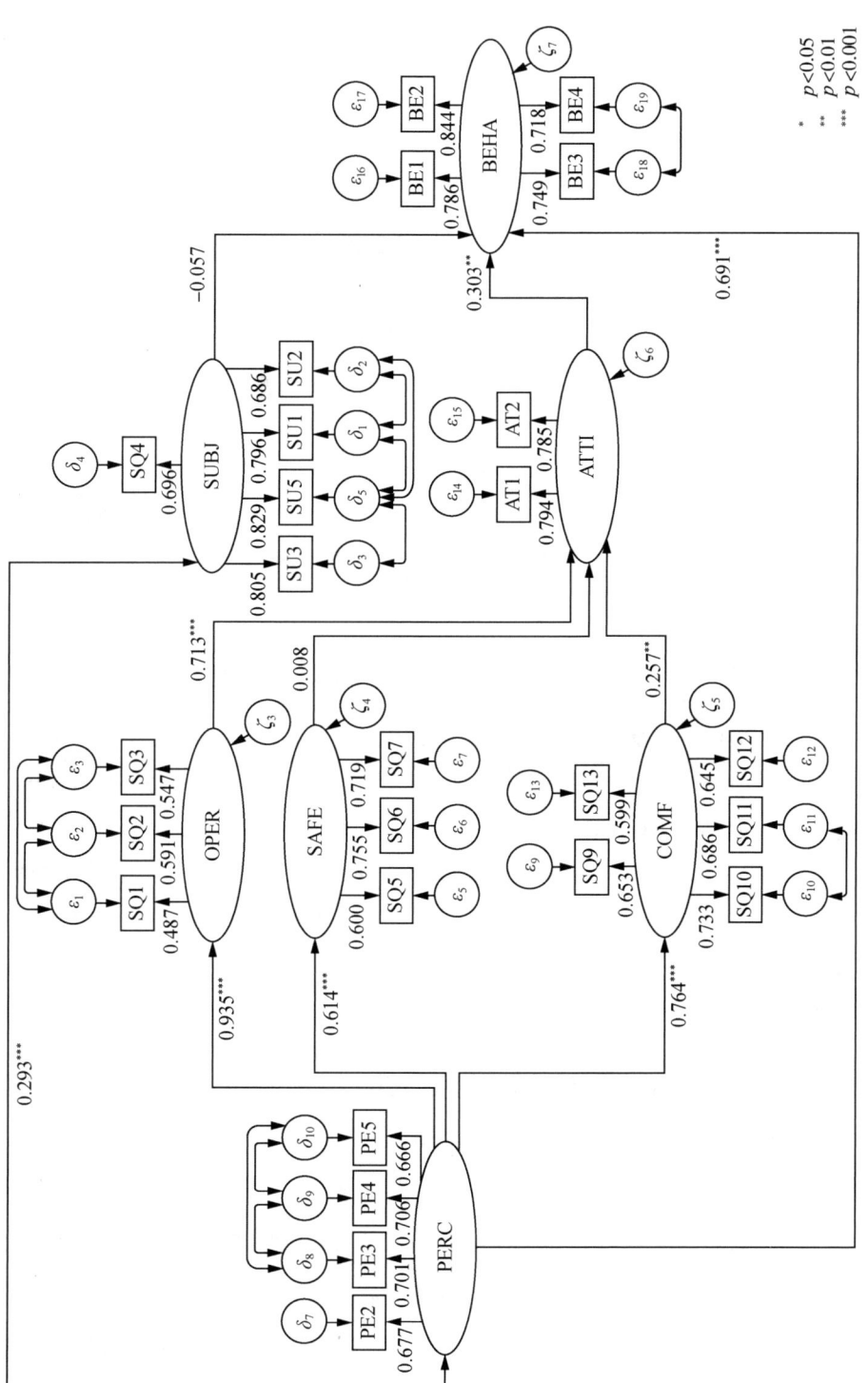

(b) 阶段2

图10-9 定制公交通勤出行影响调整模型最终结果

社会经济和通勤出行特征的分类变量是性别、居住地和工作地、年龄、年收入、汽车拥有情况、传染病疫情前后的通勤出行行为。居住地和工作地分为中心城区和郊区。年龄分为年轻人（35岁及以下）、中年人（36～45岁）和老年人（46岁及以上）。年收入和汽车拥有情况可以分别分为两组：年收入低于或高于12万元以及是否拥有汽车。传染病疫情暴发前后的通勤出行行为分为公共交通和私人交通。

一些变量的测量一致性检验结果显示各组之间没有显著差异，包括阶段1的性别、居住地和工作地、年收入、传染病疫情前的通勤出行行为，以及阶段2的居住地和工作地、年收入、年龄、汽车拥有情况、传染病疫情暴发前后的通勤出行行为。但表10-13所列的变量不能保证模型测量一致性。其中，在阶段1，模型中年龄变量的 CFI 低于0.9，因此未对此变量做进一步分析。

表10-13 模型测量一致性检验结果

	阶段1						阶段2	
	年龄		小汽车拥有		传染病疫情后通勤行为		性别	
	CFI	ΔCFI	CFI	ΔCFI	CFI	ΔCFI	CFI	ΔCFI
不限制	0.872	—	0.919	—	0.918	—	0.941	—
测量权重固定	0.871	0.001	0.916	0.003	0.913	0.005	0.942	0.001
结构权重固定	0.866	0.006	0.908	0.008	0.908	0.006	0.942	0.000
结构协方差固定	0.867	0.001	0.908	0.000	0.907	0.001	0.942	0.000
结构残差固定	0.857	**0.010**	0.904	0.004	0.902	0.005	0.940	0.002
测量残差固定	0.849	0.008	0.895	0.009	0.896	0.006	0.924	**0.016**
累积 ΔCFI	0.026		0.024		0.023		0.019	
ΔCFI 阈值	< 0.010							
累积 ΔCFI 阈值	< 0.020							

应用多组分析技术对不同分组人群定制公交通勤意愿影响进行分析。阶段1拥车/非拥车人群多组分析如图10-10所示，分析传染病疫情暴发初期小汽车拥有情况对定制公交通勤意愿影响的差异时，验证了"健康安全（SAFE）"和"舒适便利（COMF）"对"个人态度（ATTI）"有不同的影响。改善"健康安全（SAFE）"可以使得拥车人群对定制公交有更正向的态度，而随着"舒适便利（COMF）"的提高，不拥有小汽车的人群的"态度"改善得更多。然而，"与常规公交相比，定制公交可以降低感染病毒的风险（SQ5）"对潜变量"健康安全（SAFE）"的贡献与不拥有小汽车组中的其他相关观测变量相比较小。在传染病疫情暴发初期，小汽车拥有人群比不拥有小汽车的人群更关注定制公交的公共卫生安全。此外，不拥有小汽车的通勤者认为定

制公交可以提高行程的便利性和舒适性，同时他们较少受到新型社交媒体的影响。

阶段 1 传染病疫情后私人交通/公共交通通勤人群多组分析如图 10-11 所示，当定制公交的"舒适便利（COMF）"增加一个单位时，传染病疫情暴发初期乘坐公共交通的通勤者对定制公交的"个人态度（ATTI）"提高了 0.588 个单位，而乘坐私人交通的通勤者对定制公交的"个人态度（ATTI）"增加了 0.504 个单位。与采用私人交通工具通勤者相比，增加的"舒适便利（COMF）"可以更加明显地改善采用公共交通工具通勤者对定制公交的积极态度。

阶段 2 男性/女性人群多组分析如图 10-12 所示，在探索传染病疫情零散发过程中，当男性和女性对定制公交通勤意愿存在差异时，男性更注重"运营效率（OPER）"，而女性则认为"舒适便利（COMF）"更重要。在所有的观测变量中，男性和女性对于提升"与单独驾驶小汽车相比，乘坐定制公交可以减少精力消耗（SQ9）"对"舒适便利（COMF）"的改善效果持有最显著的不同意见。

10.5 城市客运交通运行的策略优化建议

城市客运交通在重大突发传染病疫情冲击下发生了诸多新的变化，随之实施的城市交通管控措施也影响了城市客运交通的正常运行，但在此过程中，城市居民仍有诸多必要出行需要被保障，例如医护人员通勤等。因此，提出以定制公交为例的城市客运交通运行策略优化建议，主要结论如下。

1. 城市客运交通运行与定制公交通勤偏好结论

在传染病疫情暴发后，部分人群改变了通勤出行模式，单独驾驶小汽车的通勤者更愿意使用定制公交。定制公交通勤模式不同于传统的出行模式。出行时间对人群来说是一个敏感变量，因此政府和运营商在决策时应考虑出行时间。中年（36～45 岁）、受教育水平较高（硕士和博士学位）、中等收入、无驾照、通勤过程中有同伴、拥有汽车和自行车的通勤者更倾向于选择定制公交通勤。

进一步探究更详细的通勤选择影响因素及其影响路径得到更多结论[23]。首先，在传染病疫情暴发阶段，通勤者对于定制公交的态度对其使用定制公交的意愿产生了显著的正向影响。在传染病疫情零星散发阶段，居民是否选择定制公交通勤主要取决于他们对定制公交的知觉行为控制。其次，在传染病疫情暴发阶段，定制公交的舒适性、便利性和公共卫生安全对于通勤者对定制公交的态度有非常显著的正向影响，而定制公交的运营效率对其则几乎没有影响。在传染病疫情零星散发阶段，定制公交的运营效率以及舒适性和便利性对于通勤者对定制公交的态度产生了显著影响，而公共

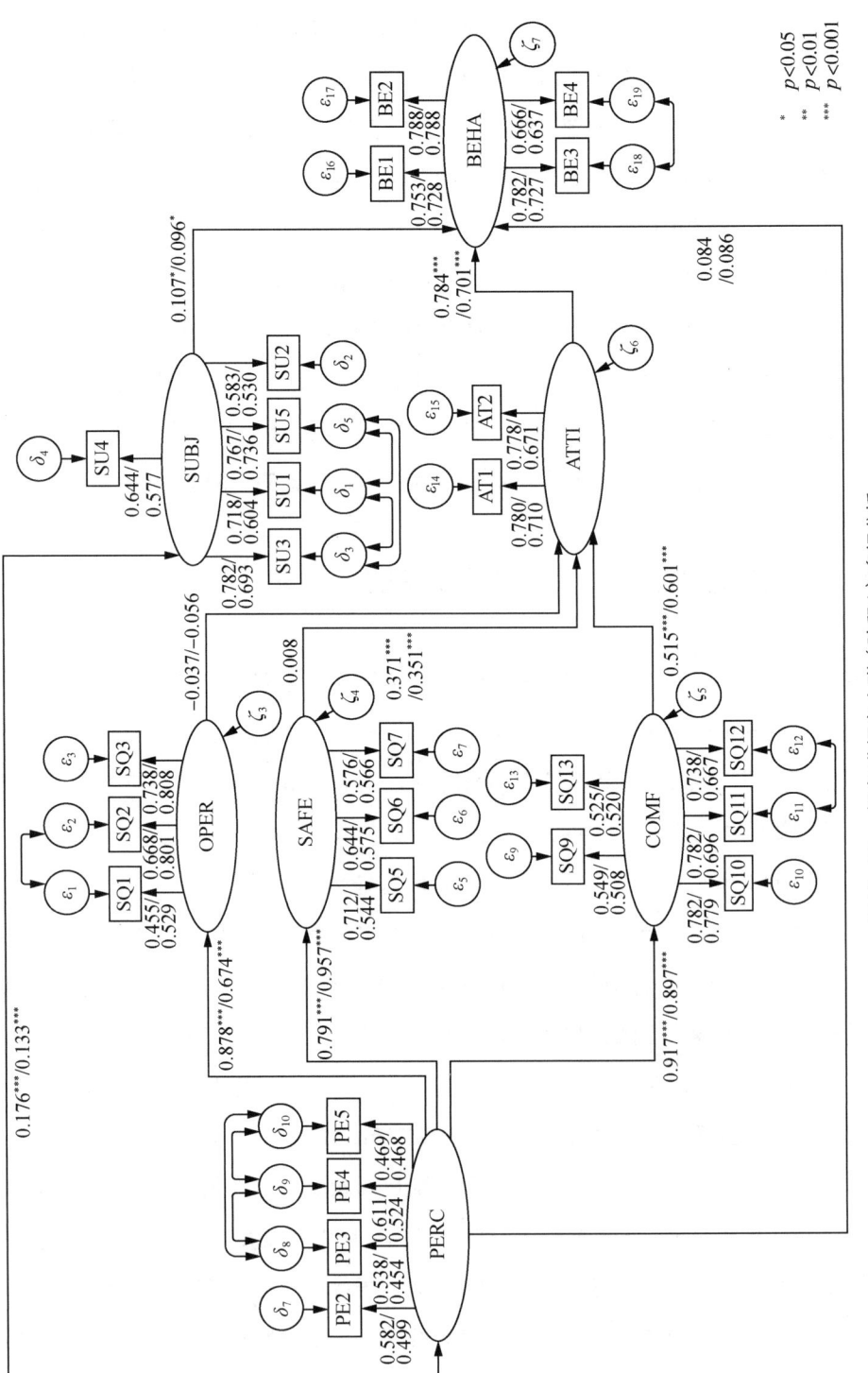

图10-10 拥车/非拥车人群（阶段1）多组分析

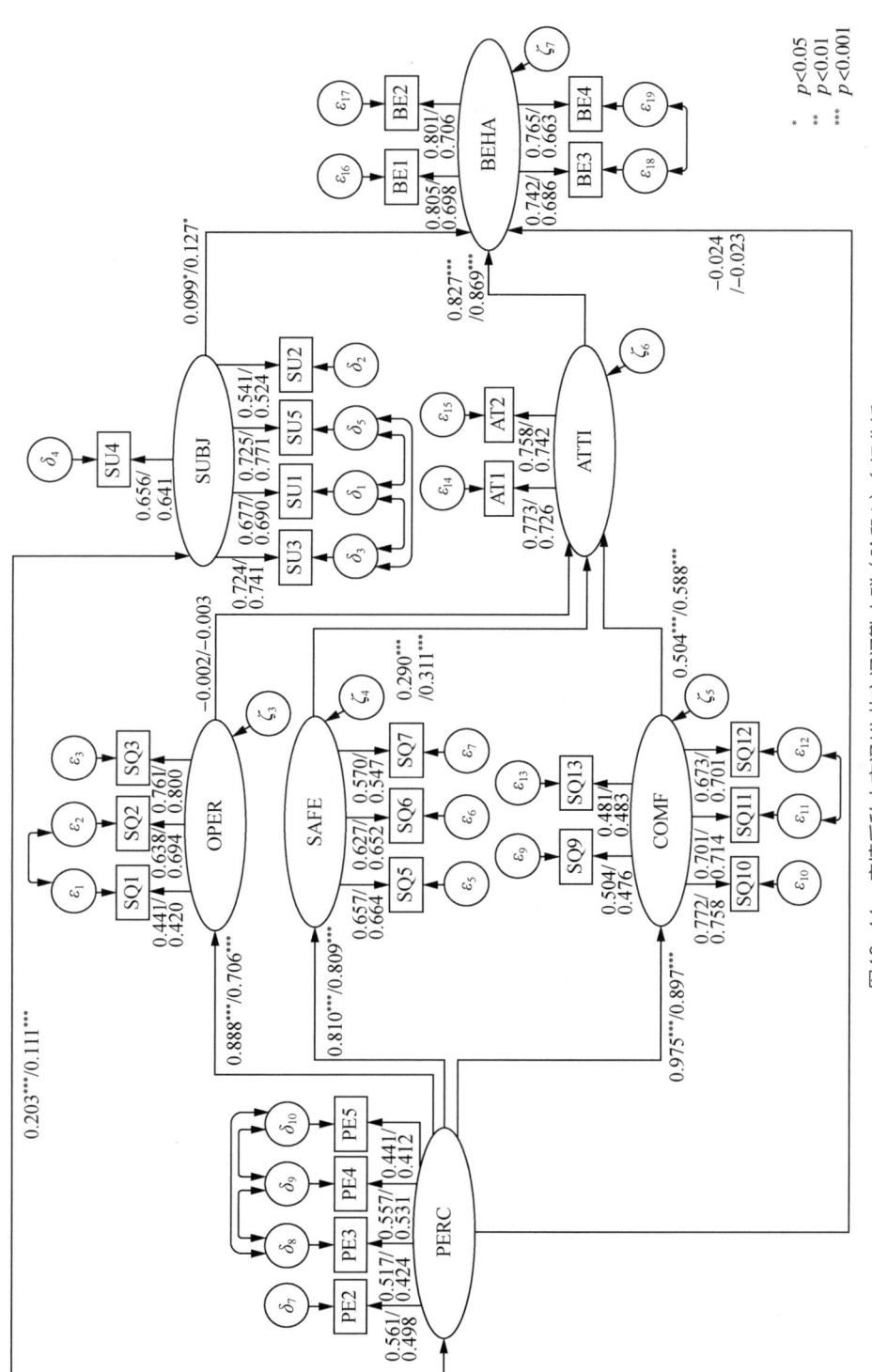

图10-11 疫情后私人交通/公共交通通勤人群（阶段1）多组分析

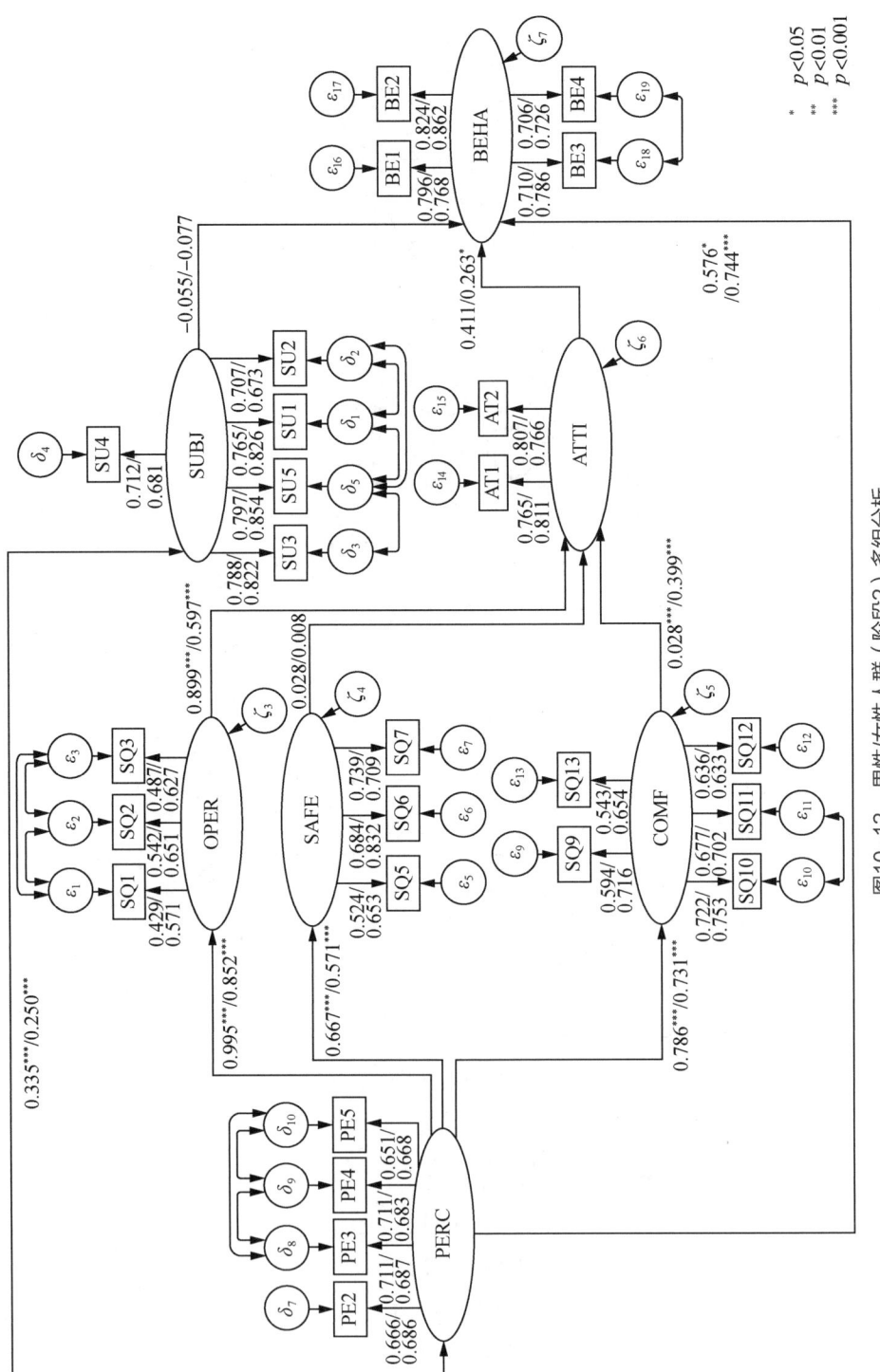

图10-12 男性/女性人群（阶段2）多组分析

卫生安全对其几乎没有影响。最后，具有不同特征的通勤者（疫情暴发阶段拥有小汽车的人与不拥有小汽车的人、公共交通通勤用户与私人交通通勤用户以及疫情零星散发阶段男性与女性）对定制公交意愿的影响因素及其影响路径存在差异。

2. 城市客运交通运行与定制公交通勤保障短期策略建议

在突发公共卫生事件暴发短期时间内，公共卫生健康和安全仍然是各级政府和交通运营商考虑得最多也是最重要的因素。虽然不同的乘客可能对传染病疫情有不同的风险感知，但应采取严格措施防止感染，同时个人防护设备和防护用品应放在定制公共车辆内。消毒剂、酒精洗手液和口罩是必不可少的用品。应控制车辆载客率，要求乘客和司机均佩戴口罩，进行例行体温检查，设置适当的车辆内部温度和适当的空气循环等。除了公共卫生健康因素外，还应注重定制公交的舒适性和便利性，可能的策略包括优化路线和车站设置、设计更便于用户操作的定制公交预约系统等。

同时，鉴于主观规范对定制公交的行为意向有积极影响，可以实施一定的外界政策。虽然这种政策的影响可能很小，但仍然是显著的。这些政策可能包括加强来自亲属、朋友等社会关系、医学专家和政府的支持；通过电视、广播、报纸等传统媒体、新兴媒体和微信、微博等社交媒体开展广告活动，说服乘客转移至定制公交；通过宣传定制公交的健康安全性、舒适性和便利性等特征开展更具体的活动。此外，医学专家和政府可以发挥比以往更重要的作用。根据医学专家的建议向公众宣传定制公交的优势，由医学专家直接宣讲病毒传播情况和推广相关防护措施，以及其他涉及医学专家的活动都会起到一定的作用。

3. 城市客运交通运行与定制公交通勤保障长期策略建议

在突发公共卫生事件暴发的长时间内，由于传染病疫情发生后小汽车通勤者更愿意使用定制公交，而定制公交的出行时间是一个重要的变量，因此应实施相关政策促进这一转变。小汽车通勤者之所以愿意选择定制公交，可能是因为他们不必专注于驾驶，如果出行时间没有实质性变化，他们可以在通勤途中得到放松。同时，鉴于态度对定制公交的行为意向有积极影响，并且与传染病疫情暴发短期时间内不同，定制公交的运营效率变得越来越重要。因此，有必要确保相对较短或稳定的出行时间。使用公交专用道是一项传统政策。在上海，定制公交可以在高峰时段在公交专用道上运行，但这可能无法确保出行时间不变，原因是上海所有的公交专用道都位于地面道路，而在高架道路上未设置。在这种情况下，信号优先是更重要的策略，它与公交专用道的集成整合将确保稳定的出行时间。

同时，鉴于知觉行为控制对定制公交的行为意向产生积极影响，因此在票价上提供特别的折扣和出售更便宜的票价套餐是符合通勤者经济条件的一项合适的措施，能够提高他们使用定制公交的意愿。另外，在出现零星散发病例时制订适当的出行限制措施也值得被借鉴，这些政策通过外部影响鼓励通勤者自愿改变通勤模式。

4. 不同人群城市客运交通运行与定制公交通勤保障策略建议

针对不同人群城市客运交通运行定制公交通勤保障策略，重点是要考虑中年人（36~45岁）或拥有高学历学位（硕士和博士学位）、中等收入、没有驾照或通勤同伴、拥有汽车和自行车、疫情后采用私人交通通勤的通勤者的偏好。票价折扣和补贴可以在初始政策制定时实施。中等收入的中年居民如果有小汽车并同意不开车通勤，首先可以享受定制公交的票价折扣优惠等。此外，拥有高学历学位的居民也可以享受类似的票价折扣。这些政策建议旨在促进传染病疫情发生后减少对私人小汽车的依赖，缓解城市拥堵，推动可持续的出行行为，减少环境污染和其他问题。然而，实施决策时应考虑到社会公平。其他愿意采用定制公交通勤但不具备这些社会经济特征（中年、拥有高学历学位、中等收入、没有驾照或通勤同伴、拥有汽车和自行车、疫情后采用私人交通）的通勤者在推广这种可持续的通勤出行模式的过程中仍然有权享受这项服务。因此，这些激励措施应该设置一些限制和条件，并可以首先在一些定制公交试点项目中实施，或者在这类人群聚集办公地点（如高校）实施，以检验这些政策是否能够促使更多通勤者转移至定制公交。然后，根据试点项目的效果，确定这些政策是否在更大范围内实施。

在重大突发传染病疫情暴发后，各国政府倾向于采取交通出行管控措施，如采取关闭交通系统、居家隔离等措施来防止病毒传播。在传染病疫情得到控制后，应避免增加不可持续的出行行为，而不是侧重于完全的出行限制措施[24]。在此过程中，定制公交作为突发公共卫生事件下城市客运交通保障的重要措施，同时作为一种可持续的出行模式，是政府和运营商通过提供优质服务吸引通勤者乘坐定制公交的好机会，增加在将来乘坐定制公交的可能性，有利于在传染病疫情影响下的可持续出行行为。重大突发传染病疫情发生后，保障城市客运交通以及促进可持续出行行为的关键在于短期内的车辆公共卫生安全，以及长期内的公交专用道和信号优先整合。对于具有不同特征的群体，提供面向用户的价值服务以及相关政策来鼓励用户放弃小汽车通勤。总而言之，什么样的保障策略能够在防止病毒传播的前提下确保城市交通必要和可持续的出行，是一个需要考虑的重要问题。

10.6　本章小结

在重大突发传染病疫情得到控制后，社会呼唤城乡人口尽快恢复工作和生产，以避免出现更严重的社会问题。在这个过程中，如何保障城市客货运交通的正常运行成为关键问题。有必要探讨如何通过定制公交运营优化，在突发公共卫生事件下预防和控制疫情传播的同时保障必要出行且避免不可持续的私人交通的增加。

本章对城市居民在突发公共卫生事件期间的定制公交通勤意愿进行了分析。首先，挖掘定制公交通勤意愿的影响因素；其次，对各类影响因素之间的影响路径进行分析；再次，挖掘不同人群组别之间意愿的差异性；最后，对城市客运交通运行策略提出优化建议。

参考文献

[1] CAMPISI T, BASBAS S, SKOUFAS A, et al. The impact of COVID-19 pandemic on the resilience of sustainable mobility in Sicily [J]. Sustainability, 2020, 12 (21)：8829.

[2] SHAKIBAEI S, DE JONG G C, ALPKKIN P, et al. Impact of the COVID-19 pandemic on travel behavior in Istanbul：a panel data study [J]. Sustainable Cities and Society, 2020, 65：102619.

[3] DONG H, MA S, JIA N, et al. Understanding public transport satisfaction in post COVID-19 pandemic [J]. Transport Policy, 2021, 101：81-88.

[4] 何凌晖,李健,孙建平. 新冠肺炎疫情恢复期定制公交通勤的意愿分析 [C] //中国城市规划学会城市交通规划学术委员会. 绿色·智慧·融合：2021/2022年中国城市交通规划年会论文集, 2022：114-128.

[5] LIU T, CEDER A A. Analysis of a new public-transport-service concept：customized bus in China [J]. Transport Policy, 2015, 39：63-76.

[6] KE J, ZHENG H, YANG H, et al. Short-term forecasting of passenger demand under on-demand ride services：a spatio-temporal deep learning approach [J]. Transportation Research Part C：Emerging Technologies, 2017, 85：591-608.

[7] LI D, YE X, MA J. Empirical analysis of factors influencing potential demand of customized buses in Shanghai, China [J]. Journal of Urban Planning and Development, 2019, 145 (2)：05019006.1-05019006.10.

[8] 徐康明,李佳玲,冯浚,等.定制公交服务初探 [J]. 城市交通, 2013, 11 (5)：24-27.

[9] SHEN Y, ZHAO J. Information effect on autonomous vehicle mode choice：A randomized control trial experiment [C] //Proceedings of the 97th Annual Meeting of the Transportation Research Board, Washington, D.C., U.S.A., 2018.

[10] MO B, SHEN Y, ZHAO J. Impact of built environment on first- and last-mile travel mode choice [J]. Transportation Research Record：Journal of the Transportation Research Board, 2018, 2672 (6)：40-51.

[11] LIU T M, CHEN I J, YUAN H C J. Using stated preference valuation to support sustainable marine fishery management [J]. Sustainability, 2021, 13 (9)：4838.

[12] AJZEN I. The theory of planned behavior [J]. Organizational Behavior and Human Decision Processes, 1991, 50 (2)：179-211.

[13] MOUTINHO L. Consumer behavior in tourism [J]. European Journal of Marketing, 1987, 21 (10)：5-44.

[14] MERCANGÖZ B A, PAKSOY M, KARAGÜLLE, A ÖZGÜR. Analyzing the service quality of a fast ferry company by using SERVQUAL scores：a case study in Turkey [J]. International Journal of Business and Social Science, 2012, 3 (24)：84-89.

[15] FU X, JUAN Z. Understanding public transit use behavior：integration of the theory of planned behavior and the customer satisfaction theory [J]. Transportation, 2017, 44 (5)：1021-1042.

[16] EBOLI L, MAZZULLA G. How to capture the passengers' point of view on a transit service through rating and choice options [J]. Transport Reviews, 2010, 30 (4)：435-450.

[17] BORHAN M N, IBRAHIM A N H, MISKEEN M A A. Extending the theory of planned behaviour to predict the intention to take the new high-speed rail for intercity travel in Libya：Assessment of the influence of novelty seeking, trust and external influence [J]. Transportation Research Part A：Policy and Practice, 2019, 130：373-384.

[18] AJZEN I, DRIVER B L. Application of the theory of planned behavior to leisure choice [J]. Journal of Leisure Research, 1992(24): 207-224.

[19] ALLEN J, EBOLI L, FORCINITI C, et al. The role of critical incidents and involvement in transit satisfaction and loyalty [J]. Transport Policy, 2019, 75: 57-69.

[20] FU X, ZHANG J, CHAN F T S. Determinants of loyalty to public transit: a model integrating Satisfaction-Loyalty Theory and Expectation-Confirmation Theory [J]. Transportation Research Part A: Policy and Practice, 2018, 113: 476-490.

[21] KLEIN R B. Principles and Practice of Structural Equation Modeling [J]. 1st ed. New York: Guilford Press, 1998.

[22] LETIRAND F, DELHOMME P. Speed behaviour as a choice between observing and exceeding the speed limit [J]. Transportation Research Part F: Traffic Psychology and Behaviour, 2005, 8(6): 481-492.

[23] HE L, LI J, SUN J. How to promote sustainable travel behavior in the post COVID-19 period: a perspective from customized bus services [J]. International Journal of Transportation Science and Technology, 2023, 12(1): 19-33.

[24] HE L, LI J, GUO Y, et al. Commuters' intention to choose customized bus during COVID-19 pandemic: insights from a two-phase comparative analysis [J]. Travel Behaviour and Society, 2023, 33: 100627.

第 11 章
城市突发公共卫生事件下货运交通保障

11.1 引言

在重大突发传染病疫情防控期间，由于受传染病病毒和交通出行限制措施的影响，城市货物运输发生了极大的变化，尤其是在民生物流配送方面。公路交通承担着 70% 以上的货运量和客运量，发挥着"工业血管"的重要作用。受传染病疫情影响的地区在复工复产过程中，如果货物运输、物流效能不畅通，即便生产线能重新启动，生产原料运不进，产品运不出，企业还是无法正常运转。而民生物流配送在城市交通出行管控措施以及病毒具有"物传人"特征的影响下也受到了极大冲击，给居民生活造成不便，甚至影响了基本生活保障。由于需求和供给的不匹配使得生活必需品在货物质量、价格等方面波动频繁。物流作为供应链中的重要一环，在传染病疫情防控情况下更是备受打击。因此，有必要探讨在突发公共卫生事件下如何在预防和控制传染病疫情传播的同时保障必要的物流配送。

11.2 城市货运交通运行保障

11.2.1 生活物资货运运行保障

日常情况下，种类繁多的生活物资经三级城市货运交通体系可实现快速流通。首先，各类生活物资通过干线物流的重型集装箱车辆低频、稳定地运送至城市周边物流园区或企业自有区域中央仓库。其次，货物待分拣后通过城市配送车辆被片区化地运送至市内的商超、农贸市场或配送站仓库。最后，通过"最后一公里"配送或居民自行采购等方式，生活物资进入千家万户。

无论是自营式电商代表企业"京东商城"，还是世界连锁零售商巨头"沃尔玛百货"，或是生鲜配送零售超市"盒马鲜生"，其生活物资的日常城市货运运行均具有一定的共性，可主要概括为"供应商—物流园区/中央仓库—商超/农贸市场/配送站点—消费者"模式（图11-1）。日常情况下，京东商城包括3种供应配送模式：①商品从商家仓库进入京东物流园区仓库，京东商城全权负责仓储和配送；②商品不入库，第三方卖家直接发货至京东分拣中心，京东负责配送；③商家直接向消费者配送。京东商城日常生活物资货运运行保障模式如图11-2所示。沃尔玛百货的物流链模式可总结为"供应商—配销中心—零售门店—消费者"的三级商品物流链。盒马鲜生的货运模式有2种：①对于线下门店，商品从原产地被运输至中央仓或微仓，经过分拣后到达仓店一体化中的仓库，顾客在前置店中购买商品；②对于线上商城，商品从原产地被运输至中央仓，经分拣、打包、装车后，由冷链运输送至顾客端。此外，日常生活物资物流还包括"叮咚买菜"等前置仓模式、社区团购网格仓模式等。

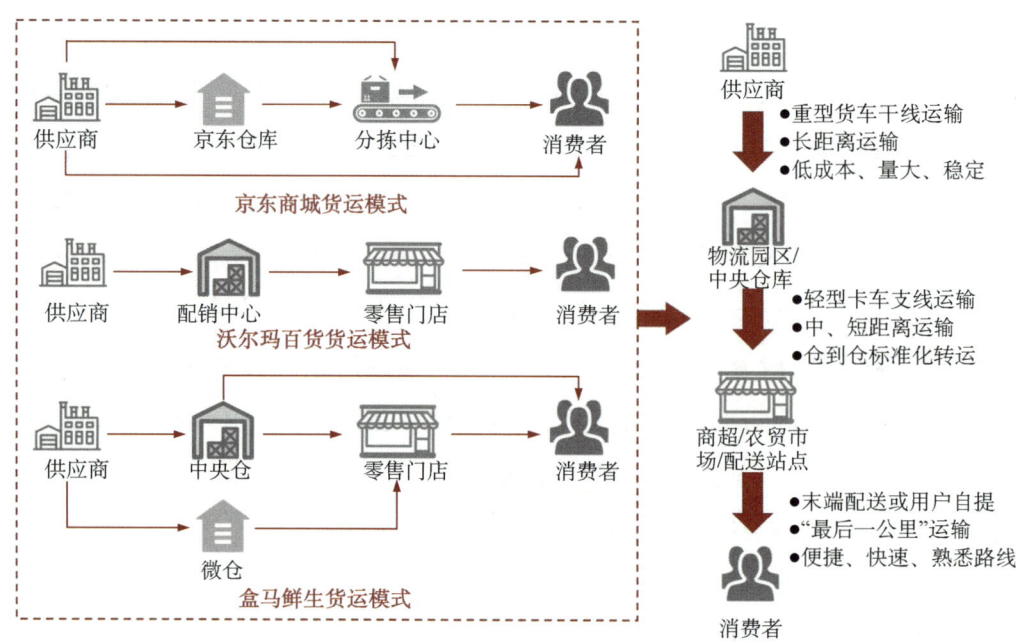

图 11-1　日常生活物资货运运行保障模式

突发公共卫生事件对城市货运交通的直接冲击在于如何确保生活物资的畅通供应，以保障民生（图11-3）。受传染病疫情出行管控措施的影响，供应商工厂仓库、物流园区、中央仓库等货运节点可能面临管控、人员短缺的问题，但对应的公路货运

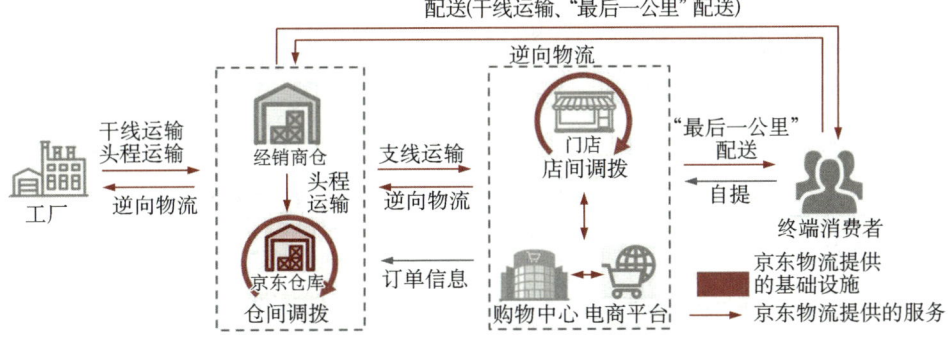

图 11-2　京东商城日常生活物资货运运行保障模式

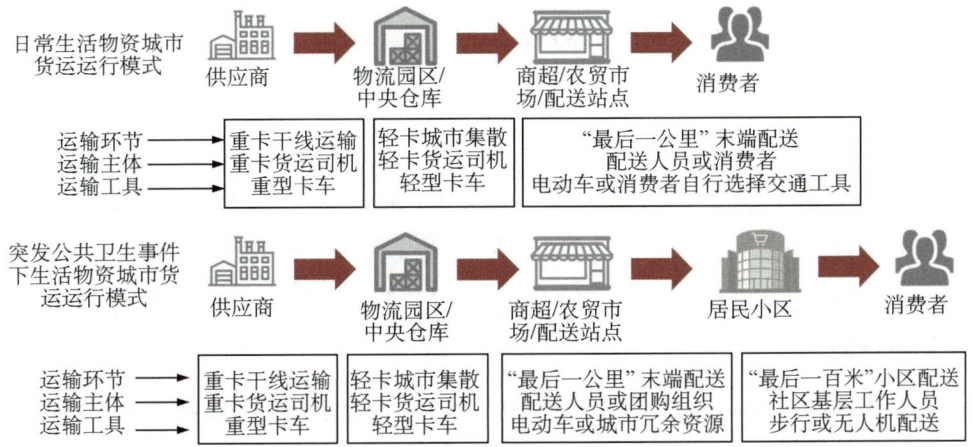

图 11-3　突发公共卫生事件下生活物资城市货运运行模式与日常模式对比

环节不发生改变；短期内商超、农贸市场由于管控不再成为货运保障的主要节点，日常情况下与其同层级的配送站点将承担生活物资集散配送的大量工作；居民小区处于交通出行管控状态，居民无法自行外出采购，因此，"最后一公里"运输一般由城市配送人员或居民团购选择的运输方式完成；物资进入小区后，根据传染病疫情防控要求，由居委会、小区物业、志愿者等基层组织负责配送分发；不同于日常社区团购的小规模、少批次，传染病疫情暴发后，社区团购成为居民生活物资的主要购买渠道，"最后一百米"小区配送过程的运输主体和需求量均发生了较大变化。

11.2.2　生产物资货运运行保障

生产企业购入原材料或零部件后，通过配发和运输到达存储中心，在经过既定的工艺完成加工和存储过程后，借助物流运输装置使产成品在某个区域范围内进行流转，并在某个节点流出，这样就完成了生产物资的整个货运流动过程[1]。生产物资的有效供应是加快企业生产流程、满足生产需要的重要保障。

城市内生产物资的货运过程主要包括 3 个阶段：

（1）物料筹措阶段，负责将原材料或零部件从供应商仓库送至物料库房，以保证批量生产的零部件供应与库存稳定。

（2）仓储生产阶段，负责原材料及零部件在库房内进行拆包装、分装等操作，并按要求准时准确地完成在不同工序的生产车间内的流动，是将原材料输入转变为产成品的关键环节。

（3）对外销售阶段，负责将产成品从生产企业运送至分销商或用户，是衔接仓储生产阶段的生产循环与企业价值实现机制的过渡环节。

其中，物料筹措阶段和对外销售阶段发生在生产企业与供应商或市场之间，一般需要由重卡干线运输和轻卡城市集散运输完成。

11.2.3 医疗物资货运运行保障

医疗物资是突发公共卫生事件快速响应、保护居民生命安全的关键支撑。为减少重大突发公共卫生事件对公众的危害、恢复社会秩序，需要为事发区域供应大量的医疗物资，如口罩、测温仪、防护服和医疗酒精等。医疗物资主要通过城市货运交通系统进行快捷配送。

在物资储备阶段，医疗物资以实物储备为主，少数地区同时具有协议储备、产能储备的能力；在物资运输阶段，城市医疗物资从供应商工厂或应急医疗物资储备仓库经配送到达指定医院、防疫部门或社区，其他城市临时调运或援助医疗物资从供应商工厂或其他城市储备仓库经重卡跨市运输和城市配送环节，到达医院、防疫部门或社区，由基层工作人员进行下一步分发。相比于生活物资配送，一些医疗物资，如疫苗等，具有更严格的运输条件要求，如低温运输、恒温运输等，因此需要更加专业的车辆保障货运运行过程。

11.3 城市货运交通运行的思考分析

11.3.1 生活物资货运运行思考

1. 重卡干线运输

跨省市重卡干线运输是确保生活物资顺利进入城市的重要环节。受传染病疫情管控影响，通行证申请难、各地政策不一、交通拥堵、运输距离长。另外，在应急情况下，物流园区、中央仓库的选取与传染病疫情防控要求并未实现较好契合，外地司机需进入传染病疫区所在城市才能卸货，完成运输任务后返回途中受阻。一方面已出发的司机无法下高速,进退两难(图 11-4);另一方面司机对于相关的运输作业"望而生畏",即便一些公司开出高价运费,司机数量仍不足,物资无法发运,从而极大地影响了物资流动。传染病疫情严重程度与公路货运流量呈现明显的相关性。重大突发传染病期间上海公路货物运输量为 4 650 万 t,仅为常态同期的 27.7%,货物周转量为 969 061 万吨公里,仅为常态同期的 26.88%[2]。

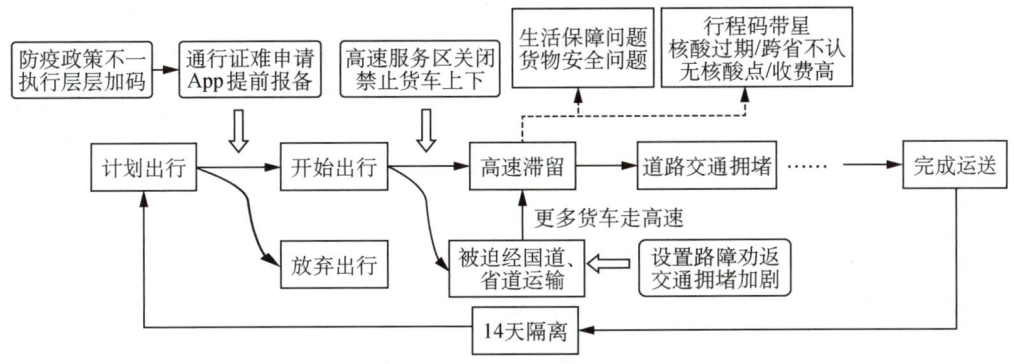

图 11-4 突发公共卫生事件下干线货运司机面临的主要问题梳理

2. 轻卡城市集散

物资顺利通过重卡干线运输抵达城市后,需通过轻卡配送车辆在城市内部进行中转集散。而物流园区、核心仓库的关停,车辆、人员的缺乏和中转集散信息的渠道不畅,使得进入城市的物资在城市集散环节中转效率低下、管理混乱:一是核心仓储设施封闭,无法联动;二是中转车辆、人员缺乏,专业集散能力有限,即便是正在运营的物流仓库,也面临着较大的人力缺口;三是中转集散信息渠道不畅,货运司机与收发货方沟通受阻。在重大突发传染病疫情防控期间,西安的京东仓库因有 15 名员工确诊传染病而暂停业务。顺丰在西安的 3 个分拨中心承担西北 5 省快递转运,仅沣东中心运行,日吞吐能力约为疫情前的 20%,员工到岗率为 25%,均进行了管控管理[3]。

3. "最后一公里"末端配送

正常情况下,"最后一公里"运输由专业末端配送或居民自提完成。在重大突发传染病期间,居民无法自提货物,相关运输任务便由符合防疫规范的配送人员完成。末端配送人员被封控,缺乏统一可靠的组织架构。上海日常约有 10 万名外卖骑手,受重大突发传染病疫情影响,外卖骑手在岗人数仅为 1.8 万人,每日需完成 180 万单左右的配送量[4,5]。郑州主城区受突发公共卫生事件影响相对较轻,但也存在人手不足问题,消费者网购商品平均延迟三天以上送达[6]。

4. "最后一百米"小区配送

在重大突发传染病期间,通化市居民的生活物品需求靠社区团购支撑,兴盛优选、十荟团等平台在此时间段内迅速崛起,成为很多居民必备的买菜工具,也成为突发公共卫生事件下社区团购的重要组成[7]。 相比于常态下的物流配送,传染病疫情下"最后一百米"小区配送环节的运输主体由消费者和配送人员转变为社区基层工作人员,且配送需求量较以往更大。 末端配送人员仅将生活物资运至小区门口,从小区大门至居民家庭的"最后一百米"运输过程只能依靠居委、志愿者等基层组织。 但是,由于基层组织工作人员缺乏相关传染病防控知识和技能,再加上巨大的工作量,在小区内物资配送过程中可能存在消毒不及时、不规范的现象,极易产生潜在病毒传播风险。 被病毒污染的物资的不断流通是造成管控期间不断出现感染者的一个重要原因[8]。

11.3.2　生产物资货运运行思考

1. 工厂外物料筹措阶段和对外销售阶段

城市货运是实现货物空间位移的重要手段。 生产物资的货运既受上游外部原材料供应市场的影响,同时其运作目标也往往由其下游的外部消费需求市场所决定[9]。在突发公共卫生事件下,运输干线封锁,车辆不能正常进行货物运输,从而无法为生产物资提供运输服务支撑:一方面,供应商无法为企业提供生产资料;另一方面,企业现有产品无法进入市场销售获得利润,生产物资的货运运行过程受到巨大冲击。 与此同时,由于物流费用上涨、运力紧张,生产物资的货运成本也大幅上涨。

2. 工厂内的仓储生产阶段

物流人才对于物资的仓储生产至关重要,承担着装卸、搬运、包装、检验、信息处理等多项任务。 在突发公共卫生事件下,大部分员工无法返回工作岗位,即使部分员工能返岗,但由于种种原因无法及时上岗,工厂内的仓储加工阶段面临着"用工荒"和"复工难"问题,这导致了产能压力加剧,积压业务量大幅上升。 同时,现有产品无法及时进入市场销售,造成库存大量堆积、仓库被大量占用,导致生产物资的保管费用和仓储成本不断增加。

11.3.3　医疗物资货运运行思考

1. 物资储备阶段

医疗物资储备的管理体制不统一、需求量缺乏有效评估、储备物资单一等问题,将影响城市医疗物资运输阶段的高效运行。 现行的医疗物资储备制度包括中央、地方两级,前者由国家卫生健康委员会负责,后者大多由地方政府负责。 管理体制的不统一,不利于形成畅通高效的工作机制。 同时,缺少对卫生应急物资的评估和配置机构,一旦突发公共卫生事件,则无法对物资供需进行测算和有效评估,只能采取"临时抽调""短期借调"等方案[10],这不仅增加了货物运输压力,还减缓了遏制病毒传播、保护公众安全的应急响应能力。

2. 物资运输阶段

应对突发公共卫生事件,国家将应急医疗物资作为长期战略储备。许多城市在应对重大突发传染病的过程中,在运输救援力量和医疗物资方面采取了一些应急、高效的特殊措施,例如为避免疫情扩散,对人员和物资进行直达运输[11];为确保医疗物资快速通行,发放重点物资通行证等。然而,当应急运力调配,尤其是应急物资中转场站分拨转运处理能力及末端分发配送能力不足时,会导致防控物资不能及时送达和分发配送。

11.4 城市货运交通运行的策略优化建议

1. 设置城市外部中转站

在城市外部设置中转站,打通跨省市物资运送堵点。干线运输车辆进入疫区所在城市之前,在城市交界处进行甩挂操作,即货物进入城市、外地司机不进入城市,外省市保供物资抵达中转站并进行消杀后,交换本地运输车头,减少病毒传播风险和不必要的防疫程序[12]。但目前由于城市外部中转站数量较少,且二次装车时间成本增大,因而配送效率有待提高。未来可考虑增加外部中转站数量和规模,并通过物资发运前提前分装、甩箱运输、机器自动装卸作业等方式提高中转集散效率。

2. 加快区域产业分工

加快区域产业分工,推动货物运输跨省市协同。以宇培供应链为例,在重大突发传染病疫情防控期间,由于其本地仓库的仓储和运输产能远远无法满足需求,因此将产品运输打包后,运输至本地仓库,再分发至市内各个区域[13]。基于竞争优势的产业地域分工原则,可以将生产操作步骤放至其他城市,从而最大限度地推动货运跨省市协同,分散风险。

3. 提高自动化水平

提高物流链各环节自动化水平,减少人工参与和交互。长期来看,自动化设备、无人驾驶的应用是阻断疫情传播、缓解人力缺口、提高系统效率、加强物流链韧性的适宜解决方案。自动驾驶重卡适合"仓到仓"的干线运输,自动驾驶轻卡可应用于城市配送,无人配送车辆、无人机是"最后一公里"和"最后一百米"小范围配送的可行选择。城市配送末端等过程在部分传染病疫情防控过程中已出现了无人配送车辆投入实际应用的场景[14]。未来可通过完善自动驾驶相关配套规范,从提高自动化、无人化的角度优化城市货运系统抵御突发事件的能力。另外，研发恒温、低温等专业化自动驾驶车辆，也是保障特殊医疗物资、生鲜货物高效运输的有力途径。

4. 充分利用现有运输资源

充分利用现有运输资源，挖掘城市货运交通系统各环节空闲资源。一是切实发挥平台企业的城市配送能力：通过政府购买服务、政企合作等手段，联合专业快递物流公司或电商平台，利用其标准成体系的服务团队进行疫情封控期间物资城市配送任务。二是充分挖掘闲置运输资源：在重大突发传染病期间，铁路、水路货运量受影响程度相对较小，公路、民航货运量受影响程度相对较大[15]。利用公铁联运、"陆改水"等措施缓解跨省跨市物资公路运输压力，发挥公交车、军用车、客货车等闲置运输资源的能力，补充城市中转集散、"最后一公里"的运输运力。

5. 保障物资配送人员基本需求

保障物资配送人员基本需求，人性化货运司机闭环管理。在突发公共卫生事件下，货车司机、快递和外卖配送人员作为物流链各个环节的服务主体，承担着生产生活和应急保供物资运输的重任，为促进发展、服务民生作出了重要贡献。因此，需要加强对货车司机、快递和外卖小哥等物资配送人员的关爱与权益保障。做好关键人员后勤保障、满足货运司机和配送人员的基本需求是提升人工韧性的重要根基。

6. 加快构建信息共享平台

加快构建信息共享平台，提升突发公共卫生事件下物流链信息韧性。在重大突发传染病疫情防控期间，货车宝服务平台与中物联公路货运分会联合开发了货车司机传染病疫情信息查询与路径导航工具，收集汇总传染病疫情防控政策并及时反馈给各地的货车司机。同时，及时将封闭的高速公路出入口或服务区等信息告知货运司机，以帮助他们及时避让并重新规划完整线路。未来，应进一步完善该类信息共享平台建设，使货车司机能够提前准备、安心出发[16]。

11.5 本章小结

在重大突发传染病疫情防控期间，由于受传染病病毒和交通出行限制措施的影响，城市货物运输发生了极大的变化，尤其是在民生物流配送方面。因此，有必要探讨突发公共卫生事件下在预防和控制传染病疫情传播的同时如何保障必要的物流配送。本章首先分析了城市货运交通中的生活物资货运运行保障、生产物资货运运行保障和医疗物资货运运行保障；其次，进一步对这三类物资的货运运行进行了思考；最后，针对其中面临的问题提出相应的策略优化建议。

参考文献

[1] 杨爽,赵玲,闵莹,等.疫情防控下生产企业物流运输发展策略探析[J].现代商贸工业,2020,41(25):33-35.
[2] 中华人民共和国交通运输部.2022年4月公路货物运输量[EB/OL].[2022-07-28].[2024-06-22].https://xxgk.mot.gov.cn/2020/jigou/zhghs/202205/t20220517_3655695.html.
[3] 电商报.京东快递因有员工确诊已暂停西安业务[EB/OL].[2022-01-06].[2024-06-22].https://www.dsb.cn/172730.html.
[4] 澎湃新闻.上海目前外卖骑手在岗1.8万多人,每天配送量180万单[EB/OL].[2022-04-16].[2024-05-21].https://www.thepaper.cn/newsDetail_forward_17649587.
[5] 汽车产经.上海疫情:无人配送车的期望与失望[EB/OL].[2022-04-22].[2024-05-23].https://mp.weixin.qq.com/s/-liTMYI7bEGAKmhKyhS2oQ.
[6] 大象新闻.疫情管控下的快递行业:"保守估计,收件或延迟三天以上"[EB/OL].[2022-05-04].[2024-05-16].https://www.hntv.tv/yc/article/1/1521800169606365185.
[7] 20社.通化全市告急,社区团购的武汉经验为什么没有奏效?[EB/OL].[2022-07-28].[2024-04-15].http://app.myzaker.com/news/article.php?pk=600e703c8e9f097b0b330a89&f=zaker_live.
[8] 中华人民共和国国务院新闻办公室.上海举行新冠肺炎疫情防控工作新闻发布会(第153场)[EB/OL].2022[2022-7-17].http://www.scio.gov.cn/xwfb/dfxwfb/gssfbh/sh_13834/202207/t20220716_243720.html.
[9] 王蕾蕾.生产物流系统评价与优化[J].商业时代,2012(35):32-33.
[10] 范玉改,姚建红,刘智勇,等.突发公共卫生事件应急物资保障能力提升对策与建议[J].中国护理管理,2021,21(5):798-800.
[11] 新华网.武汉:无人机配送防疫物资显神威 7分钟到达定点医院[EB/OL].[2020-02-14].[2024-04-13].https://baijiahao.baidu.com/s?id=1658509314517965516&wfr=spider&for=pc.
[12] 央广网."援沪生活物资中转站"投入使用 如何保障物流"大动脉"安全畅通?[EB/OL].[2022-04-15].[2024-03-21].https://baijiahao.baidu.com/s?id=1730159988029872185&wfr=spider&for=pc.
[13] 新民晚报.48小时三地抢运接力,150套专业消杀设备终于送到了[EB/OL].[2022-05-03].[2024-03-20].https://www.sohu.com/a/543349889_121286085.
[14] 环球网."凡人微光"无人机开辟空中抗疫航线 巡检送药零接触[EB/OL].[2022-04-07].[2024-04-08].https://baijiahao.baidu.com/s?id=1729457125394741196&wfr=spider&for=pc.
[15] 中国交通报.深刻把握规律 化解不利影响:疫情反弹对交通运输影响的"变"与"不变"[EB/OL].[2022-06-13].[2024-05-16].https://www.zgjtb.com/2022-06/13/content_318104.html.
[16] 陈冉冉,马瑞,李健.疫情防控下城市民生物资应急物流配送的思考[J].交通与运输,2023,39(2):66-70.

第 12 章
总结与展望

12.1 总结

新冠疫情是对我国治理体系与治理能力的一次重大考验,在此期间,交通系统于阻断病毒传播以及保障复工复产方面发挥了至关重要的作用。疫情期间的交通管理属于应对非常态状况的非常规手段,其主要目标在于阻断病毒传播的同时,合理保障必要的出行活动。然而,鉴于重大突发传染病疫情属于偶发事件,在疫情防控过程中也存在人员流动复杂多变、疫情传播风险难以精准预测、管控措施无法事前评估等诸多难题。本书回顾和总结了此次新冠疫情防控的经验,从系统论的视角出发,针对新冠疫情期间的交通管理政策展开了理论方法的总结,即以大数据分析技术来识别人员流动和疫情变化的征兆,通过小样本调查解析出行行为机理,同步更新交通模型实现态势演化分析,将其作为证据为决策提供参考,并且借助网络舆情等信息反馈手段研判政策的实施效果,从而实现政策分析的反馈闭环。

1. 人员流动行为观测及征兆识别

重大突发传染病疫情的主要特性是"人传人",构建基于大数据的人群空间活动观测体系,实现人员流动行为规律的深度挖掘,乃是疫情期间交通管理的关键所在。在疫情期间,以移动通信数据为主,结合乘车码和公共交通数据等构建城市空间活动观测体系,可以系统分析不同类型人员的流动需求,进而用于识别不同类型人员流动需求的变化征兆,为制定更为精细化的政策提供决策依据。

（1）城际层面人员流动行为。对于都市圈、城市群或者更大范围区域人员流动行为的观测而言，手机信令数据是较为理想的数据源，不过该数据也存在跨区域协调困难、计算复杂、分析成本高等诸多难题。百度迁徙等基于位置服务的数据（Location Based Service）为研究大范围人员流动行为提供了新的手段，尤其在疫情暴发初期针对城际交通需求特征进行分析和模式挖掘时，有助于实时掌握不同时期城际交通需求的类型构成和时空分布状况，及时识别不同时空模式的变化征兆，从而可以为实施差异化的疫情防控策略提供定量决策依据。

（2）城市层面人员流动行为。就城市人员流动行为的观测来讲，目前与之相关的数据观测体系较为系统完整，其数据源包括手机信令数据和交通大数据（公交刷卡/刷码、小汽车车牌识别等信息）。然而，目前针对城市人员流动行为的观测和模式分析，大多侧重于日常场景，例如职住关系、通勤行为等，而对疫情防控需求的考量则相对较少，例如经由交通枢纽的城市访客流动行为分析、交通骨干网络和城市活动空间的耦合关系等。

（3）社区层面人员流动行为。社区是疫情防控的基本单元。在针对社区人员流动行为的观测方面，其活动出行主要以步行、骑行等慢行交通方式为主，而且对空间分辨率有着较高要求。然而，长期以来，城市人员流动观测往往侧重于机动化出行方式，目前对于步行和骑行的观测手段较为有限。共享单车轨迹与开关锁数据虽能反映一部分活动出行需求，但难以涵盖全部的活动出行群体。

2. 疫情传播风险实时评估及态势推演

重大突发传染病疫情期间出行服务与日常情况存在差异，这种差异体现为需要考虑疫情传播扩散的影响，具体包括交通车辆和场所的疫情传播风险评估、干预措施评估，以及在疫情风险管控前提下的交通组织方案评估与优化等方面。需在现有的活动出行模型基础之上，深入研究交通出行时空特征与传染病传播扩散之间的互馈机理，包括研究交通工具和场所内部的传染病传播特征，以及疫情对居民出行行为的影响机制，同时结合传染病学的相关模型，构建基于社会接触关联的传染病扩散风险模型。基于上述模型，可以对疫情时空扩散风险予以实时评估和态势推演，进而实现对交通组织方案的评估与优化。

（1）基于大数据的疫情传播风险研判。结合人员活动的大数据分析结果，可对疫情期间不同群体出行模式的结构变点进行识别，分析模式变化在时间、时空间方面的特征变化及其影响程度等，总结出疫情不同阶段出行模式变化特征的演化规律，以及不同类型出行群体演化规律的差异之处。将上述分析结果与疫情传播模型相结合，便可用于分析和研判疫情期间不同场景以及出行群体所面临的疫情传播风险。

（2）基于小样本行为调查的出行行为机理解析。针对疫情期间不同的出行场景，在现有的出行行为分析框架下，引入与疫情出行风险感知相关的影响因素，深入剖析疫情出行风险感知与公交出行的行为态度、主观规范、知觉行为控制、行为意向等方面变化的相互影响关系，解析出行风险感知作用于出行行为变化的具体路径。此外，针对后疫情时期短期的零星散发状况以及长期的负面效应影响，可以设计与之对应的管控和激励政策组合实验场景，对政策影响下的出行方式选择模型的结构及参数加以优化，建立支持多政策场景仿真的疫情期间出行方式选择模型。

（3）嵌入疫情风险研判功能的城市交通分析模型。把行为调查结果嵌入城市交通分析模型中，如此一来，便能依据疫情的发展态势，对处于疫情不同阶段以及不同政策组合影响下的居民出行需求展开预判，辅助识别那些受疫情影响较为严重的区域和交通场景。

3. 交通管控政策跟踪评估及反馈调整

重大突发传染病疫情属于小概率事件，鉴于此前缺乏应对疫情大流行的经验和知识储备，再加上新冠肺炎病毒传播的高度随机性和动态性，使得针对短期政策决策的处理颇具挑战性。因此，有必要探索支持动态反馈评估的政策决策分析方法，以帮助各机构调整其当前的政策并迅速采取行动。

（1）基于舆情数据的交通管控政策动态评估。疫情期间交通管控政策制定具有时效性，并且需要根据反馈成效及时予以调整。传统基于调查和访谈的政策评估方法，存在耗时久、时效性欠佳的弊端，难以适用于疫情动态决策场景。随着数字技术的不断进步，社交媒体平台上的舆情信息为疫情期间政策动态评估提供了新的手段，其已在灾害的危机沟通与灾害管理领域得到广泛应用。舆情数据能够助力政策制定者及时识别政策反馈，例如热点话题的讨论，从而有助于改进后续政策的制定。

（2）基于状态征兆识别的路网主动交通管理。在疫情不同阶段，居民出行行为呈现出显著的变化。利用传感器对疫情期间道路交通状态进行实时监测预警及短期预测，是识别疫情对城市路网供需变化特征，对城市路网进行主动交通管理的关键。研究结果表明，在疫情大流行持续期间，不同地区及不同阶段的城市道路交通状态存在明显差异，相关研究成果有助于主动发现城市交通路网交通拥堵的时空变化特征，并及时给出对应的管控政策调整建议。

（3）基于社会实验的公交线网调整优化。在出行管理框架下，针对预判受影响较为严重的特定区域或群体，设置若干实验对照小组，每组针对特定生活场景以及人群特点设计相关的改善策略，积极鼓励运用市场机制，邀请多个主体共同参与，以增强各主体之间的沟通。可能的社会实验场景包括但不限于定制/需求响应公交、票价优惠/免费、预约出行、交通+健康 App 应用等。在应对后疫情时期疫情短期零星散发状况以及长期负面影响时，通过社会实验着眼于局部地区或特定群体的实际改善效果，从社会控制论的退馈视角出发，正视自身认知的局限性，持续重新审视对问题的理解，修正前期行为机理与决策机制方面的认知偏差，完善行为决策模型及调控政策，从而形成基于社会实验的常规公交需求调控导则。

12.2 展望

近年来，韧性城市理念在国内外得到广泛的认同。基于韧性城市理念构建韧性交通系统，对于保障以人为本的国家新型城镇化战略，以及提高城市交通系统综合防灾能力而言是极为迫切的需求。城市交通系统韧性的增强，要求将灾害视作一种实验学习，在不断总结归纳经验教训的同时，从系统论角度凝练出应对突发事件的理论方法体系，以便为未来可能发生的极端灾难提前做好准备。本书以新冠疫情为例，遵循"征兆识别—态势研判—决策支持"的思路，提出了城市交通管理决策支持方法体系：通过大数据主动识别人员流动特征的变化征兆；借助小样本调查解析出行行为机理，同步更新交通模型以实现态势演化分析，并将其作为决策依据；通过网络舆情等信息反馈手段，研判政策的实施效果，从而形成政策分析的反馈闭环。

上述研究思路的提出主要受到维纳控制论（Cybernetics）的影响。控制论由维纳于 1948 年提出，是一门融合控制（Control）与通信（Communication）的跨学科科学。与以往确定、静态的机械思维方式不同，控制论将系统视作开放的且动态的，会受到外部环境和内部变化的影响。该理论着重强调系统的信息反馈机制与自适应能力，从而使系统在面对外部变化和内部扰动时，依然能够维持稳定并具备适应性，体现出一种全新的思维方式和方法论，目前已在多个学科领域中得到广泛应用。

社会控制论（Sociocybernetics）作为应用控制论方法对社会系统展开研究的学科，是控制论的重要学科分支。控制论在社会系统中的应用经历了一段艰辛的探索过程。维纳在最初提出控制论时，就指出其在社会系统应用方面的难点：其一，在社会学领域中，很难将观察者与被观察对象进行严格区分，因为观察者在观察过程中可能会对被观察对象产生影响；其二，社会学很难像自然科学那般从系统宏观视角进行动态观察，并且缺乏短期的观测与统计手段。随着二阶控制论[1]（Cybernetics of

---

① 二阶控制论认为不存在绝对的客观对象，观察者和被观察者在系统中相互影响；二阶控制论将将观察者也纳入被观察的系统一同研究，即将控制论研究世界的方法用于研究控制论。

Cybernetics）和退馈①（pullback）等理论的提出，以及系统动力学、复杂系统等一般系统理论的引入，控制论得以对控制策略、系统和环境之间的相互影响展开分析，并解释系统对环境变化和控制策略的适应性，进而在社会学领域中逐渐得到推广应用。

事实上，社会科学和自然科学有本质区别：自然科学可以清晰地区分观察主体与对象，进而进行实验设计，并采用主客体单向反馈控制的方法进行研究；社会科学则很难严格区分观察主体与对象，更多的是采用社会实践或者社会实验的方式，关注具体政策与社会系统以及外部环境之间的交互作用。从社会控制论的视角来看，更强调通过社会实践或社会实验，不断重新审视对问题的理解，修正前期社会行为和决策机制中存在的认知偏差，进而不断完善研判技术与调控政策。就重大突发事件而言，从社会控制论的角度出发，将事件的影响与管控过程当作社会实践来学习，归纳总结在事件影响下交通系统的脆弱性以及政策的适用性，这将有助于为应对未来的极端情况提前做好准备。

日益完善的数据观测环境为社会控制论的应用提供了坚实基础。本书从社会控制论的视角，尝试对新冠疫情期间的研究工作进行系统总结，所提出的研究框架与分析技术尚处于初步探索阶段，还不够成熟完善，仅希望能起到抛砖引玉的作用。在此，恳请各位读者不吝批评指正，给与宝贵的意见与建议。

---

① 退馈理论是指系统内部的观察者"退后一步"，从更广的角度来认识反馈机制和控制效果。